元宇宙大革命

媒介、社会与工业的未来图景

杨青峰　著

电子工业出版社
Publishing House of Electronics Industry
北京·BEIJING

内 容 简 介

本书特色体现为五个方面的首次：第一，首次系统归纳了元宇宙的驱动机制，改变了以往文献中故事式的元宇宙起源论述方式，让元宇宙回归到技术驱动、世界观变迁、现实需求和环境适应等理性逻辑中；第二，通过对大量已有研究进行归纳分析，并结合大量实体企业访谈，首次提出元宇宙的核心是构建虚实融合连续体世界，而不是平行世界、虚拟世界、下一代互联网等其他概念，实体世界在生活日志/社会记录、增强现实/增强虚拟、镜像世界/数字孪生、虚拟现实/数字原生四个虚拟层次扩增其厚度，并在虚拟世界延伸其广度；第三，首次指出虚实融合连续体世界中必然会形成内在的新文明、新经济和新社会系统，这是元宇宙内在的必然，而不仅仅是对外的影响；第四，首次对元宇宙媒介、元宇宙社会与元宇宙工业的革命性进行了系统解析，全面刻画了元宇宙时代媒介、社会与工业的未来图景；第五，首次对元宇宙的潜在风险进行了全面归纳，创新性地提出负责任的元宇宙框架和多元协同共治的元宇宙治理体系。总体上，本书希望打造一个里程碑，让元宇宙从概念迷雾中走出来、摆脱商业炒作，使它成为真正能够站得住脚、承载一切事物的人类社会未来蓝图。

本书适合所有致力于推进元宇宙产业发展和元宇宙行业应用的相关群体阅读，包括国家机关工作人员、传统企业各层级管理者和员工、智能技术提供商各层级管理者和员工、互联网企业各层级管理者和员工、高等院校的教师和学生、研究机构的专家和学者等。此外，对仅仅希望了解元宇宙是什么的其他读者而言，本书也是一本非常通俗易懂的科普著作。

图书在版编目（CIP）数据

元宇宙大革命：媒介、社会与工业的未来图景 / 杨青峰著. —北京：电子工业出版社，2023.3

ISBN 978-7-121-45236-9

Ⅰ. ①元… Ⅱ. ①杨… Ⅲ. ①信息经济 Ⅳ. ①F49

中国国家版本馆 CIP 数据核字（2023）第 046104 号

责任编辑：徐蔷薇　　　　　　特约编辑：田学清
印　　刷：三河市良远印务有限公司
装　　订：三河市良远印务有限公司
出版发行：电子工业出版社
　　　　　北京市海淀区万寿路 173 信箱　　　　邮编：100036
开　　本：720×1000　　1/16　　印张：14.5　　字数：278.4 千字
版　　次：2023 年 3 月第 1 版
印　　次：2023 年 3 月第 1 次印刷
定　　价：88.00 元

凡所购买电子工业出版社图书有缺损问题，请向购买书店调换。若书店售缺，请与本社发行部联系，联系及邮购电话：（010）88254888，88258888。

质量投诉请发邮件至 zlts@phei.com.cn，盗版侵权举报请发邮件到 dbqq@phei.com.cn。
本书咨询联系方式：xuqw@phei.com.cn。

前　言

论元宇宙的革命性及其后果

元宇宙对已有的现实世界来说，是渐进式的变革，还是革命性的变革？或者说其与现实世界关系不大，是新开辟的另一个世界？这些问题存在较大的争议。实际上，问题不在于元宇宙本身的革命性，而在于有没有正确解读元宇宙这个新事物，有没有让它脚踏实地，有没有让它成为现实可用的概念和实体。我在全面解析元宇宙本体和影响的基础上，认为元宇宙带来的变化是革命性的，主要表现在拓展现实世界的新疆界、具身在场可视化、重新定义"人"的概念、意识生产力的释放、数字原生经济的兴起五个方面。

一、元宇宙带来的革命性变化

1. 拓展现实世界的新疆界

元宇宙不是实体世界的简单孪生，也不是在虚拟世界创造出一个新的平行世界，更不是下一代互联网。本书整合美国加速研究基金会（Acceleration Studies Foundation，ASF）和 Milgram 等人的研究，引入"现实虚拟连续体"的概念，提出元宇宙就是正在建设的多层次虚实融合连续体世界。在这个连续体世界，实体世界是根本的基石，在此基础上叠加出多层的虚拟数字世界，分别是实体世界的数据化、增强实体的世界、实体世界的镜像世界和实体世界的影子世界，对应的专业术语分别为生活日志/社会记录、增强现实/增强虚拟、镜像世界/数字孪生、虚拟现实/数字原生等。新的现实世界是虚实融合的"千层饼"，各个层级分布在现实虚拟连续体的轴线上。

人们往往在提及现实世界时，会直接联想到实体世界。事实上，虚拟世界已经是现实世界的一部分。我们用京东 App 购物、用微信支付费用、用腾讯会议工作、在游戏平台放松，当然我们也在现实世界吃饭、出行、洽谈商务、做工程项目等，虚拟和现实本来就融合在一起，构成了我们的新现实世界。这个新现实世界与 10 年前的现实世界是不同的，这个毫无疑问。元宇宙要做什么？元宇宙主要构造我们未来要生存其中的新现实世界，只不过这个将要到来的世界从现实虚拟连续体视角来看，是一个在增厚的现实世界。而虚拟世界是没有边际的，因而现实虚拟连续体世界不仅让现实世界增厚，而且在延伸它的广度。这个有着虚拟层次的厚度，又有着无限延伸的广度的新世界就是我们将要生活在其间的新世界。

实体世界数据化的威力已经显现出来，除了我们自身生活发生巨变，工业领域有了大量的智能工厂，商业领域有了新型的零售店。而这仅仅是实体世界数据化带来的改变。在此之上，实体叠加虚拟信息实现增强现实，或者在虚拟空间中增强实体，又会带来新的改变。现在已经能够看到大量营销应用，也能够看到在工业领域运行维护的应用，如果世界万物都被 3D 信息增强，那么又会如何？比如，根据增强信息可以了解街上行人的情况，或者看到一栋建筑物就能知道内部有哪些公司，人们在做什么，以及是不是我们的目的地。做到这一点，只是实现了虚实融合连续体世界的第三个层次。在第四个层次，我们将会看到实体世界的孪生体，或者说是镜子世界，通过数字孪生体，我们可以操纵、控制、改进和优化实体世界，让实体世界运行得更有效率。此外，数字的同质化和可编程性还可以让我们在孪生体世界改变实体世界的结构，重组实体世界的逻辑关系，实现超越组织边界的实体重构。最特别的是第五个层次，一个数字原生世界，或者说是虚拟的现实世界，它并不完全与实体世界无关，而是一个影子世界，它脱离不了人们在实体世界和前面几个层次世界建立的认知，也在为实体世界的运行提供价值空间。人们可以在其中发挥想象力，创造出完全数字化的原生事物；也可以构建模型，验证我们对实体世界运行的构想；还可以把人类难以抵达的时空在其中实现，延伸现实的疆界，如过去久远的时空、宇宙太空、南北极和珠穆朗玛峰。实体世界及其上的虚拟世界构成了新的现实世界。现实世界的结构发生了根本性的变化，这是革命性的。

2. 具身在场可视化

我把元宇宙带来的第二个革命性变化称为具身在场可视化，它对信息传播、关系构建和社会组织具有重要意义。从古到今，人类发明了很多"看得见"的事物，这些事物改变了人类世界。比如文字，如果没有文字，信息就难以长距离传播，人们就难以协同一致。文字被记录在石头、竹简、丝绸、莎草纸上，人们看到文字，再用大脑补充一下文字描述的画面和意义，然后做出决策。过去人们写信，开头经常会用"见信如晤"四个字。这四个字是什么意思呢？就是看到信就如同当面交谈一样。文字描述得越生动，画面感越强，越容易打动人。文字好像画面简化的粗线条，在一定程度上解决了人们在无法见面的情况下沟通的难题。我们再来看看电灯的作用。在还没有发明电灯的时候，家里往往用煤油灯或蜡烛照明，道路上基本黑漆漆的，人们会早早睡觉，在天亮后再工作。有了电灯就不同了，人们能够看见彼此，也能够看清楚周围的东西，工作方式和生活方式就发生了变化，出现了夜班工作、夜里的娱乐社交活动；人类的经济活动也发生了变化，如夜经济得到发展。再说说电视，有了电视，人们能够看到远方的人和事物的图像且能听到声音、了解自己生活以外的世界，聚在一起看电视成为一种生活方式，也有了"黄金广告时间"的概念。电视把家庭从工业革命以来分散的状态再次聚拢起来，让在外的夜生活变成在家的夜生活。可视化产生重要意义的另外一个典型示例是 Windows 系统。在 Windows 系统出现以前，计算机一般使用的是 DOS（磁盘操作系统，用命令符号操作），没有专业学习过的人基本无法操作计算机。但 Windows 的图形化界面隐藏了计算机系统的底层复杂性，让计算机的功能变得可视化，操作简单，加速了计算机的普及。再看看数字媒介近些年的发展，典型的如微信和直播。微信为什么如此受人们欢迎？其便捷的视频通话功能毫无疑问是颠覆性的，人们不仅可以通话，还可以看见彼此。直播让一些人变成了"电视台"，让很多事物都变得可视化，并且这种可视化是持续的。以前人们常说"有图有真相"，但显然直播的画面更具有真实感，直接影响着人的心理状态，促使冲动购物成为常态。这些案例说明了一个事实，即可视化对人类世界的影响非常大。不过以往的可视化是有缺陷的，文字是可视化的，但没有画面；电灯是明亮的，但只能看到灯下的局部空间；电视是可视化的，但无法互动，也无法去验证真伪；Windows 系统的操作界面是可视化的，但只针对一个系统；微信是可视化的，能看到对方，但看不到世界的其他部分；直播是可视化的，是一对多的，但看的人并不在场。我曾观看过几场大海捕鱼的直播，画面中展示的确实是真实的，但这种真实只是舞台式的、镜头中的真实，只要我们不在场就仍然无法做出判断。元宇宙要把这种可视化和"看得见"再提升一个层次，不仅追求一对一看得见，还追求内部构造和运行机理看得见（增强现实、数字孪生或虚拟现实）、整体环境看得见（不但环境数据看得见，而且 3D 拟真模型场景看得见）及具身在场（数字化身进入虚拟世界）看得见。正如前面这些可视化案例所看到的结果，随着可视化程度的提升，社会运作的方式，人们的生活方式、工作方式、心理状态、关系模式，以及经济模式都会发生根本性的变化。以此类推，元宇宙带来的具身在场可视化产生的影响必然是革命性的。

3. 重新定义"人"的概念

元宇宙要改变"人"的概念，重新定义"人"，"人"与"人"之间的关系将会变得前所未有的复杂。元宇宙将是一个肉身人类、机器人和虚拟数字人（机器人和虚拟数字人可以合称为数字人）同行共存的空间，化身、NPC（非玩家角色）、服务机器人等新"人"的数量将会快速膨胀，最终将远超肉身人类的数量。数字人有不同的能力边界，也有各自不同的生命周期，可能处在不同的"人生"阶段。在数字化早期，它们看起来是人的使役对象，被人所操控，但它们自身的学习能力，使它们会学习更多的东西，还会反向给人类输入信息，在一定程度上改变人的行为。最终，人和数字人之间将会是一种合作共存关系。弱人工智能技术支持的数字人本身没有意识，但它可以在一个具体领域模仿人类意识，并且有可能让那些与它互动的人误认为它具有意识（通过图灵测试基本上就是这种状态）。

在虚拟世界，人的意识、声音、形象、姿态、行为模式等都会被打包成不同的数据包，而且这些不同的数据包可以通过重组产生不同于任何一个真人的"真人"。比如，现实中 A 的意识、B 的声音和 C 的形象，可以在虚拟世界中被轻松地组织为一个新"人"。数字人的外形不一定像人，其可以是任何形象的东西，如大树、汽车、玩具、动物、建筑物等，但可以互动、有姿态、有表情、有行为。机器人会弥补虚拟数字人不能行走在实体世界的不足，可以做到虚拟数字人能做到的一切，还具有行动能力。新材料技术可以把机器人做得更加逼真，让人难以分辨是否为真人。

数字人可能会扮演各种角色，如元教育中老师的化身、同学的化身、NPC 学伴、NPC 老师、考试巡查员等，从而与人类建立起复杂的新关系。人是情感动物，难免纠缠其中，心灵会受到大力冲击。

各种前所未有的"人"进入人类生活的世界，与人同行共存，这种变化怎么能不被称为革命性的变化呢？

4．意识生产力的释放

我把元宇宙带来的第四个革命性的变化称为意识生产力的释放。意识生产力虽然我以前就思考过，但一直不敢提出来，因为这可能与唯心主义关联在一起。直到有一天，我遇到一位朋友，在头脑风暴中再次受到启发，确信这样说是没有问题的。

前文讨论过，尽管弱人工智能技术支持的数字人还不能称为有意识，但它能够"欺骗人类"，让与其互动的人误认为它有意识。这种表现层面的意识来源于哪里？当然是人类。让一个数字人学习一个真人的行为模式和习惯、声音、姿态等，在面临类似的情形时，能够代替人类进行交互或决策，尽管不能说这个数字人本身就有意识，但它把人类意识复制过去了，能够让其他人误认为它是真人。在这个过程中，人类意识其实已经被释放出来了，变成了一个数据包。我们把这个数据包复制多次，并与不同的化身配合，就能代替人来做决策和采取行为。在这个情景中，人的创造力得到了极大的发挥，人的意识实现了多个场景的复用，成为一种新的生产力。

随着弱人工智能技术的发展，机械化、程式化的工作被机器人代替，肉身劳动退出工厂等工作现场，但意识生产力的作用更加显著。意识生产力在美术、音乐、写作、广告设计、软件开发等产业中形成了创新洪流，并借助 NFT（Non-Fungible Token，非同质化通证）技术实现确权、价值交易和价值获取。20 世纪原创媒介理论家麦克卢汉说电视媒介等电子媒介延伸了人的中枢神经系统，但这种说法显然并不确切，现在元宇宙正在把人的意识延伸到虚拟空间，而且会复制无数份，从而产生规模化的意识生产力。

之前，一幅 AI 画作获得奖项，引发了巨大的争议。有人认为它不是画，因为它不是人画的，没有体现人的创造力。我认为 AI 作画不仅没有抹杀人的创造力，还是意识生产力的胜利。虽然创作者体力劳动减少了，但其在创作过程中需要输入描述画作的关键词，需要从大量结果中挑选和修改，还需要极强的审美能力，其实质就是意识创造力的价值。简单来说，这件事就是体力生产力退出，意识生产力进入艺术创作现场。未来，类似的事情相信会更多。元宇宙就是意识生产力的舞台。

5. 数字原生经济的兴起

得益于区块链技术的发展，元宇宙带来的第五个革命性变化是数字原生经济的兴起。数字原生经济就是产生于虚拟世界，并运行于虚拟世界的经济，又称创作者经济。如果要与本书说法一致，那么我更愿意将其称为意识生产力经济。以往人们并不是没有在虚拟世界做出东西，而是无法确定所有权，到处被盗用，也无法可信流转。元宇宙在现实虚拟连续体世界之上，构建出一套数字原生经济的支撑系统，如 NFT、星际文件存储系统（Inter Planetary File System，IPFS）、去中心化自治组织（Decentralized Autonomous Organization，DAO）、去中心化金融（Decentralized Finance，DeFi）、数字货币、数字交易市场等，让经济活动完整地运行在虚拟世界。

数字原生经济还可以与实体经济关联互动起来，构建出虚实融合的新经济形态，如数字藏品、虚拟产品与现实商品的搭配营销和售卖。数字原生经济使实体经济活动在虚拟世界得到拓展，也将改变实体经济与虚拟经济的关系，最终改变实体经济的运行机制。

数字原生经济对媒介变革、社会变革与工业变革等方面都有极其重要的影响，而不是简单的增量。

二、元宇宙是潘多拉魔盒吗

元宇宙本身没有善恶、好坏之别，但不同的人采用不同的方式产生的结果可能大不相同。前文提到的五个方面的革命性变化，带来的是一个更加不确定的世界，大量的风险也会相伴而生。很多风险属于"灰犀牛式"清晰可见，还有一些可能现在还识别不了，属于"黑天鹅式"随机出现。在元宇宙所有风险当中，有一些是过去已经显现出来的顽固性风险，如技术性失业、工作环境监控、数字剥削等，元宇宙会放大这些风险；还有一些是元宇宙自身特性所带来的风险，如成瘾依赖、儿童安全、财产损失等。本书把元宇宙的潜在风险归结为个人生活、工作保障、技术创新、数字市场、社会治理 5 个类别 24 个具体方面。面对这些风险，不仅需要政府监管，还需要元宇宙空间的经营者担负起主体责任，建设负责任的元宇宙。总体来说，只有构建出多层次、多元化、多维度的元宇宙综合治理体系，才有可能实现抑制风险、促进创新和发展的目的。

元宇宙是正在打开的潘多拉魔盒吗？先吸引人类打开它，再给人类带来很多危害？很多问题现在还回答不了，有待时间告诉我们答案。

2022 年 10 月 8 日深夜

杨青峰

目 录

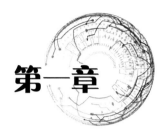

第一章

元宇宙的缘起

1. 数字之妖

数字技术与现实世界各行各业融合创新的过程和结果通常被称为数字化，即世界万物及其行为关系借助数字技术实现二进制数字（0和1）表达，并通过二进制数字的关联和重组来重构万物关系，改变万物秩序。数字技术有三个神奇的材料特性，即同质性、可编程性、自我参照[1]，它们是数字技术具有神奇力量的基础。这些材料特性在其他事物中并未体现，而其改变世界的力量更是变化多端、无穷无尽、善恶并存。物之反常者为妖，"妖"或许是这种神奇特性的最佳形容。元宇宙正是建立在数字技术的"妖"性之上的。

同质性

二进制从纸上计算机——图灵机就开始了。为何采用二进制？艾伦·图灵（1937）在图灵机设想中，对此做了解释："在二进制范围内，计算更简单，因为制定只有两个固定位置的机制很容易。"计算机主流体系架构——冯·诺依曼体系架构延续了对数据二进制的要求。

从材料角度来看，计算机及其后续衍生的数字人造物都是由二进制数字构成的或支持二进制数据处理，如各类软件、数字设备，这种特性即同质性。二进制数据的"位"称为比特（bit），八位数据则称为字节（Byte），数据计量也由此展开，如 1KB 即千字节（1024B），1MB 即兆字节（千 KB 字节，1024KB），1GB 即吉字节（千兆字节，1024MB）。所有数据都是同质的，可以无限累计，最终构成具有浩瀚规模的数字宇宙。

在没有数字化的模拟时代，数据的存储、传输、处理和显示都需要专用的材料或设备，如书信、电报、图书等。同质化二进制数据则不同，所有的数字内容，文本、图片、音视频等都可以在相同的数字设备中存储、传输、处理和显示。

数据同质化带来的最直接的好处就是软硬件解耦合，数据内容解除物理层设备的限制，进而可以建立更加灵活的分层架构。物理层设备只要支持相应的标准和协议，就可以自由搭建和创新；内容层可以任意组合数据内容而不用考虑设备层；服务层以为用户提供更好的体验为焦点，不用考虑其他层次的细节。基于数据同质化和解耦合，事实上消除了行业和实体物质的差异，汽车、图书、游戏、工厂、采购等在数字世界都可以灵活、方便地组合在一起，给人们带来全新的体验。

基于二进制数据的同质性，数字人造物进一步表现出一些显而易见的新特性，如可分解性、可追溯性、互操作性等。大的数字文档可以灵活地分解为多个小文档，大的应用程序可以分解为多个模块化小程序。数据只要没有被强制删除，就可以查询和回溯，进而数据表达的事物历史也可以追溯，如通过二维码追溯食物的产地。此外，数据模块支持被检索并响应，从而实现互操作性。

同质化使分布式成为可能。云计算通过弹性可伸缩的计算模式给用户提供按需服务，也是一个典型的分布式实例。云计算服务的计算能力和数据可以分布在各个不同的计算和存储设备中，或者异地的多个机构中，但对使用者体验并没有区分。同样，互联网就是一个巨大的分布式数字内容资源网络，人们通过浏览器来利用这些数字资源，但资源本身分布在世界各地。分布式意味着物理空间束缚被打破，整个地球在数字世界成为一个村落。

从用户体验的角度，同质化把以往被视为不同的东西变得相同了，进而一切存在物都可以选择最佳的呈现方式，如图书、广播等内容的视觉化。从经济角度，同质化的数据能够以极低的边际成本（接近于零）复制，使边际收益递增成为可能。

📓 可编程性

数字人造物第二个不同于其他物质的材料特性是可编程性，这个特性可以追溯到数字技术的基石——图灵机和冯·诺依曼体系架构。

1936 年，艾伦·图灵在论文《论可计算数及其在判定问题中的应用》（*On Computable Numbers，with an Application to the Entscheidungsproblem*）中提出通用计算机的数学模型——图灵机，证明即使非常简单的机器也可以计算任何"有效可计算"的东西。一个程序 M "有效可计算"即如果一个程序 M 用有限数量的精确指令来表示，在没有错误执行的情况下，将在有限数量的步骤中产生期望的结果，其中不借助任何机器，也不需要执行它的人有洞察力或独创性[2]。编程概念在图灵机中是一个中心，是图灵机产生价值的关键。

冯·诺依曼体系架构是通用计算机的设计基础，尽管很多人宣称要突破它，但至今并未实现。它把计算机硬件分为控制器、处理器、存储器、输入设备和输出设备五大部分，并涵盖两个要点：用二进制表示数据和指令；程序存储，顺序执行。计算机体系架构的核心是处理器和存储器，用处理器来执行数字编码的指令，用存储器来保存指令和数据。这种架构实现了数据操作方式的灵活性，只要用户能够想出新的指令程序来操作数据即可。冯·诺依曼体系架构是图灵机思想的延续，进一步明确了程序编辑的重要性。同时，程序存储的意义深远，它把功能逻辑与执行硬件分离开来，同样的硬件设备可以执行任何新的指令，实现全新的功能。

蕴含人类智慧的程序编辑具有实现任何预想的可能性，无论是虚拟数字人、虚拟现实环境，还是正在实现的元宇宙。尽管计算机硬件平台的演化发展能够让程序运行效率更高，给用户带来更好的体验，但并不会影响程序编辑的本质和潜力。现在，大量实体世界的物体嵌入了数字技术，可编程性随之而来，实体物质也具有了可编程性，从而被赋予全新的功能，如汽车正在从交通工具演变为娱乐空间、传播媒介、计算平台，而手机从通信工具演变为身份凭证、支付终端、社交媒介等。

可编程性是数字技术固有的天然基因，在任何数字技术人造物中都发挥着巨大的作用。现实中大量存在的数字平台，本身就是一个个巨大的可编程程序，通过开放接口，开发者可以利用这种可编程性来实现互补功能开发，用户可以自己选择组合服务功能来获得更好的体验。

📋 自我参照

自我参照（Self-Reference）在多个学科中都有应用。逻辑学中的自我参照是指某种事物描述自己，往往与悖论和无限循环的自我复制联系在一起，如"我说的这句话是谎话""从前有座山，山上有座庙，庙里有个和尚，和尚说，从前有座山……"；心理学中的自我参照效应是指记忆材料与自我相联系时的记忆效果优于其他编码条件的现象。

社会学家尼克拉斯·卢曼提出，在系统中一切选择都和其他的选择联系在一起，这种自我参照特征为建构系统、区分系统和环境提供了基础。自我参照打破了系统和环境的——对应关系，来自环境的每一输入都不能在系统中找到一个相应的应答，进而导致复杂性差异。自我参照和自我生产联系紧密，自我生产就是通过一些系统相互关联的要素来生产出另外一些通过系统相互关联的要素，形成一个要素生产的封闭网络。这个网络不断地生产一些要素，最后该网络使自身作为一个网络再生产出来[3]。

Yoo 等人（2010）指出自我参照是数字技术的典型材料特性，即基于数字技术的创新发展需要数字技术，数字人造物需要借助其他的数字人造物发挥价值。例如，数字设备需要借助数字软件实现操作和控制，数字内容需要借助数字终端设备完成读取。基于自我参照特性，数字创新的扩散创造了积极的网络外部性，进一步加速了数字设备、网络、服务和内容的创造，并提升了它们的可用性。这反过来又通过降低进入壁垒、降低学习成本和加速扩散的良性循环，促进了数字创新。

数字技术的同质性、可编程性和自我参照三种特性叠加，并与人的能动性相结合，首先使万物数字化成为可能，然后使数字人造物能够实现无限的、超越行业和层级的任意组合，最后以自我参照为基础的网络外部性加速了数字创新的进程，提升了数字人造物的价值，使数字世界长期处于高速膨胀当中。数字世界最终表现出来的指数级增长、复杂性和多样性都可以追溯到数字技术一开始就具有的、基本的材料特性。

2. 网络之魅

在计算机发明之后，网络是另外一项里程碑式发明。关于网络，有各种各样的比喻，如信息高速公路、数字时代的电路。但网络显然与高速公路和电路具有根本的不同，高速公路和电路能够被轻易替代，而且不会放大与其相联系的事物。但如果没有网络，人们可能会难以忍受，不仅在社交中会感到孤独，在工作和生活中也寸步难行。现在，企业借助网络进行交流、生产、运营和服务，网络效应能够帮助企业在短时间内做大规模，若网络中断，一些企业可能就会面临倒闭。网络能够形成强大的注意力旋涡，给个人和企业带来巨大的经济收益，但强大的网络注意力也可能瞬间让个人和企业面临"社会性死亡"的危机。网络具有无法言说的魅力，让人们情不自禁沉迷其中，但同时也潜藏着能够摧毁万物的破坏力。网络技术本身是中立的，无论是好的还是坏的，它都会放大。

📄 网络连接

尼克拉斯·卢曼指出，社会系统只有在沟通中才能生存和运作，而沟通也只有在社会系统中才能不断产生意义，社会生产和再生产过程的本质就是沟通的过程。尼克拉斯·卢曼进一步阐明，沟通不是现成的信息传递，而是与复杂的告知、理解等选择过程相关联的。沟通也不是信息传播，而是意义产生的过程。现在，尼克拉斯·卢曼所称的沟通被数字连接所替代，告知、理解等复杂选择过程都包含在连接中。人们通过网络设备、电子邮件、社交网络、电商平台等构成的复杂数字网络进行沟通和创造意义，数字连接可以让人们交换和传播信息、交流情感、供给服务、共享资源、协同工作、共同创新等。延伸尼克拉斯·卢曼的观点，数字社会只有在数字连接中才能生存和运作，而数字连接也只能在数字与现实融合的社会中才能不断产生意义，可以说数字连接是数字社会赖以存在的基石。

从媒介学的角度，连接就是媒介，媒介的价值就是连接。在数字网络出现之前，人们通过语言、莎草纸、图书、广播、电视等传统媒介建立起强度和广度都非常有限的连接，信息传播者和接受者被媒介隔离开来。弱连接的意义主要是信息传播，与尼克拉斯·卢曼所说的沟通尚有距离，更不用说交流情感、供给服务、共享资源、协同工作、共同创新等更深层次内涵了。网络媒介则是一个建立在网络技术、计算机技术基础上的具有复杂层次结构和特性的媒介集群，可以实现关系建构和信息传播。网络媒介的价值本质就是连接载体，满足人们的潜在连接需求是网络媒介不断演化的动力。从早期只能读取的图文网页、异步互动的电子邮件，到能够支持用户实时、个性化、语音互动的微信、微博，再到具有可视化、算法推荐、互动等特征的抖音、快手等，数字连接的广度、深度不断扩大，人与人之间建立了更紧密的关系，沟通的意义也随之深化。媒介演化的本质可以认为是不断满足人们对深层次连接的需求。新的连接需求在旧的媒介使用中被激发出来，通过补救逻辑发展新媒介，促进了网络技术与应用的发展。

传统媒介强调人与人的连接（人人连接），而物联网拓展了连接的含义。随着物联网技术的发展，以及与有线局域网、互联网、5G、Wi-Fi、RFID（Radio Frequency Identification，射频识别）、蓝牙、现场总线等网络技术相结合，开辟出物物连接、人物连接的新空间，它们和人与人的连接相融合，形成重组世界的巨大潜力。物联网的连接为人类操控世界万物提供了新的可能，给人类社会赋予了全新的力量。例如，把道路和汽车连接起来，道路堵塞问题就可能得到大幅度解决；把家电和家具连接起来，就可以建造出舒适的智能家居环境；把成百上千的无人机连接起来，就可以形成具有战斗力量的军事集群，或者实现复杂的数字科技艺术；通过物联网和互联网把生产设备与工厂连接起来，可以构建出工业互联网，实现工业的社会化生产。未来学家凯文·凯利为此惊叹道："网络连接爆发出一股前所未有的、无所不在的力量，为地球披上一件网络社会的新衣。"物联网作为一种新媒介，再造了连接的内涵和意义。

最新发展起来的 5G 技术与应用，以及未来将要发展的 6G 技术将会进一步改变人人连接、人物连接、物物连接的场景。5G 即第五代移动通信技术（5th Generation Mobile Communication Technology），将会比此前的 4G 传输速度更快（超过 10Gbit/s 的峰值速度）、连接能力更强（支持每平方千米百万量级的连接数密度）、时延更短（支持毫秒级的端到端试验）、流量密度更大（支持每平方千米数十 Tbit/s 的流量密度）、移动性更好（支持 500km/h 以上的移动性），而且比 4G 的频谱效率（提升 5~15 倍）、能源效率（提升百倍以上）和成本效率（提升百倍以上）更高。5G 的这些优良指标，除了用来改善 4G 的不足，如满足体育场、露天集会、地铁、高铁等特殊场景的网络连接需求，更重要的是满足智能汽车、虚拟现实、增强现实、超高清视频、智能家居、工业互联网等场景下对速度、时延的苛刻要求[4]。全世界正在谋划、开发和潜在激烈竞争的 6G 蓝图与技术路线尚不清晰，但参照 5G 和 4G 的参数超越关系，预计 6G 的传输速度要比 5G 至少快 50 倍，而时延会缩短至其十分之一，其他参数也会进一步改善，真正实现地球一村、万物连接。5G 和 6G 只是底层的移动通信技术，它们与物联网、互联网、数字应用系统、数字终端一起构建起整体连接蓝图。

📄 梅特卡夫定律

连接产生价值，这个价值有多大，梅特卡夫定律进行了描述。梅特卡夫定律表明，一个网络的价值等于网络节点数的平方，而且该网络的价值与联网用户数的平方成正比。如果一个网络的节点数是 n，那么总连接数为 $n(n-1)$，如果把连接作为网络价值的衡量指标，价值总量就是 n^2-n，如果 n 足够大，n^2 远大于 n，那么网络总价值就近似等于 n^2。如果针对用户连接增加一个价值系数 K，那么网络总价值为 Kn^2。梅特卡夫定律解释了网络价值为什么会表现为指数式增长，而不是线性增长；也解释了网络效应的内在原因，网络规模越大给用户带来的价值越大，而用户的增加促使网络价值呈指数式增长，进而吸引更多的用户加入网络。人们能够亲身感知的往往是仅有人类参与的网络，网络价值已经非常惊人，现在通过物联网把世界万物连接到网络中，潜在的价值更加难以计量。

数字网络可以和人们的关系网络整合起来，创造出数字化的病毒式营销，这种营销方式经常被网络服务商用来进行业务推广。病毒式营销就是利用每个人的社交圈子传播营销信息，使营销信息像病毒一样快速在人群中传播，把用户的注意力吸引到营销产品中。在数字环境下，营销信息在社交网络平台中通过各个私人群组传播，把用户吸引到设定的网络服务系统，源源不断地加入该网络服务系统的用户创造出指数式增长的价值，吸引更多的用户加入，从而在极短的时间内形成巨大的商业价值。每年的"双11"，我们都能够目睹这一现象，其背后就是梅特卡夫定律在发挥"指挥棒"作用。

梅特卡夫定律也能解释数字环境下的"赢者通吃"现象。"赢者通吃"就是指成功的网络服务商会持续成功，直到囊括市场中大多数可能的用户。举一个简单的例子，有两家提供相似服务的网络服务商，其中一家的用户数是另外一家的10倍，按照梅特卡夫定律，这意味着两家网络服务商的价值相差100倍，新用户自然会被吸引到价值更高的网络中，用户数多的网络服务商会快速膨胀，而原来用户数少的网络服务商的用户数会不断减少。"赢者通吃"导致一个行业只有极少数的网络服务商生存下来，而其他的网络服务商会逐渐消亡，或者通过服务差异化勉强生存。

📋 网络效应

梅特卡夫定律解释了为什么会发生网络效应（或者称为网络外部性），即网络效应来源于价值的指数式增长。网络效应又可以分为直接网络效应和间接网络效应。

直接网络效应是指用户从用户数增长中获得价值，网络中用户的总体规模越大，用户获得的价值就越大，用户也更加愿意加入该网络。用户获得的总价值除了产品和服务本身的价值，还包括直接网络效应带来的价值。直接网络效应有大量的例子，如早期的电话网络、现在的社交网络都给用户带来了直接网络效应价值，而价值的规模可以用梅特卡夫定律来估算。

间接网络效应是指当用户增加一单位产品和服务购买时，会引起该产品和服务的互补品或兼容性产品和服务的市场繁荣，用户能从这种繁荣中获取价值。早期研究者经常用光碟和播放器、计算机硬件和软件之间的关系来解释间接网络效应。随着数字连接的发展，间接网络效应的例子越来越多。在网络平台服务中，用户数的增加能够促进平台互补服务商的增加，用户能够获得更多的服务选择；而互补网络服务商的增加，能够吸引更多的用户加入平台，从而给用户、平台和互补服务商都带来价值。网络平台服务的间接网络效应由于涉及双边或多边，因此往往也被称为交叉网络效应。以出租车共享服务平台为例，用该平台打车的用户越多，加盟的出租车司机就越多，用户就会更容易打到车，最后产生边际效用递增的效果。间接网络效应与直接网络效应不同，如果把网络平台服务看作一个双边市场（两种类型参与者互动的市场）或多边市场（多种类型参与者互动的市场），那么它在维持双边或多边市场持续运行中发挥着关键作用。

对一个以网络连接为基础的平台来说，直接网络效应和间接网络效应是叠加存在的，但各自有所侧重。例如，早期的社交网络主要表现出直接网络效应，出租车共享、电商平台主要表现出间接网络效应，而新兴的社交商务平台（如抖音）两种网络效应均比较明显。

网络效应的好处很明显，既能给供给侧带来规模增长，实现供给侧规模经济，也能带来用户规模的持续增长，形成需求侧规模经济，两方面规模经济叠加实现边际报酬递增，只要用户规模超过临界规模，就能改变传统企业边际报酬递减的现实，创造出正反馈机制，使得企业规模快速做大。

平台生态系统

平台生态系统是网络连接不断发展的典型产物，彻底改变了交易方式、创新方式、社会组织形式和社会结构。

要构建平台生态系统，应先有一个数字平台。数字平台就是运行在互联网中的开放数字化基础设施（软硬件技术构成的平台），基于标准、接口和规则，平台主导者可以使自己的产品和服务与供应商和用户联系起来[5]，或者为供应商和用户提供中介服务。现实中存在着各种各样的平台，如产品服务平台、社交网络平台、云计算服务平台、电子商务平台、自媒体内容平台、工业互联网平台等。这些平台的优点包括提升沟通效率、降低信息搜索成本和交易成本、支持数字创新等。

由于孤立的数字平台价值并不大，因此构建生态系统就成为必然选择。如果以数字平台为基础，以网络效应为成长机制，构建起包括互补供应商、用户等多种参与者的平台生态系统[6]，就会产生巨大的价值。平台生态系统有着各种各样的定义，如"由平台提供者、外部互补者和消费者组成的社区"[7]"由作为系统或架构的平台和一系列配套互补资产组成"[8]"平台企业及其互补企业构成的网络"[9]"一个平台及其互补扩展的集合"[10]。总体来说，平台生态系统就是以数字技术平台为基础，有多种类型参与者的网络社区，平台领导者提供技术基础、标准、接口和规则（价值主张涵盖其中），互补供应商利用平台的基础设施开发与提供平台领导者缺乏的资产和服务，用户不仅是产品和服务的被动接受者，还是价值创造的参与者。平台生态系统可以视作一个元组织，即"组织的组织"[11]。它把大量不同类型的企业、个体创新者、用户组织在一起，而平台领导者通过标准、接口和规则设定来协调各方利益关系，对平台进行总体治理，降低风险并实现自身的价值最大化。

经济学家认为，平台生态系统可以看作双边或多边市场，数字平台为平台领导者、互补供应商和用户提供了信息媒介与市场空间。平台生态系统是当前新形态经济存在和发展的常见组织形式，包括服务经济、共享经济、协同经济、算法经济等。由于网络效应的存在，成功的平台生态系统在市场中会形成席卷一切的力量，直至形成"赢者通吃"的竞争格局。"赢者通吃"意味着能获得巨大的财富，当然对创业者来说极具吸引力。

平台生态系统也是一个数字创新空间。数字平台的技术材料特性提供了数字组件无限重组的潜在可能性，而网络连接起来的、具有知识异质性的互补供应商和用户提供了无穷无尽的创意来源，二者的结合意味着产品、服务、流程、商业模式等方面的数字创新必然会蓬勃而出。数字创新具有循环迭代、因果纠缠、自我参照、自我生产的特征，创新成果源源不断地进入平台成为新的创新资源。生成性是连接平台生态系统创新能力的关键概念，是指一个独立系统在不需要系统发起者任何输入的情况下，创建、生成或产生新的输出、结构或行为的能力[12]，相关过程完全是自发的，不受任何人为控制。数字技术提供了生成性得以呈现的条件，而参与者的知识异质性是生成性的关键驱动力，只要平台生态系统搭建起来，这种生成性就自然而然存在，问题在于如何调节平台生态系统的技术基础、标准、接口和规则，促使它以最佳能力表现促进创新。

现在，除了创业者热衷于构建平台生态系统，大量传统企业也开始转向平台生态系统，通过构建平台生态来打造双边或多边市场，促进数字创新，再造竞争优势。未来，竞争不再是企业的单打独斗，而是平台生态系统的能力搏斗；企业要么转变为平台领导者，要么成为其他平台的互补供应商，这是连接时代的必然结果。

网络造币与区块链

网络连接不仅造就了大量平台生态系统，还造就了比特币和区块链。

尽管网络连接改变了现实世界的很多规则，看起来超越了现实世界，但归根结底仍存在于人类意志控制范围之内。比特币的提倡者试图超越现实世界法定货币的蓝图，但我个人认为这不过是一种乌托邦式的想象。比特币更像是基于计算机技术和网络技术实现的虚拟游戏，而不是货币，把所谓货币看作游戏奖励品更加合适。比特币起源于一个化名中本聪（至今无法证实真实存在）的人2008年写的论文，设想一个基于特定算法和 P2P（Peer-to-Peer，去中心化点到点的对等网络技术）网络，没有特定货币发行机构的虚拟货币系统。2009年，基于中本聪设想的比特币正式出现。比特币通过算法计算产生，并利用 P2P 网络中大量节点构成的分布式数据库来确认和记录货币交易过程，并采用密码学设计来保证货币流通环节的安全性。由于是去中心化的，任何个人和组织都无法大量制造比特币。另外，算法设定了比特币的总数量，该货币系统曾在 4 年内只有不超过 1050 万个，之后的总数量将被永久限制为 2100 万个。尽管出于稀缺性和各种特殊目的（如炒作），比特币实现了非正式的流通，但在没有法定地位的情况下，这种流通中的价值可能随时消失。

比特币的技术并不特别，也没有法定地位，这就意味着任何个人和组织都可以同样操作一套系统，发行类似的或采用更高级算法和加密手段的虚拟货币。现在已经有很多种虚拟货币，如以太币、泰达币、莱特币、狗狗币等。到目前为止，除了个别国家，世界上的多数国家并不认可比特币或其他虚拟货币的价值，而且认为其在扰乱现有的金融系统，会侵犯国家的财政和经济自主权。关键问题并不在于用什么技术实现一种自称为"货币"的东西，而在于有没有法定铸币权，能不能获得大众的支持。法定铸币权是一项国家权力，体现国家的财政自主和经济自主。法定货币由政府公信力背书，自然而然就容易获得大众的支持。比特币等虚拟货币通常是私人发行的，通常又称私人数字货币。私人数字货币试图超越国界，从投机出发吸引大众使用，不仅会扰乱现存的金融秩序，还有可能削弱国家的法定铸币权，或者试图倒逼主权国家放弃法定铸币权，必然与主权国家的财政和经济自主权相冲突。冲突的结果显而易见，现实世界的国家权力会采取断然措施消除私人数字货币带来的冲击。

2021 年 9 月 24 日，中国人民银行联合其他部门发布《关于进一步防范和处置虚拟货币交易炒作风险的通知》，重申比特币、以太币、泰达币等虚拟货币不具有与法定货币等同的法律地位。在法律上不被认可，虚拟货币只能供少数人自娱自乐，有人愿意为之付费，估计也没有人拦着，但是要是违法犯罪，那么还是要承担法律责任的。大多数国家对待比特币的态度与我国相似，少数国家将比特币放置在模糊地带，既不肯定也不否定。一个例外是 2021 年 9 月，中美洲小国萨尔瓦多将比特币作为法定货币，但当年比特币价格持续下滑，整个国家损失惨重。2022 年 2 月，国际知名评级机构惠誉国际下调了萨尔瓦多垃圾级别的主权债务评级，从"B-"降至"CCC"，理由是该国将比特币作为法定货币带来了巨大的风险。萨尔瓦多这一事件说明，将一种无法控制的数字货币作为法定货币是非常荒谬的。

比特币等虚拟货币在大多数国家得不到法定支持，并不意味着实现它的底层技术就没有用了，数字货币就不会存在了。现在的趋势非常明朗，数字货币技术要与现实世界中的国家权力联系起来，在法定范畴内发展数字货币。数字货币的优势是显而易见的，如节约成本、具有可追溯性和可信任性、交易便利、跨境支付效率高等[13]。根据国际清算银行（Bank for International Settlements，BIS）2022年发布的报告，全世界有 90% 的国家央行正在进行数字货币的相关研究，其中 62%

正在进行相关实验或概念验证[14]。中国人民银行发行的数字人民币从 2020 年 4 月开始试点，在全世界处于领先地位。当然，主权数字货币与比特币等虚拟货币不同，主权数字货币虽然也会采用相同或类似的技术，但不是完全去中心化的。

比特币的关键技术是区块链，但超越比特币这一实例，区块链的潜在价值更大、应用范围更广，现在业界普遍认为比特币只是区块链的早期应用。比特币或者其他虚拟货币成功与否已经不重要了，区块链已经成为引领未来的一颗明星，各个国家央行数字货币的核心技术就是区块链。

从概念来看，区块链（Blockchain）就是一种由多方共同维护，使用密码学保证传输和访问安全，能够实现数据一致存储、难以篡改、防止抵赖的记账技术，也称为分布式账本技术（Distributed Ledger Technology）[15]。简单来说，区块链就是一个建立在分布式技术和加密技术之上的可靠、可信任的超级大账本。区块链技术起源于比特币，是实现比特币的基础，从区块链技术演化进程的角度称为区块链 1.0。进一步，人们发现比特币的底层技术，如分布式账本、共识机制、智能合约等，可以被作为公共技术，并应用于金融领域，这一阶段被称为区块链 2.0。更进一步，人们认识到区块链技术可以被应用到更多领域，如数字版权、产品溯源、电子合同、数据访问等，从而开启了一个全新的价值互联网时代，这被称为区块链 3.0。区块链 3.0 的发展还处于早期阶段，但人们已经发现了大量实用化场景，如实现数字资产在不同账户之间转移，把信息安全记录到区块链上防篡改，控制数据访问，智能合约自动执行，发现基于 NFT 的数字藏品等。

网络连接把人和万物都聚集在数字空间，而要实现高级的意义连接，可信任就是一个亟须解决的问题，区块链可以为解决人和人、人和物之间的信任问题提供解决方案。传统的信任建立在人与人互信的基础上，区块链使数字世界的互信机制不再依赖人与人的互信，而是建立在对系统信任的基础上，让没有建立信任关系的人与万物之间也能够进行可信任的连接和价值交换。区块链的核心技术包括分布式账本技术、共识机制技术、智能合约技术和加密技术。分布式账本技术负责区块链系统的信息存储，是区块链系统防篡改、可追溯的来源；共识机制技术负责同步各节点的账本，实现节点选举、数据一致性验证和数据同步控制等；智能合约技术负责将区块链系统的业务逻辑以代码的形式实现、编译并部署，完成既定规则的条件触发和自动执行；加密技术实现系统数据安全和数据归属验证。

数字货币及其核心技术区块链都是在网络连接的基础上创造出来的，充分利用了计算机技术和网络连接的特性，如同质性、可编程性、网络效应等。现在，这些数字创新触发了人类的新需求，正在反过来改变网络连接本身。基于去信任机制及安全密码技术的利用，人们能够通过区块链直接传递价值。学术界普遍认为，区块链将会带来新一轮互联网革命，即从以连接为核心的传统互联网向价值互联网转变。价值互联网将是新的基础设施，重新塑造各个行业，例如为智能工业提供更有力的网络基础设施，实现安全可靠、低成本和更加灵活的生产协同，以及更有效地生产和用户之间的价值流动。

人和物通过网络连接起来能干什么？平台生态系统是一个实例，比特币、法定数字货币、区块链应用也都是实例，实际上网络连接的巨大潜力还远远没有被挖掘出来。我们应开动脑筋，不断创新和尝试，力争让网络连接的力量逐步释放出来，Web3.0 就是这方面的创新蓝图和尝试。

📑 Web

◇ 万维网与 Web1.0

万维网（World Wide Web，简称 Web 或 WWW）是能够通过互联网访问、由许多互相链接的超文本组成的系统，每个人都可以利用它分享文字、图片等内容。紧接着通用浏览器被发明出来，任何人都能够借助浏览器看到异地计算机上存储的他人分享的内容，互联网时代开始了。尽管能够通过互联网分享内容，但网站内容的服务模式为一对多，人们只能看而不能互动。从 1995 年开始，世界各国纷纷建立能够分享内容的网站，互联网市场繁荣起来。但由于缺乏有效的商业模式，内容又都非常相似，2000 年，互联网泡沫遭遇了破灭，当时大约有 50% 的互联网公司没有能够坚持运营到 2004 年。1995 年至 2003 年就是 Web1.0 时代，那时的互联网服务是单向的。

◇　**可以互动的 Web2.0**

2004 年，以互动式网络服务为特征的 Web2.0 时代开启。Web2.0 源于 Web1.0 时代中通过创新服务的幸存者，它可以看作一系列创新服务的统称，如博客（Blog）、维客（Wiki）、社会性网络服务（Social Network Services，SNS）、简易信息聚合（Really Simple Syndication，RSS）、微博（Micro-Blog）等。在智能手机出现和通信进入 3G/4G 时代之后，PC 端的早期 Web2.0 服务开始消亡，支持一对一移动互联的社交网络出现，微信、抖音、快手等新一代移动端社交网络服务兴起，这些服务也可以归结为 Web2.0。总体来看，Web2.0 服务的特征包括让用户参与内容创建，支持用户之间直接建立联系，用户的私人信息可以保存，个性化差异获得关注等。

◇　**Web3.0**

Web3.0 并不是一个新概念，在 Web2.0 的高峰期，人们就在讨论 Web3.0 会是什么样子的。2013 年，在本人撰写的《信息化 2.0+：云计算时代的信息化体系》一书中就对 Web3.0 进行了浅显的讨论，那时候数字货币、区块链、人工智能还在沉寂中，也没有多少平台生态系统，业界一般倾向认为语义互联网、分布式搜索、智能代理、网络操作系统等是 Web3.0 的发展方向。现在看来，之前对 Web3.0 的预言与真实情况有着较大的偏差，正在实践中的 Web3.0 是智能互联网、全真互联网和价值互联网等概念源流及其实践的汇聚结果。从传播媒介的角度来说，Web1.0、Web2.0 和 Web3.0 都是媒介，而旧媒介从来都没有消失，而是成了新媒介的内容。也就是说，除了新概念源流的融合，Web1.0 要素会融合于 Web2.0 之中，Web2.0 要素又会融合于 Web3.0 之中，Web2.0 的社交互动特性并不会消失，而是会成为 Web3.0 的重要组成部分。总体来说，与 Web2.0 类似，Web3.0 并不是指只有一种应用形态的互联网应用，而是具有一些共同特征的新兴互联网应用形态的集合，如 3D 游戏、NFT、DAO、DeFi、数字货币等，这些共同特征包括社交互动、智能互联、沉浸体验、价值连接等。Web3.0 的主要概念源流和典型实例如图 1-1 所示。

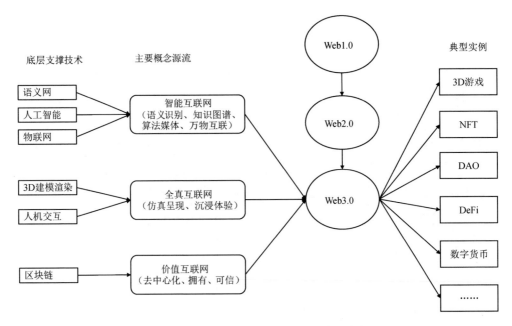

图 1-1　Web3.0 的主要概念源流和典型实例

● 源流 1：智能互联网

让互联网变"聪明"好像理所当然，但并不容易。1998 年，万维网的发明者 Berners-Lee 在汲取人工智能领域专家系统思想的基础上，提出语义网（Semantic Web）的概念，并认为它是 Web3.0。语义网力图为网络内容增加意义，让计算机能够轻松理解信息的意义。在 Berners-Lee 的设想中，语义网包含文档或文档的一部分，能够描述事物之间的明显关系，且包含语义信息，以利于计算机智能处理网络信息。其优势是能够帮助用户过滤大量无用或错误的信息，从而更有效率、更准确地满足用户搜索信息的需求。在语义网提出后，掀起了一波 Web3.0 研究浪潮。万维网联盟（World Wide Web Consortium，W3C）等国际组织也对其大力推动，并且发布了一系列知识表示框架、查询语言和数据获取协议及标准，如资源描述框架（Resource Description Framework，RDF）、资源描述框架模式（RDF Schema，RDFS）、网络本体语言（Web Ontology Language，OWL）、SPARQL 协议和 RDF 查询语言（SPARQL Protocol and RDF Query Language，SPARQL）、统一资源标识符（Uniform Resource Identifier，URI）等。虽然语义网描绘了智能互联网的美好蓝图，但产生的问题与早期专家系统如出一辙，一方面增强了信息的可解释性，但另一方面获得有效结论的数量有限，知识推理难度很大，除了在图书馆管理领域有一些应用，整体陷入发展困境。2010 年，互联网巨头谷歌公司收购语义网公司 MetaWeb 的语义数据库 Freebase，将其更名为知识图谱（Knowledge Graph），把智能互联网的发展方向从语义网导向知识图谱。知识图谱采用关联数据三元组（实体主题、关系谓词和另一个实体对象）的存储方式，依托本体和知识库，通过映射和可视化来呈现知识间的关系，这样做的好处是支持多元异构大数据的存储、可视化和智能推理，与早期语义网相比更加实用。知识图谱与互联网相伴而行的路并不长，其随着人工智能的兴起而失去吸引力（知识图谱本身并没有失去价值，仍然在其他领域发挥价值）。2016 年，谷歌对其收购的 Freebase 停止更新，并将其全部数据捐给维基数据，那时基于深度学习的人工智能程序正在征服人类围棋手的进程中。2017 年，谷歌旗下著名的人工智能程序 AlphaGo 战胜了世界围棋冠军，这一事件引发全球关注，宣告新一轮人工智能浪潮到来。以云计算提供的强大算力和大数据为基础的人工智能深度学习算法与互联网服务深度融合，在数字媒体、社交网络和电子商务领域实现用户画像、用户行为分析、语音图像等网络内容的识别与分析、机器自动生成内容、智能内容编审、算法推荐等，显著地提高了互联网的服务效率和质量。同时，人工智能、互联网与新兴的物联网进一步合流，智能互联网服务的对象不局限于人，还包括世间万物，如穿戴设备、智能家居、智能交通等。在过去 20 多年中，从语义网到人工智能+互联网，让互联网更加"聪明"的人类梦想从未止步，智能互联网的实践一直在进行。

- 源流 2：全真互联网

显而易见，在 Web1.0 和 Web2.0 时代，我们看到的互联网内容都是平面的，不管有没有用户交互。区别在于 Web1.0 的内容基本上都是静止的图文信息，而 Web2.0 除了用户交互，还包括图文、语音、视频等丰富的融合媒体内容。从硬件支撑来看，Web1.0 主要依托计算机，而 Web2.0 主要依托移动互联网时代的智能终端（如智能手机）。随着 XR（包括 AR、VR 和 MR）终端设备的逐步丰富和成熟、图形引擎技术的进步、算力和网速的不断提升等，从提升用户体验的演化逻辑来看，能够给用户带来沉浸式体验无疑是互联网服务的显著进步，基于 3D 建模和实时渲染的互联网逐渐现实起来。除了沉浸式体验，Web2.0 环境中大量的虚假信息经常让用户苦不堪言，去伪存真是用户的核心诉求之一，而人工智能技术的进步为解决内容问题提供了可能。在此背景下，指向下一代互联网的"全真互联网"被提了出来。2020 年，腾讯 CEO 马化腾为企业内部刊物《三观》撰写前言时提出，"一个令人兴奋的机会正在到来，移动互联网十年发展，即将迎来下一波升级，我们称之为'全真互联网'……虚拟世界和真实世界的大门已经打开，无论是从虚到实，还是由实入虚，都在致力于帮助用户实现更真实的体验"[16]。全真互联网将与物联网融合，让真实达到极致，"一旦进入这种全能网络，人们的眼前就是无限逼真的现实世界。它与今天互联网不同的是，展现出的三维景象不仅提供视觉、听觉体验，还提供触觉和味觉感受"[17]。显而易见，全真互联网是 XR交互技术、3D 建模和渲染技术、人工智能技术和物联网技术交叉融合应用的综合效果。具有社交功能、模拟现实的互联网 3D 游戏可以看作一种典型的全真互联网实例，如"第二人生"。

● 源流 3：价值互联网

价值互联网的逻辑建立在区块链技术应用的基础上，并因此构建了互联网升级路线图：Web1.0 为可读的互联网；Web2.0 为可读+可写的互联网；Web3.0 为可读+可写+可拥有的互联网。价值互联网可能是目前关于 Web3.0 的研究文献中出现更多的诠释，在近年来的实践中也涌现出较多的实例，使得它显得尤为可信。以太坊联合创始人 Gavin Wood 把 Web 3.0 定义为"一组兼容的协议。这些协议为用户提供强大并且可验证的保证，通过授权用户在低门槛的市场中为自己行动，可以确保审查和垄断机会的减少"[18]。于佳宁认为，"以价值互联为核心的 Web3.0将使用户可以根据公私钥的签名与验签机制拥有并自主验证数字身份；用户数据在链上存储，可以自主选择是否共享、与谁共享、共享多少信息数据；同时智能合约的算法公开透明，可以避免暗箱操作"[19]。还有一些研究者认为，在价值互联网框架下，用户能够实现自主价值创造、价值确权和价值交换的三位一体[20]。区块链技术以去中心化理念为基石，价值互联网的核心价值也必然建立在去中心化理念之上，并通过去中心化的技术构建和应用设计，把互联网内容和资产的控制权交还给用户，从而与 Web2.0 时代的平台资本相抗衡。价值互联网逻辑的Web3.0 已经拥有大量场景应用实例，如非同质化通证（Non-Fungible Token，NFT）、数字货币（Digital Currency）、去中心化自治组织（Decentralized Autonomous Organization，DAO）、去中心化金融（Decentralized Finance，DeFi）等，使其在当下看起来极其繁荣。简而言之，基于价值互联网逻辑的 Web3.0 试图基于去中心化的区块链技术，让用户更加安全、可信地拥有互联网内容和资产，并进行价值交换。

- 交汇融合与全景 Web3.0

Web3.0 的三个概念源流正在交融汇合，全景化的 Web3.0 正在浮现。具有智能、全真和价值互联等特征的互联网应用不断涌现，这些应用的集合就是 Web3.0。Web3.0 是云计算、5G、人工智能、物联网、3D 图形引擎、区块链、XR 等技术总体赋能互联网的结果，使其更厚、更重。同时，Web2.0 的社交特性并不会消失，而是会成为 Web3.0 的基本属性。Web3.0 发展初期表现为一系列应用的集合，而不单指某类应用，这一点与 Web2.0 早期发展类似。Web3.0 系列应用中的任何一种都能够给用户带来社交、智能、物联、沉浸、安全、可信、拥有等多维全新体验（或其中几个维度的组合）。

一些学者认为 Web3.0 就是元宇宙，但我并不认同。尽管 Web3.0 功能强大，但从根本上看仍然属于与网络连接相关的技术范畴，是万维网逻辑的继续发展，既不能代表元宇宙的所有支撑技术，也不能独立构建出元宇宙的全貌，还不能诠释用户端的参与、行为、体验和价值，更不能涵盖元宇宙隐含的新社会、新文明和新经济蓝图。总体来看，把 Web3.0 定位为元宇宙的网络基础设施是比较恰当的[21]。

3. 算力之威

算力，即计算能力，与智能存在紧密相连。在计算机发展早期，人们就将算力视为一种具有智能的机器。现在，算力无疑是人工智能发挥作用的基石。2017年，人工智能程序 AlphaGo 战胜世界围棋冠军的盛举，除了依靠算法的进步，在很大程度上要归功于云计算能力。2021 年，"元宇宙"一词频繁地出现在大众的视野中，计算能力的重要性显现，构建 3D 虚拟场景和数字孪生世界、开发数字虚拟人、创造和拥有数字资产、3D 沉浸交互等无不依赖超强的算力。可以说，没有算力技术进步的加持，也就不会出现元宇宙。

算力进化

算力量变是一个较为漫长的过程。1946 年，世界上出现了第一代电子管计算机，其主要特点是电子管，体积庞大而计算能力低下。1947 年，威廉·肖克利等人发明了硅基晶体管；1958 年，罗伯特·诺伊斯在晶体管技术基础上发明了集成电路。这两项重大发明打开了硅基的算力量变大门。从 1947 年晶体管发明算起，到 2006 年云计算兴起，正好 60 年。要想理解这 60 年算力量变的过程，需要掌握两个关键，即摩尔定律和冯·诺依曼体系架构，因为到目前为止人类算力进步一直没有突破二者的限制。

1965 年 4 月 19 日，戈登·摩尔在《电子学》杂志上发表了论文《在集成电路上填入更多的组件》，文中预言：半导体芯片上集成的晶体管和电阻数量将每年增加一倍。这就是摩尔定律最初的版本。1975 年，戈登·摩尔对摩尔定律进行了修正——把"每年增加一倍"改为"每两年增加一倍"。在实践中，学者们对戈登·摩尔的说法进行了进一步修正，指出"每 18 个月增加一倍"，这就是当前的摩尔定律。摩尔定律得到了业界人士的认可，并产生了巨大的反响。在摩尔定律的引领下，计算机核心计算芯片中的晶体管数量呈指数级增长，计算机的计算能力也在同步增长，并由此获得了计算能力提升带来的各种便利和生活质量提升。摩尔定律的影响并不局限于计算机，凡是有集成电路的地方都获得了类似的能力提升，如存储器、网络设备、智能终端、嵌入芯片的生产设备、家电产品等。近年来，关于摩尔定律即将失效的说法屡屡出现，一些人认为硅基集成电路技术受制于硅材料本身，到达物理极限（如硅晶体量子效应）后必然会遇到人类无法克服的困难。到目前为止，算力进步仍然限定在摩尔定律的轨道上，除非找到能够代替硅的集成电路材料。现在，科技巨头正在进行突破摩尔定律极限的激烈竞赛。2021 年，IBM 发布了全球首款 2 纳米制程的芯片，每平方毫米大约容纳 3.3 亿个晶体管，指甲盖大小的芯片大约容纳 500 亿个晶体管，这项技术除了能显著地提升芯片性能，还能大幅度降低能耗[22]。另一家芯片生产巨头台积电宣布，将于 2025 年量产 2 纳米芯片[23]。另外，图形处理器（Graphics Processing Unit，GPU）、人工智能处理器等专门化芯片快速发展，也有助于解决算力不足问题。

前文提到冯·诺依曼体系架构的基本思想就是把计算机硬件分为控制器、处理器、存储器、输入设备和输出设备五大部分，并设定两个规则：用二进制表示数据和指令；程序存储，顺序执行。其好处是使得计算机具有很大的灵活性。从第一部计算机开始，冯·诺依曼体系架构控制计算机架构的局面至今一直没有什么变化。与摩尔定律一样，人们一直宣称突破它，但依然没有实现。冯·诺依曼体系架构并不完美，例如处理器和存储器分离并用通信线路连接，既面临两类器件技术发展不平衡的问题，也面临通信线路带宽瓶颈和能耗严重问题，存算一体成为一种可能的选择。所谓存算一体，就是把计算机处理器功能和存储器功能集成在一个芯片当中，力图突破冯·诺依曼体系架构的瓶颈，英伟达、英特尔、微软、三星等技术巨头发布了相关原型系统。2020 年，阿里巴巴达摩院在其发布的《2020 十大科技趋势》中指出，存算一体是突破人工智能算力瓶颈的关键技术[24]。与冯·诺依曼体系架构久经考验不同，存算一体会不会引发其他问题，还有待时间检验。

随着单一芯片和计算设备能力的提升，以及互联网技术的进步，一种全新的计算资源利用模式被发明出来，助力解决现实应用中算力需求波动的问题，这就是云计算。通过云计算，人们可以灵活地利用计算资源，如短期内形成强大的算力，或者仅利用计算资源的一部分，方便且价格较低。

📑 云计算哲学

2006—2016 年，可以说是由云计算主导信息领域。有了云计算，对大多数人的常规应用来说，算力再也不是问题。与其说云计算是一种技术，或者计算机资源的利用模式，不如说它是一种技术哲学。它让人们既重新认识了计算机的能力，也重新认识了计算机赋能的内涵。基于云计算，现在的云端 App 才能顺畅运行；基于云计算，人工智能才能够用一个简单的算法加上短时间的暴力计算实现人们期待的智能；基于云计算，工业 4.0 的蓝图才能描绘出来，制造业服务化才成为可能。可以说，没有云计算，元宇宙只能是空想。云计算的最大价值是它蕴含的哲学思想，即一切资源都可以池化、封装、隔离和服务化。反过来说，一切服务都可以从云计算开始，并以其为支撑。在此思想引领下，任何行业的任何资源都可以以终端服务的方式提供给用户，从而从根本上改变生产和用户之间的关系。只要打开我们的智能手机，看看日益增多的 App 和小程序，就能感受到云计算带来的变化。

在云计算提出之前，计算机领域的概念大多是具象的，人们能轻松地解决大部分问题。而云计算是一种通过网络将可伸缩、弹性的共享物理与虚拟资源池以按需自服务的方式供应和管理的模式。如今，云计算已经成为随处可见、人人可用的基础设施，任何计算量浩大的任务都离不开它的支持，智能终端上安装的 App、微信中的小程序、人工智能应用都与它紧密相关。通过云计算来构建算力基础设施已经成为常识，不了解它的技术源头和细节的读者可以阅读专业书籍，本书不再赘述。相对于十年前，云计算的最新进展主要体现在云原生和边缘计算技术，它们对元宇宙有着重要价值。

云原生（Cloud Native）指在设计和开发之初就充分考虑了云计算环境的弹性和分布式特征的计算资源。Pivotal 公司将云原生的要点归纳为容器技术、微服务架构、DevOps、持续交付四个方面[25]，我们可以从这些方面把握云原生的核心思路。容器技术能够比虚拟机实现更细粒度的计算资源隔离和利用，帮助用户实现高效率、可移植、可重用的应用程序封装、分发和运行。通过容器技术能够实现云原生应用的快速分发和部署，开源的应用容器引擎 Docker 是容器技术的典型代表。微服务架构是应用软件的架构模式，通过它能够将大型应用程序按照功能模块分成多个独立自主的微服务，再结合容器技术提升应用程序设计、开发和部署的便捷性。DevOps（Development & Operations，开发和运维）强调工作环境、文化和实践的集合，支持软件工程、技术运营和质量保障的整合，最终目的是实现高效、自动执行软件交付和基础架构更改流程。DevOps 对于云原生有着重要意义，能够简化从开发到交付的流程，加速价值交付。持续交付是指软件能够稳定、持续地保持随时发布状态，目的是促进产品迭代，持续为用户创造价值。

边缘计算指的是在接近物或数据源头的一侧提供计算资源和能力的一种类云计算技术。对算力需求较大、需要快速连接、实时性业务处理要求非常高或者对安全性要求较高的应用，单靠部署在远程的云计算服务难以满足需求，边缘计算技术因此发展起来。边缘计算可以看作一个微云平台，具有云计算的所有属性。

有了边缘计算，算力体系结构就从"云+网+端"变成了"云+边+端"。可以想象，在元宇宙普遍存在的 3D 虚拟场景，它的图形计算和实时渲染离不开边缘计算的支持，工业领域的数字孪生应用同样如此。

云原生和边缘计算技术的发展增大了云计算的威力，使它能够更加聚焦于为用户高效率地创造价值。

图形计算

图形沟通了人和计算机，图形计算是计算机领域的重要细分技术，计算机图形学是一门利用计算机研究图形的表示、生成、处理和显示的学科。3D 虚拟游戏和数字孪生的迅猛发展对图形计算技术提出了更高的要求。图形计算涉及一系列硬件技术和软件技术，如图形处理芯片、计算机图形处理、光栅图形生成、实体建模、实时渲染、图形合成与显示、图形交互、动画、模拟等。计算机图形学是计算机领域的重要细分学科，有大量的系统知识，下面重点介绍两种与元宇宙的发展关联紧密的图形计算技术——GPU 和游戏引擎，以说明元宇宙相关的算力技术基础。

✧ GPU

GPU（Graphics Processing Unit，图形处理器）是专门为执行复杂的数学和几何计算而开发的类 CPU（Central Processing Unit，中央处理器）芯片。由于把三维图像和特效处理的功能集成在芯片中，GPU 具有图形处理硬件加速功能，是实时图形渲染必要的硬件基础。尽管 GPU 起步于 3D 图形处理，但其在浮点运算、并行计算等方面展现出强大的性能，远远超越一般计算机所用的 CPU，它也因此经常被应用在密码破解、数字货币挖矿、人工智能等领域。当然，CPU 的通用能力十分强大，GPU 是 CPU 功能的重要补充，而不是替代。随着元宇宙时代的到来，GPU 的重要性尤为突出。英伟达最早提出 GPU 的概念，并长期处于该领域的霸主位置。在 GPU 市场，2006 年被 AMD 收购的 ATi 公司是英伟达的主要竞争对手。2021 年 11 月，英伟达发布可扩展的多 GPU 实时开发平台 Omniverse（2022

年 8 月发布新版本），实现实时 3D 仿真和设计协作，目的是加速构建 3D 虚拟世界，对建筑工程、自动驾驶、娱乐传媒、制造业等多个领域都产生应用价值[26]。Omniverse 提供了展现 GPU 能力的平台，其在市场上的优异表现也在不断证实 GPU 在当前时代的重要性。

✧ **游戏引擎**

游戏引擎是图形计算的一个典型应用领域，前景十分广阔。其早期功能主要是为游戏开发者提供软件工具集合，支持快速开发游戏。经过约 30 年的发展，游戏引擎已成为平台化的复杂系统，一般包括图形建模、光影效果控制、动画设计、物理系统、图形实时渲染、图形智能分析、音效处理、场景管理、游戏联网等功能。不得不说，游戏引擎的核心技术和市场目前主要控制在外国公司手中，典型代表为 Unity 和 Epic Games 公司开发的虚幻引擎（Unreal Engine）。拿游戏引擎虚幻引擎 5 来说，它为游戏开发者和行业创作者提供了创作新一代实时 3D 内容和体验的平台，具有管道集成、世界场景构建、动画、光照、渲染和材质、模拟和效果、游戏性和交互性编写、集成媒体支持、虚拟制片、内容生态、开发者工具等功能，而且在营收低于 100 万美元时任何人都能够免费使用该引擎[27]。

游戏引擎不能理解为仅用于游戏开发，其还在智慧城市、数字孪生工厂、交通运输、娱乐传媒、数字艺术、仿真模拟等领域发挥着价值。游戏引擎是算力和人类创造力的力量融合器，释放算力能量，打开想象力之门，带给人们一个色彩斑斓的新世界。在汽车领域，游戏引擎支持用户 VR 试驾、数字驾驶舱开发、快速制作虚拟汽车原型、无人驾驶实时模拟等；在建筑领域，游戏引擎支持导入各种建筑设计数据、快速构建数字孪生、设计可视化和远程协作、早期建筑设计研究、数字化施工指导和培训等。

📃 量子计算

算力和应用的矛盾是永恒的，云计算很强大，但并没有从根本上解决算力问题。随着人工智能和元宇宙的爆发，算力不足的紧迫感日益提升。要想突破算力瓶颈，量子计算可能是一个值得期待的发展方向。量子计算指的是依照量子力学理论，利用量子的状态重叠和相互纠缠来产生巨大的计算能力的一种新型计算。

量子计算有一个较长的早期探索和积累过程： 20 世纪 80 年代初，美国阿贡国家实验室的 P. Benioff 提出二能阶的量子系统可以用来仿真数字计算；1981 年，物理学家理查德·费因曼在一场演讲中描绘出用量子现象实现计算的愿景；1985年，牛津大学的大卫·德义奇依照计算机大师图灵提出图灵机的思路，提出量子图灵机，证明一台量子计算机是可能的；1994 年，贝尔实验室的彼得·肖尔创造了一种利用量子计算机的算法，可以在更短的时间内把一个很大的整数分解成质因数的乘积。进入 21 世纪之后十多年，尽管缺乏实用性，但陆续有机构宣称制造出若干量子比特的量子计算机。

2016 年之后，全世界开始争夺量子霸权，各个国家和科技巨头均加入这场竞争。2016 年 12 月，美国科学与技术政策办公室（OSTP）网络安全助理主任说美国需要更多地投资量子计算机；2017 年 5 月 3 日，中国科技大学潘建伟研究团队发布能够操控 5 个光量子比特的光量子计算原型机；2017 年 11 月，IBM公司宣布研发出能够处理 50 个量子比特的量子计算机；2018 年 1 月，Intel 公司在 2018 的 CES（International Consumer Electronics Show，国际消费类电子产品展览会）上发布了 49 个量子位的量子处理器原型 Tangle Lake；2018 年 3 月，谷歌公司量子人工智能实验室宣布全新的量子处理器 Bristlecone，支持 72 个量子位；2020 年 9 月，谷歌发布包含 53 个量子比特的芯片 "悬铃木"，能够用 200秒完成对一个量子线路取样一百万次；2020 年 12 月，中国科学技术大学研究团队成功构建了 76 个光子的量子计算原型机 "九章"，实现了 "高斯玻色取样" 任务的快速求解；2021 年 5 月 7 日，中国科学技术大学的另一个研究团队宣布研制出了 62 比特可编程超导量子计算原型机 "祖冲之号"；2021 年 11 月，IBM 推出全球首个超过 100 个量子比特的超导量子芯片 Eagle，该量子芯片拥有 127 个量子比特；同样是 2021 年 11 月，中国科技大学研发的量子计算原型机 "九章"和 "祖冲之号" 宣布升级为 "九章二号" 和 "祖冲之二号"，它们的计算能力进一步提升。

理论上量子计算机可以很快，但实际中还需要克服很多困难，比如实现完全纠错，长时间维持量子比特状态等。总体来说，量子计算是一种正在加速走向成熟和实用的计算力量，不久的未来可能会有一些针对性场景的落地应用。

4. 智能之灵

　　人类的智能通常用"智慧"来表达，就是能够聪明地解决问题。机器与人不同，其智能只具有仿生意义，即人工智能技术在某些方面表现出类似人的智慧。教科书中通常把人工智能定义为四类系统的集合：类似人动作的系统；类似人进行思考和推理的系统；理性思考的系统；理性动作的系统。但是什么是类似人？什么是理性？如何做到这些，不同的人存在不同的理解。在人脸识别、语音识别领域，智能通常是指深度学习算法赋能的软硬件系统具有类似人识别的能力。在制造领域，如果一台机器基于信息物理系统，实现自主采集数据、数据传输、分析处理、决策、自治运行，那么这台机器通常被称为智能机器。人们可能对智能的理解各不相同，智能程度又如何判定呢？1950年，英国著名的数学家和逻辑学家阿兰·图灵在一篇题为《计算机器与智能》的论文中第一次提出了"机器思维"的概念，并提出了图灵测试：测试人群在不接触对方的情况下，通过一种特殊的方式和对方进行一系列的问答，如果在5分钟时间内，30%的测试者无法根据这些问题判断对方是人还是计算机，就可以认为这台计算机具有与人相当的智力，而且说明这台计算机是能思维的。图灵测试只是一个结果测试，并没有给出实现智能的办法，但它成功地把机器智能程度的问题转换为人们如何认知智能的问题，就如同把产品好坏的问题转换为用户满意度的问题。自此，判定一个程序是否具有智能就有了一把尺子，尽管它并不完美。

　　从1956年著名的达特茅斯会议开始算，到2016年正好60年，人类在实现人工智能方面不断努力，尝试过符号主义的逻辑推理和专家系统、连接主义的神经网络算法等多种路径，但最终都因为缺乏实用性宣告失败。2017年，人工智能再次崛起，并以战胜人类世界围棋冠军的战绩轰动全世界，其中的关键就是深度学习算法的突破。但当前以深度学习算法为核心的人工智能只能归于弱人工智能，就是只能针对特定问题表现出类似人的智能。实现像人一样思考和解决问题、能够应对通用任务处理的强人工智能（又称通用人工智能）还遥遥无期，而实现等同人和超越人的超人工智能还停留在科幻艺术作品中。尽管目前的技术发展仍局限于弱人工智能，但确实具有了实用价值，人工智能走进人类生活、为人类提供帮助已经没有问题。现在，到处存在的人脸识别、语音交互已经证明了人工智能的价值。几年前开始的人工智能狂热也在逐渐消散，仍未盈利的人工智能创业企业已经开始谋求转型。这一现象并不说明人工智能再次退潮，而是它已经与各个行业深度融合，变成一项常规的科学技术。可以预见，人工智能将是元宇宙中的基本存在，赋能虚拟世界的各种事物，使万物有灵。

算法智能

现在，大众口中的人工智能本质上与深度学习算法等同，目前的进步也确实局限于此。但这种混淆可能并不利于人工智能的发展，也很容易抹杀逻辑推理、专家系统等其他人工智能方法的价值。本节用算法智能来表示基于深度学习算法的人工智能实现路径，以与其他路径区分。

只要计算，就会有算法。一些文献考证，算法（Algorithm）一词出自 9 世纪一位波斯数学家的创造，以此讨论数学问题的解决[28]。算法不但与数学相关，而且任何解决问题的一系列步骤都可以称为算法，比如按照菜谱做一道菜、收拾房间等。算法往往与设计关联在一起，也就是说算法要精心设计，才能确保解决问题更加精准、省时省力、节约成本。计算机领域的算法就是基于计算机科学思想和原则设计的有限、确定、有效并适合计算机程序实现的解决问题的方法。计算机要解决一个问题需要程序输入，而算法是程序编辑的基础，程序算法对计算机科学至关重要。计算机领域开发了大量的算法，每个使用计算机或智能手机的人每天都在与算法打交道，如网页搜索、文件编辑、图像压缩等。计算机科学的发展往往依赖于思想的重大突破，这些思想对计算机专家来说就是算法，即便不是也要想办法转变为可程序化的算法。

深度学习算法的价值首先体现为思想价值，它改变了人工智能实现的路径，也改变了大众对人工智能的看法。深度学习算法是机器学习、半监督学习等算法长期演化的集大成者，看一下它在人工智能领域中的位置（见图 1-2）就能对它有一个大概的认识。

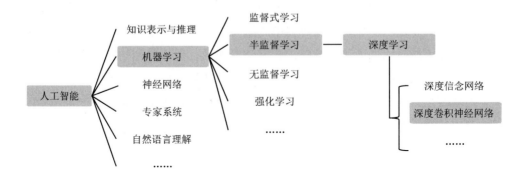

图 1-2　深度学习算法在人工智能领域中的位置

战胜人类世界围棋冠军的人工智能程序 AlphaGo 是深度学习算法中的一种，被称为卷积神经网络。卷积神经网络是一种多层神经网络，主要有三个重点：局部感知域、共享权重和池化。传统的神经网络是输入层的神经元与隐藏层的每个神经元连接，但卷积神经网络不同，它首先把输入层图像的一个局部区域连接，这个局部区域就是局部感知域，然后局部感知域的所有神经元与第一个隐藏层的同一个神经元连接，每个连接上有一个权重参数。进一步，输入层的局部感知域按从左往右、从上往下的顺序滑动，就会得到对应隐藏层的不同神经元。当全部滑动完成后，所有局部感知域就会对应出第一个隐藏层。这个意图就是第一个隐藏层的所有神经元都在检测图像不同位置的同一个特征，实现从输入层到隐藏层的特征映射。在实际操作时，可能不止一个特征映射，而是会有几十个特征映射，这样就会形成多个隐藏层。这些隐藏层又称卷积核或者卷积层，每个卷积核对应一个特征。特征映射的权重就称为共享权重，偏差称为共享偏差。由于一个特征映射面上的神经元共享权重，因此减少了网络自由参数的个数。再进一步，在卷积层之后就是池化层，池化也可以理解为聚合统计，简化卷积层的输出。池化层中的每个神经元对前一层的一个区域内的神经元进行求和，或者把前一层的一个区域中最大激励输出。池化如何操作主要是根据算法的不同进行设计。无论怎样，经过池化会得到神经元更少的池化层。每一个特征映射都对应一个池化处理，对应一个池化层。另外，还有一个全连接层，这个层的神经元与最后一个池化层的每个神经元连接。输入层、卷积层、池化层、全连接层、输出层连在一起就构成了一个卷积神经网络。卷积神经网络训练和学习是这样的：第一步，取一个样本，计算出相应的输出；第二步，计算输出和相应理想输出之间的差，按极小化误差的方法调整权重矩阵；第三步，反复训练，让整个系统稳定，误差达到最小。

卷积神经网络要想达到理想的输出效果，需要大数据和人工的支持。比如图像识别和语音识别，需要"投喂"算法大量的经过人工标注的图像数据和语音数据，不断训练算法，让算法学习，最终使得系统的参数达到稳定状态，这样才能获得较为满意的智能效果。数据标注是一项辛苦的劳动密集型工作，被很多人称为"脏活、累活""血汗工厂"。人工智能光鲜亮丽的背后，不但需要大量的数据，而且依赖大量枯燥的、附加值低的标注工作。而大数据源头往往不太规范，如侵犯用户隐私或数据来源不合规。

很多人也许很难理解卷积神经网络算法的核心思想，但一定能够看出其与人类大脑的思考过程完全不同。用本节确定的术语来说，这就是一种算法表现出来的智能，即算法智能。算法智能与图灵测试的思想一脉相承，就是让大众感受到智能的表现效果，做到这一点已经很成功了。

🗏 机器智能

如果仅从最终效果就能够评判智能，那么自带动力结构、能够自动运行的机器或许在蒸汽机时代、电力时代就可以称为智能机器。在蒸汽机时代，人们确实在欢呼智能时代到来，因为他们确实看到机器在自动运行。现在，很少有人认为一台机器若能自动运行就是智能的。在人类掌握了控制论、发明了大量自动化系统之后，机器通过附加感知系统和嵌入控制芯片，能够根据环境变化自动调整自己的运行状态，这种机器往往被称为智能机器。这种智能与深度学习算法带来的智能不同，建立在赛博空间的闭环控制系统之上，是一种机器智能。当然，算法智能可以叠加机器智能赋能机器，使机器能够看、能够听、能够分析判断，使机器表现得更加聪明。

要想让机器表现出智能，需要网络连接、信息物理系统、数字孪生系统、嵌入式数控装置、云计算、边缘计算、人工智能外部赋能、感知系统和执行系统等多个子系统的融合集成。机器具有了数据采集、数据传输、分析和决策、精确执行等方面的能力，这些能力的总体表现就是机器智能[29]。与算法智能不同，机器智能需要一个复杂系统支持才能表现出来，而通过训练的算法可以赋能任何的他物，甚至是一个数字人形象。过去，只有专门生产的工业机器人可以称为具备机器智能，现在越来越多的生产机器和产品也具备了机器智能，如智能机床、智能家居等。

机器智能的好处除了提高生产效率、产品和服务质量，更重要的是一种创新潜力。智能机器的组合会形成全新的生产力和可能性，如无人工厂、虚拟工厂、个性化定制、用户参与生产等给人们带来前所未有的便利和满足。

数字孪生

数字孪生也是一类典型的智能应用技术，在数字工厂、智慧城市、智慧企业等领域都有应用。通过数字孪生，可以构建现实世界的虚拟镜像世界，并实现虚实世界的融合。

数字孪生（Digital Twin）就是利用数字建模、物联网、传感器、数字映射等技术在物理世界和虚拟数字世界建立一对相互映射的物理实体产品与数字虚体产品的组合，实体产品和虚体产品完全一致，运行数据完全相同，把物理世界和数字世界紧密连接在一起。数字孪生通常用来对实体世界的物体运行进行监控、维护、优化和改进。例如，把一台实体挖掘机和它的数字模型进行物联网连接，技术人员不在现场就能智能地实时识别实体挖掘机的几何结构、特性、参数、物理性能等信息，自发进行分析和决策。通过数字孪生，实体物体和数字模型之间建立起一个实时反馈机制，进而促进知识创新、优化改进。

虚拟数字人

与人形机器人不同，虚拟数字人是指没有外部感知系统和机械执行部件，但具有类似人形象（真人仿真或卡通人）和行为，能够与人互动，由图形计算技术、人工智能技术、人机交互技术聚合而成的虚拟形象。根据由真人驱动还是由智能驱动、真人形象还是卡通形象、平面 2D 还是立体 3D，可以将虚拟数字人分成若干类别，如表 1-1 所示。

表 1-1　虚拟数字人分类

驱动		形象		平面或立体		类别
真人	智能	真人	卡通	2D	3D	
√		√		√		真人驱动 2D 虚拟数字人
	√		√	√		智能驱动 2D 卡通虚拟数字人
	√	√		√		智能驱动 2D 虚拟数字人
√			√	√		真人驱动 2D 卡通虚拟数字人
√		√			√	真人驱动 3D 虚拟数字人
	√		√		√	智能驱动 3D 卡通虚拟数字人
	√	√			√	智能驱动 3D 虚拟数字人
√			√		√	真人驱动 3D 卡通虚拟数字人

如今，虚拟人可以说是无处不在，在客户服务、演艺、媒体传播、游戏、旅游、品牌推广等领域都有应用。未来，虚拟数字人可以作为真人的分身，具有被确认的身份，在工作场景、社交场景、会议场景中扮演虚拟管理者、虚拟员工、虚拟朋友、虚拟嘉宾等。

虚拟数字人技术系统架构包括人物生成、人物表达、合成显示、感知识别、分析决策五个部分。人物生成主要是指 3D 虚拟数字人的三维建模；人物表达包括语音生成和动画生成，动画生成又包括口型动作的智能合成、动作捕捉和迁移、图形渲染等；合成显示是指音视频的合成并在终端显示出来；感知识别是指语音语义识别、人脸识别、动作识别等；分析决策则需要依赖知识库进行对话管理，根据用户交互反馈决定接下来的动作[30]。知名的游戏引擎、新生的图形计算平台，如 Unity3D、虚幻引擎、英伟达的 Omniverse、百度曦灵平台等，为大众提供虚拟数字人创造平台和工具，一个虚拟数字人众创众造时代已经开启。

虚拟数字人大规模涌现可能会导致真假难辨，所见非真相，责任和伦理体系将会面临巨大的考验。元宇宙中将会有各种各样的虚拟数字人，有真人替身，也有纯粹的虚拟数字人，有玩家角色，也有非玩家角色（ Non-Player Character，NPC ），当然也有好人和坏人，再加上人类情感难免会纠缠其中，人类的心智必然会受到前所未有的冲击。

还有一个问题就是，虚拟数字人为什么一定是类似人的形象呢？从科幻电影中我们得知，能与人互动的还有可能是大树、汽车、玩具、动物、建筑物、星球，或者任何人类能到想象的东西。人工智能的发展打开了潘多拉魔盒，呈现给人类一个万物有灵的新世界。

到底是制止虚拟数字人泛滥，还是学会接受？答案是已知的。在时代发展的洪流中，每个人都改变不了什么，接受并调整人类自己是最有可能的结果。在 200 多年前，很多人抗拒过工业革命，但时间证明接受才是明智的选择。

智能交互

人机交互技术就是一系列具有专门交互用途的智能系统的统称，这些智能系统一般都会涉及智能感知、网络传输、数据分析与处理（包括语音和图像数据）、信息反馈等智能处理过程。在人机交互过程中，通常会组合人体的多种感觉通道。常见的人机交互系统包括 AR（Augmented Reality，增强现实）、VR（Virtual Reality，虚拟现实）、MR（Mixed Reality，混合现实），或者统称为 XR（Extended Reality，扩展现实）。

AR：借助计算机图形技术和可视化技术产生真实世界中不存在的虚拟对象，并将虚拟对象准确"放置"在真实世界中，使用户处于真实世界与虚拟世界的交融中，带来感知效果更丰富的环境体验[31]。

VR：利用设备模拟一个虚拟世界，利用计算机生成一种模拟环境，强调用户与虚拟世界的实时交互，带来封闭式、沉浸式的虚拟世界体验[31]。VR 创造了一个完全的虚拟环境，通过 VR 头显可以体验到 3D 虚拟沉浸感[32]。

MR：AR 和 VR 的任何组合或者中间变体。对用户来说，MR 意味着呈现真实世界和虚拟世界对象的环境，并将它们一起显示在一个显示器中[33]。它介于增强现实和虚拟现实之间，模糊了虚拟和现实的界限，在现实世界中融入了数字虚拟对象进行交互，在虚拟世界中现实物体又以虚拟现实出现[32]。

XR 技术体系包括近眼显示、感知交互、网络传输、渲染计算、内容制作五个方面的技术。其中，近眼显示和渲染计算是难点。近眼显示主要与头显（头戴式显示）设备相关，受制于光学器件和新型显示技术，发展比较缓慢，快速响应液晶、硅基 OLED 和微型发光二极管处于显示技术前沿，衍射光波导技术则是光学领域的创新焦点。渲染计算包括着色、纹理和光照等方面的任务，赋予虚拟物体以真实特征并呈现在用户面前，前沿研究方向包括云网端架构的协同渲染，基于眼球追踪的注视点渲染和注视点光学，利用人工智能增强渲染质量和效能等[34]。

德勤中国 2021 年发布的全球 XR 产业洞察报告指出，目前 VR 设备占据 XR 整体市场的 50%，AR 设备占据整体市场的 33%左右，其余的市场为 MR，这种市场格局与相应技术的成熟程度直接相关。尽管 XR 技术给人们带来很多新奇体验，但存在的一些问题阻碍了它的市场扩展，如头戴设备不够轻便、真实感不足、虚拟场景绘制质量有限、传感设备和交互设备的性能欠佳、AR 使用中虚拟物体和真实环境对准定位问题等。

除了 XR 技术，基于人体特质，相关人员还研发出了其他交互技术。

从用户控制信息输入的角度，交互技术可以分为眼动识别、手势识别、皮肤触觉信号识别、肌肉或肌腱动觉识别、脑机接口等。脑机接口是较受人们关注的技术，基本思想就是在人或动物脑（或者脑细胞的培养物）与外部计算机设备间建立的单向或双向的直接连接通路。它的任务主要有两个：一是从大脑中输出正确的信息；二是把正确的信息输入大脑。2021 年 4 月，马斯克旗下的 Neuralink 公司将传感器芯片植入 9 岁猕猴，使其玩电脑游戏。脑机接口在残疾人辅助、抑郁症治疗、军事等领域有着现实的应用前景，与此同时，它也使加速人机融合进而创造出半人半机的"赛博人"成为可能。

从用户接收系统信息反馈的角度，交互技术可以分为视觉通道、听觉通道、触觉通道、嗅觉通道和味觉通道。常见的利用视觉和听觉通道反馈信息的技术主要是 XR，能够支持裸眼观看的裸眼 3D 技术、全息显示技术还处于探索阶段；触觉通道就是利用特制的手套或外骨骼让用户感受物体的材质、纹理、图案、温度、黏性、震动、压力或阻力等；嗅觉通道就是通过散发特定的气味让用户与虚拟环境的味道同步，如花香；味觉通道则通过将特制的化学物质喷入用户口中，让用户获得相应感觉[35]。

XR 技术给人类提供了人机交互的手段，但其过于笨重的头显设备、缺乏真实感的视觉体验及低效能的显示使其受到部分人的指责。同时，佩戴头显设备增加了人们的负担，并不符合人们的日常生活习惯，这些问题也会阻碍它的发展。同时，其他交互技术还有待发展，根本不具备替代 XR 技术的能力。总体来看，人机交互技术可能是限制元宇宙发展的问题之一。

5. 元宇宙的驱动机制

关于元宇宙的文章和书籍往往由介绍《雪崩》这部小说来引入元宇宙概念，绘声绘色地描绘小说中如何准确预言了超元域空间，然后就是技术弄潮儿受到小说启发开发了名为"第二人生"的游戏，构造出一个虚拟世界，紧接着就是 Roblox 公司将元宇宙一词列入招股说明书和 Facebook 公司改名为 Meta 的故事，好像这样叙述就阐明了元宇宙的来历。尽管整个描述流畅、生动，但我个人并不赞同这样的阐述。如果要告诉大众元宇宙是可信的、有前途的，那么必须建立在坚实的理论推演基础上，而不是依靠想象力爆棚的故事。因此，很有必要从理论上阐明元宇宙从何而来，技术演进如何与世界观、环境、大众需求对撞，以及元宇宙如何在技术潜能的边界里生根发芽、不断扩张。

前文虽然没有把元宇宙作为主题词，但其实已经在讨论元宇宙，力图从技术演进角度说明元宇宙并非小说演绎，也不是 Roblox 公司和 Meta 公司的独家喜好，而是数字之妖、网络之魅、算力之威、智能之灵共同塑造的现实之物。

为何是元宇宙，而不是别的什么？元宇宙是人们内心中一直存在的潜在需求吗？技术进步一定会产生元宇宙吗？还有哪些因素会影响元宇宙的现实性？这些都是元宇宙的驱动机制问题，具体如图 1-3 所示。

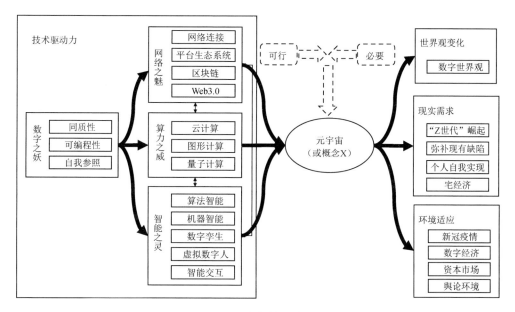

图 1-3　元宇宙的驱动机制

📄 技术驱动力

从技术角度看，元宇宙只是 3D 图形引擎（包括游戏引擎）、5G/6G、虚拟数字人、数字孪生、Web3.0、智能交互等大量技术融合发展的必然产物，至于是"元宇宙"还是"概念 X"来描述这种创新产物，可能区别也不会太大，关键在于是否有共识。现在元宇宙已经形成共识，用它来指代正在形成的新事物没有问题。元宇宙既是系列新技术融合改造世界的设想，也是未来社会、经济和文明的新图景。布莱恩·阿瑟在其《技术的本质》和《复杂经济学》两部书中对技术引发社会和经济变革的机制进行了说明。"经济涌现于它自身的安排和自身的技术，经济就是它自身技术的表达"；"当一种新的技术进入经济，它会召唤新的安排——新技术和新的组织模式"[36]。"新技术出现并进入现有的技术集合；进一步，新技术代替旧技术集合中的部分；新技术带来了新元素，即附属的支持性技术和组织安排，并提出了新的机会利基；旧技术退出，相关附属需求也退出，附属需求带来的机会利基也会消失；未来技术或未来元素的组件等新要素变得活跃；经济活动必须调整来适应前面的这些变化，相应的制度也会相应变化，从而最终涌现出新经济"[37]。近年来，3D 图形引擎（包括游戏引擎）、5G/6G、虚拟数字人、数字孪生、Web3.0、智能交互等技术取得的巨大进步构成了数字技术领域最活跃的进步部分，它们同样具有因同质性、可编辑程和自我参照而蕴藏的巨大创新力，这些活跃的部分创造出属于其自身的技术集合，如 Web3.0、3D 虚拟空间、数字演艺、数字藏品、数字工厂等，这些技术集合进一步融合带来的社会经济改变就是目前所讨论的元宇宙。新兴技术组合提供了元宇宙的可行性，目前一些资料其实也在讨论它的可行性，这种可行性要最终变为现实，还必须与世界观变化、现实需求和环境适应等方面的必要性相向而行发生对碰。元宇宙只有既是可行的，也是必要的，才能最终变为现实。

📑 世界观变化

近 10 年来，数字技术应用在全世界狂飙猛进，数字应用无处不在，这些外在变化无疑引发了人们世界观的变化，世界万物都要网络化、数字化、智能化的观念已经深入一些人的心灵，可以说世界上已经有很大一部分人具有了数字世界观。我可以举出大量例子来证实数字世界观已经普遍建立，我们也可以做一个小测试，通过思考一些描述是否属实来判断。例如，如果网络中断了，我们的工作、生活都会受到影响；我们需要通过微信、微博、抖音、快手等应用进行社交活动和工作协调；我们的手机上安装了各种各样的 App，这些 App 解决了生活中的大部分问题；拥有数字资产与拥有实物资产一样重要；有了数字技术，各种创新更快、更多了；人们已经生活在数字世界；街上出现一个机器人不觉得奇怪。世界观就是相互关联的观点体系，人们通过这个观点体系来认识、理解和描述世界[38]。由此可以得出一个结论，人们已经建立了数字世界观的观点体系，接受了人类世界、实体世界和数字世界的融合并存。世界观是决定性的，人们通常会依据自己的世界观来决定自己的行为，而数字技术创新不断强化世界观和证实行为的合理性。数字世界观的建立意味着人们对元宇宙或者其他有关数字技术的新鲜事物往往不会抗拒，而是怀着好奇心接受。

📑 现实需求

导向元宇宙的现实需求主要来自四个方面："Z 世代"慢慢成长起来，所占人口比例逐渐增加，他们对数字技术应用有着自己的理解；已有的技术存在缺陷，尽管这是永恒的问题，但新技术的发展为补救缺陷创造了可能；在长期物质生活充裕、社会安全稳定的背景下，在生理、安全和社交等需求基本满足的情况下，自我成就和自我实现等高级需求成为很多人的追求；数字经济高速发展，长期持续的疫情，使"宅经济"成为一种常态，需要新奇的技术满足宅经济人群的物质需求和精神需求。

元宇宙发展为什么样子，可能"Z 世代"最有发言权，因为这是他们成长起来后将要面对的生活空间和社会形态。"Z 世代"是指出生于 1995—2009 年的人，也是数字原生的一代，从他们出生起，互联网、计算机、智能手机就陪伴着他们，数字生活就是他们的生活，他们认为线上和线下没有什么不同。"Z 世代"具有鲜明的特征，如年龄包容性、在线化、低技术门槛、财富影响力下降、文化跨界、创意思维等[39]。根据国家统计局发布的人口数据估算，截至 2020 年，中国"Z 世代"大约 2.6 亿人。一些研究者预计，到 2025 年"Z 世代"将占到亚太地区人口的 25%，如果再加上"千禧一代"，则将占到亚洲消费者总数的 50%，这些人将会决定元宇宙的未来。在宣称提供元宇宙服务的 Roblox 平台上，月活跃用户大约为1.5 亿名，有 1/3 用户低于 16 岁，美国 9～12 岁的儿童中有 2/3 使用它[40]。现有应用不足以满足"Z 世代"的需求，一个足够大、足够新奇的数字宇宙才有可能填满他们内心的期待。

从媒介学角度，任何技术都是媒介，元宇宙也不例外。莱文森提出补救性媒介理论和人性化趋势理论，认为新的媒介发展都在不断弥补原有媒介的不足，而媒介演化的终极方向是满足人性化所引领的各种官能需求，恢复到人在自然交流环境中丧失的人性要素[41]。例如，Web2.0 是 2D 的，人们的情感、姿态信息很难获取，导致信息交流效能低下，为弥补这个缺陷，就需要发展给人带来真实沉浸体验的 3D 互联网；Web2.0 引发了信息爆炸，众声喧哗，下一代互联网就要借助人工智能分析内容、按需供给信息，把人从信息爆炸中解救出来；Web2.0 无法保护户隐私，不能在线传递数字资产，不支持数字原生创造，于是区块链技术增加进来弥补这些不足。类似地，在物理世界，人不能分身，时间效能因此受到限制，而虚拟数字人才试图补救这个问题。弥补存在的缺陷，迎合人性化趋势，构成了元宇宙技术层面需求的牵引力。

很多人都熟悉马斯洛需求层次理论，简单来说就是马斯洛认为人的需求分为生理需求、安全需求、爱和归属感需求、成就和尊重需求、自我实现需求五种。在新冠疫情出现之前的几十年间，全世界经济整体上表现为高速发展（个别战乱地区除外），物质极为丰富，生理需求和安全需求这两种低层次需求基本得到了满足。随着数字技术的发展，尤其是社交网络的发展，人们的爱和归属感需求也得到了部分满足。现在，成就和尊重需求、自我实现需求这两种高层级需求成为技术发展要满足的重点，元宇宙中开放式数字创造平台有可能为满足这些需求提供条件。

元宇宙的另外一个现实需求动力就是"宅经济"。得益于数字技术的发展，也由于长期持续的新冠疫情，很多人在家里就能够线上完成工作、购物、娱乐、教育、社交等各种事务，因此产生的经济活动就是"宅经济"。满足"宅经济"人群的物质需求和精神需求既给元宇宙提出了难题，也是元宇宙发展的机遇。

📋 环境适应

适应环境是任何新兴技术和产业获取竞争优势的基础，元宇宙的环境适应主要体现在四个方面：新冠疫情、数字经济、资本市场和舆论环境。

2020 年爆发新冠疫情，在疫情延续过程中，元宇宙概念爆发显然不是巧合，而是一种迎合，试图满足人们对"无接触的接触"的心理需要和现实需要。元宇宙一词已出现 30 多年，2003 年就有了"第二人生"这款游戏。除了技术发展的因素，新冠疫情环境无疑给了元宇宙一个契机，反过来，元宇宙也为长期苦于疫情的人类提供了一个新的交流之所、希望之地，其中的道理也许可以用典故"望梅止渴"进行类比。

新冠疫情是一个突发的黑天鹅事件，疫情防控使得大量经济活动停滞，而数字经济在促进疫情防控、维持经济运行、减轻负面影响等方面发挥了积极作用，增强了经济活动的健壮性。反过来，新冠疫情加速了社会转型和数字经济发展，中国信息通信研究院发布的《全球数字经济白皮书》认为新冠疫情可能成为人类从工业经济向数字经济演进的重要分水岭。中国信息通信研究院指出：全球数字经济比较先进的 47 个国家 2020 年数字经济增加值达到 32.6 万亿美元[42]；占到 GDP 的 43.7%。2021 年中国数字经济规模达到 45.5 万亿元，占 GDP 比重达到 39.8%，数字经济在国民经济中发挥了重要的支撑作用[43]。新结构经济和新形态经济是数字经济创造价值，促进其持续增长的关键动力，要想进一步发展，就必须围绕数字经济自身特性进行持续结构创新和形态创新[44]。元宇宙内在的经济系统在经济结构和经济形态方面都有很大创新，尤其是数字原生经济，符合数字经济作为新技术经济范式的内在规律，适应数字经济发展趋势。

　　资本天性逐利，自然也是促使元宇宙概念爆发的潜在推手。从下面两个具体事例可以感受到资本的力量：2021 年，Roblox 公司把元宇宙写进招股说明书，并在纽约证券交易所成功上市，上市后首日收盘上涨 54.4%；Facebook 公司在改名为 Meta 公司之前，市场被其他竞争对手和新兴社交软件 TikTok 不断挤压，股价也不断下跌，改名为 Meta 之后股价一段时间内连续上涨。在进入 2022 年之后，Roblox 公司和 Meta 公司股价均大幅下跌，有人认为这是资本否定了元宇宙，是否如此还有待长期观察。以上两个案例也说明，资本往往关注短期变现，很少关心产业的长期发展，在短期炒热概念之后，随着股价上涨获利退出。资本并不特别关心是元宇宙还是别的什么概念，赚钱是唯一重点，但客观上通过概念炒作，加速了元宇宙概念的流行。

　　舆论环境也是影响元宇宙发展的一种重要力量。如果大多数人都在说元宇宙，那么即使有少数人持反对意见也很少说出来，宣传元宇宙的一方不断扩大声势，沉默的一方则更加沉默，最后陷入一个舆论螺旋当中。沉默的螺旋理论可以解释这个现象。以元宇宙为主题词，在中国知网搜索 CSSCI（Chinese Social Sciences Citation Index，中文社会科学引文索引）和北大核心期刊论文，2021 年有 40 篇，到 2022 年 8 月底有 433 篇，这些仅仅是学术文章，还不包括其他媒体发表的文章、视频等，快速增长的数据表明相关舆论环境已经初步形成。舆论已经发挥威力：数字产业巨头宣称自己是元宇宙公司或正在开发相关业务，以避免落伍的形象；大量的创业公司也在宣称开展元宇宙相关的创新，以证明自己站在风口上。

舆论环境的威力不可抗拒，通俗来说，元宇宙现在就是一个巨大的风口。

元宇宙这个词很好地呼应了人们关于技术未来、人类未来的想象。资本和舆论呼啸而来，使元宇宙成为号令天下群雄的大旗，就如同梁山好汉们竖起的"替天行道"大旗。其意义并不在于蓝图完全实现，而是统一了人们"自我成就、自我实现"的理想。

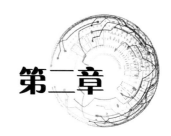

第二章

元宇宙的定义、总体框架和特征

1. 宇宙之"元"

📑 "元"的解析

Metaverse 的中文翻译为元宇宙，我认为是非常恰当的。首先说宇宙一词,《淮南子·齐俗训》中将宇宙解释为"往古来今谓之宙，四方上下谓之宇"，也就是说宇宙是指包括时间、空间在内的世界万物。《现代汉语词典》中对宇宙也有类似的解释——一切物质及其存在形式的总体（"宇"指无限空间，"宙"指无限时间）。正在进行的数字化、网络化、智能化革命影响深远，覆盖极广，用宇宙比喻其对时空的改变和对世界万物的影响，尽管有所夸大，但也能够解释，就如同用云计算来指代弹性可伸缩的计算模式。人们对元宇宙一词中的"元"字有不同的认识。一些人从前缀"Meta"出发，认为 Metaverse 翻译为"超越宇宙""超宇宙"。但"Meta"一词翻译为"元"更为常见，也更好地体现了词的本义，如元媒介（Metamedia）、元数据（Metadata）、元分析（Meta-analysis）、元语言（Metalanguage）等。"元"字如何解释对准确理解元宇宙一词十分关键。

元媒介（Metamedia）、元数据（Metadata）、元分析（Meta-analysis）、元语言（Metalanguage）等词中的"元"都有类似的含义，即用来规定某一事物的根本的规则。例如，元媒介是指计算机、互联网等数字媒介成为广播、电视、报刊等传统媒介的基础传播平台，能够促进媒体融合，元媒介即媒介的媒介；元数据即数据的数据，描述数据的组织、数据域及其关系；元分析是指对已有研究和分析结果（文献）的定量分析，即分析的分析；元语言是指用来谈论语言的语言，如语言学教科书、词典等。与以上概念对照，元宇宙理解为"宇宙的宇宙"可能更加准确，即基于新型数字技术应用对宇宙运行规则的重构和再设定，或者以 Web3.0、区块链、虚拟现实、游戏引擎、虚拟数字人等新型数字技术应用为现实宇宙运行的新基础，重置宇宙运行的规则。如果运行规则被改变了，那么元宇宙"超越"（Meta）现有宇宙当然也是应有之意。

中文"元"字还具有其他含义，可以延伸元宇宙一词的解释，而不用局限于 Metaverse。"元"字中文通"原"，最初是人之首的意思，可以解释为首要的、第一位的、万物本原等。比如，"元年"表示开始的年份；"元气"指人或国家、组织的生命力，是重要的本原物质；"一元论"是指认为世界只有一个本原的哲学学说。结合中文情境，元宇宙也可以解释为探索宇宙的开始，或者解释为构建一个新的宇宙本原。

总体来说，元宇宙概念中的"元"可以解释为基本的规则、超越、首要、开始、本原等，没有对错之说，这些不同的解释赋予了元宇宙一词强大的想象空间，使其充满向外的张力。

📄 定义元宇宙

元宇宙字面解释过于宏大，要想最终落地，应该有一个更加具体的操作化定义。目前，元宇宙最大的共识就是没有共识，有人认为它是"一组虚拟空间"，有人认为它是"虚实融合空间"，还有人认为它是"下一代互联网 Web3.0""3D 虚拟世界""平行宇宙""在线 3D 社交媒体世界"等。尽管众说纷纭，但是确实符合当前元宇宙鸿蒙初开的特点。

元宇宙的典型定义如表 2-1 所示。

表 2-1 元宇宙的典型定义

提出者	定义
美国加速研究基金会（ASF）	元宇宙是虚拟增强的物理现实和物理持久的虚拟空间的融合，同时允许用户以两者之一的身份体验它。元宇宙按照外在、增强、亲密、模拟四个维度分为生活日志、增强现实、镜像世界和虚拟现实四部分[45]
马修·鲍尔	元宇宙是一个大规模、可互操作的实时渲染 3D 虚拟世界网络，可以由大量用户同步、持续体验，这些用户具有个人存在感和连续的数据，如身份、历史、权利、目标、通信和支付[46]
Meta 公司	元宇宙是一组虚拟空间，在这里你可以和不在同一个物理空间的人一起创造和探索，可以和朋友一起工作、玩耍、学习、购物、创造等。这不一定是要花更多的时间在网上，而是要让你花在网上的时间变得更有意义[47]
Hollensen 等	元宇宙不会从根本上取代互联网或"社交媒体"框架，而是建立在它的基础上，并不断将其转化为一个在线 3D 社交媒体世界，充满了许多令人兴奋的新用户体验[48]
Bolger	元宇宙是技术文化的普遍表现，其影响将是全球性的。首先通过知识，然后通过社交，现在通过地理空间。AI（元宇宙的基础）将通过数字手段连接地球上的所有实体，从而在世界各地创建一个被称为元宇宙的三维信息和体验层[49]
Mystakidis	元宇宙是后现实宇宙，一个永久的、持久的多用户环境，融合了物理现实和数字虚拟。它基于技术的融合，实现了与虚拟环境、数字对象和人的多感官交互，如虚拟现实和增强现实[50]
Park 和 Kim	元宇宙是一个超越元和宇宙的复合词，指的是一个三维虚拟世界，化身在其中从事政治、经济、社会和文化活动。它在一个基于日常生活的虚拟世界中被广泛使用，在这个世界中真实和虚幻并存[40]
清华大学新媒体研究中心	元宇宙是经整合多种新技术产生的下一代互联网应用和社会形态，它基于扩展现实技术和数字孪生实现时空拓展性，基于 AI 和物联网实现虚拟人、自然人、机器人的人机融生性，基于区块链、Web3.0、数字藏品/NFT 等实现经济增值性。在社交系统、生产系统、经济系统上虚实共生，每个用户可进行世界编辑、内容生产和数字资产自所有[51]
德勤公司	元宇宙是"虚实融合的世界"，包含 4 层含义：模拟现实的虚拟世界、创新的虚拟世界、现实世界（也是元宇宙的一部分）、虚拟和现实世界的融合（将高于/超越单一的虚拟或者现实世界）[52]
袁昱	元宇宙是关于外界被用户（人类或非人类）感知为一个实际建立在数字技术之上的宇宙的一种体验，这个宇宙或者是与我们当下的宇宙不同的宇宙（虚拟现实），或是我们当下的宇宙的一种数字扩展（增强现实或混合现实），或者是我们当下的宇宙的数字对应物（数字孪生）。元宇宙既然以宇宙命名，就必须是持久的，而且应该是巨大的、全面的、沉浸的、自洽的。元宇宙既然用 Meta 来形容，就应该是逼真的、易用的、泛在的，并且可以是去中心化的。狭义上，元宇宙可以简单地定义为持久存在的虚拟现实（PVR）；广义上，元宇宙是数字化转型的高级阶段和长期愿景[53]

提出者	定义
郭靖和喻国明	元宇宙不是一项技术，不是一款产品，不是一个场景，也不是所有技术的集合体，而是一种数字革命以来所发展起来的全部技术与社会现实融合发展的全新的文明形态——如同原始文明、农耕文明、工业文明一样，数字文明是人类文明发展的全新阶段。它使人类进入一个更具自由度、更高灵活性、更多体验性、更强功效性的超现实世界之中[54]
何哲	一系列数字技术及相应交叉技术（如生物电子技术）的发展，使得人类正在迈向一个全新的社会，即通过数字技术形成的高度虚拟化的社会，元宇宙就是这一社会形态的标志性称呼[55]

客观地说，元宇宙到目前为止还是一个构想，企业和研究者从自身位置和社会角色提出了不同的见解，存在大量冲突，但主要矛盾不是对错问题，而是视角和视野不同。对现有见解中有益部分进行整合，并加以合理的演绎推理，完善和发展元宇宙的定义，对全面、准确地认识元宇宙非常必要，能够促进它健康发展。

在定义元宇宙之前，我们应明确以下几点：（1）元宇宙是 Web3.0、图形计算、区块链、算法智能、机器智能和人机交互等方面技术进步的结果，这是已有定义的基本共识；（2）元宇宙不是现有技术的场景挖掘，而是前沿数字技术组合创新及其重构世界的未来蓝图，是创新而不是应用；（3）美国加速研究基金会、德勤公司和袁昱等提出的定义说明了一点，从空间视角来看，未来不会只有虚拟世界，也不是虚实世界的简单拼合，而是会形成包括现实世界、生活日志、增强现实、镜像世界和虚拟世界等类型的层次化虚实融合连续体世界[33]，人们只会生活在这一个宇宙中，而不是多个宇宙中；（4）新的社会形态、经济形态和文明形态是元宇宙的内在属性，而不是元宇宙施加影响的外部环境，这一点在 Roblox 等案例中可以发现，清华大学新媒体研究中心、郭靖和喻国明、何哲等的研究也指出了这一点；（5）从用户体验角度，3D 沉浸式体验是元宇宙不可或缺的，但用户并不永远生活在 3D 沉浸体验中，而是以一种无感、自由、灵活的方式穿行在虚实融合连续体世界，并获得各种丰富的体验；（6）去中心化不会是元宇宙的普遍性规则，分层、多中心是元宇宙主要的发展方向，虽然不否定局部空间的去中心化设计，但其整体上与当前的制度环境、大众心理、社会习惯并不一致，而支撑这一蓝图的区块链技术也存在效率低、非绝对安全等根本性缺陷。

综合以上分析，可以给出以下定义：元宇宙是以 3D 图形引擎（包括游戏引擎）、5G/6G、虚拟数字人、数字孪生、Web3.0、人机交互等新兴数字技术为基础，以构建持续演化的、层次化的、3D 沉浸式的虚实融合连续体世界为核心，地球上大多数人将会涵盖其中，世界运行规则将会因此被重新规划、设定，或者自发涌现，形成全新的社会、经济和文明系统。

从平台服务商（包括游戏、社交、电子商务、虚拟空间等）视角和大众视角，可以区分出狭义的元宇宙和广义的元宇宙。狭义的元宇宙是平台服务商视角的元宇宙，即基于 3D 图形引擎（包括游戏引擎）、5G/6G、虚拟数字人、数字孪生、Web3.0、人机交互等新兴数字技术，构建局部的、持续演化的、层次化的、3D 沉浸式的虚实融合连续体世界，并规划和设定相应规则。广义的元宇宙即完整的元宇宙概念，除了狭义范围，还包括对人群的广泛覆盖，以及社会、经济和文明系统的重新构建。

数字技术内在的同质化、可编程性和自我参照等特性渗透到元宇宙所有元素中，由这些特性支撑的重组创新、重用创新、因果循环创新等数字创新形态将会无处不在，基于数字创新的持续演化必然是元宇宙的内生特征。元宇宙不是固定之物，而是一直处于变化中，其定义也会不断变化。

2. 总体框架

结合元宇宙的已有实践与定义，可以描绘出如图 2-1 所示的元宇宙总体框架。纵向上元宇宙可以分为五个层次：通用基础技术、关键支撑技术、虚实融合连续体世界、文明与经济、社会系统。正因为元宇宙的多层次性和复杂性，社会学家从中看到社会形态的演变，经济学家从中发现数字原生经济和融合经济，平台企业看到不同程度虚拟化的虚实融合世界，而技术提供商看到了数字前沿技术的集成整合。整体来说，元宇宙具有独特的时空特性，现实世界的时空在虚实融合世界极限卷曲，理论上可以通过虚实融合世界任何一点可以监测和控制元宇宙中的任何物质。可以说，元宇宙呈现出"一花一世界，一叶一如来"的景观。

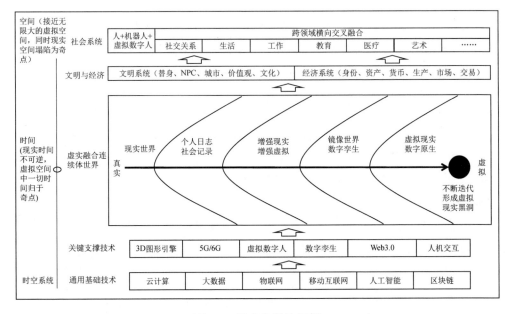

图 2-1　元宇宙总体框架

通用基础技术与关键支撑技术

✧ 理解"重新域定"

　　人们常说"太阳底下无新事",但新技术、新概念常常出现,这是为什么?布莱恩·阿瑟对此做了合理的解释:新技术都是在现有技术基础上发展起来的,现有技术又源于先前的技术;已有技术的组合使新技术成为可能,新技术会带来更多的新技术;一旦技术元素足够多,组合就会引发爆炸式增长,新技术就会大量产生。紧接着,为了共享现象族群和共同目标,或者为了分享一个理论,个体技术会聚集成群,这种集群就形成了"域"。而现实中的工程设计往往从选择一个域开始,这些下意识的选择过程就是域定。当"域"中的关键支撑技术发生根本性改变时,它就会发生变异。已有产业要适应新的技术,经济将会被重新域定[36]。简单来说,我们看到新技术觉得似曾相识,是因为它们的组分确实是旧的,而新技术的集群就像一个工具箱,不同时代被不同的工具箱"域定",我们只会从一个新的工具箱中找东西来建设世界。举例来说,手工时代的工具箱里有锤子、斧子、镰刀等；机器时代的工具箱里有蒸汽机、纺织机、火车、铁路、汽车、工厂、煤炭、石油等。

✧ **通用基础技术**

过去十几年是云计算主导的时代，"域定"这个时代的工具箱里有云计算、大数据、物联网、移动互联网、人工智能等技术，也因此产生移动社交、工业 4.0、智能制造、工业互联网、新零售等新经济。现在，云计算、大数据、物联网、移动互联网、人工智能、区块链等技术已经成为通用技术，固化在新型信息基础设施中实现应用赋能，因此称为元宇宙的通用基础技术。它们为直接实现元宇宙的关键支撑技术进行网络、算力、算法、数据、可信、安全等方面的赋能。

✧ **关键支撑技术**

近年来，3D 图形引擎（包括游戏引擎）、5G/6G、虚拟数字人、数字孪生、Web3.0、人机交互等技术取得较大发展，这使得新的技术组合成为可能，元宇宙就是这个新技术组合要实现的目标蓝图，社会、经济、文明也因此被重新域定。本书把这些与实现元宇宙蓝图直接相关又必不可少的技术称为元宇宙的关键支撑技术。

虚实融合连续体世界（元世界）

对元宇宙整体来说，构建虚实融合连续体世界是新兴技术融合的首要目标，新兴数字技术将在这个宏伟的目标下进一步融合。参照布莱恩·阿瑟的技术哲学理论，可以把这个虚实融合连续体世界视作元宇宙技术，而不是具体的技术组分。

构建虚实融合连续体世界是打开元宇宙大门的关键，它超越了单一平台、单一企业，是一个具有"通天塔"内涵的共建、共享蓝图。但虚实融合连续体世界的层次性又给了不同平台、不同企业各自的发展空间，它们各自的努力又不会被湮没，使共建、共享蓝图具有了实现的可能性。专注于虚拟世界建设的游戏公司、致力于增强现实设备开发的供应商、致力于价值互联网的 Web3.0 平台、做数字孪生工厂和企业的实体企业、不断进化的社交平台，甚至我们每个现实世界人都能够在虚实融合连续体世界中找到自己的位置，在自己的领域各自努力，并与其他领域加强连接和融合，这个不断进化的过程就是建设元宇宙。元宇宙的核心不是围绕一个僵化的蓝图进行建设，这个蓝图应是一个不断挖掘潜力、不断进化的动态演化蓝图。每个参与者都十分明确自己在元宇宙整体蓝图中的位置，设定了自己的目标，不断创新进步，最后元宇宙会自然而然生成。元宇宙在不断生长，这一点是与以往我们见到的蓝图的不同之处。

2008 年，美国加速研究基金会（Acceleration Studies Foundation，ASF）发布了 "元宇宙路线图" 报告，描绘了元宇宙的四类场景。其中，以增强和模拟为一个轴线，以亲密（内在身份）和外部（周围世界）为另外一个轴线，把元宇宙场景分为以下几个方面：生活日志（Lifelogging），位于亲密/增强象限，可以简单理解为对现实世界的记录；增强现实（Augmented Reality），位于外部/增强象限，可以简单理解为通过添加虚拟元素实现对现实世界的增强；镜像世界（Mirror Worlds），位于外部/虚拟象限，可以简单理解为物理世界在虚拟世界的虚拟映射；虚拟现实（Virtual Reality），位于亲密/虚拟象限，可以简单理解为个人感受到的完全独立于物理世界的虚拟世界。这一描绘元宇宙的方式较为全面，也与实际相契合，获得了一些研究者和研究机构的认可[45]。其缺点在于每个象限都与现实世界关联，但现实世界被隐藏在元宇宙概念的外边；轴线设计比较随意，可解释性不够。在德勤的元宇宙描述当中，从虚实融合的不同场景出发，把元宇宙分为现实世界、模拟现实的虚拟世界、创新的虚拟世界、虚拟世界和现实世界的融合，与ASF 的框架类似，但增加了现实世界，缺少生活日志类目。Milgram 等人在 1995年提出：从现实真实到完全虚拟之间存在一个连续体，包括现实真实、增强现实、虚拟增强、虚拟现实等渐进层次，这个渐进层次与掌握远程世界知识的程度相一致[33]。连续体的优势是从现实被虚拟的程度出发，把现实世界和虚拟世界的融合层次化了。但这项研究比较早，对个人日志、数字孪生、镜像世界、数字原生的内容没有涉及。

综合已有研究的优缺点，以现实虚拟连续体理论为基本逻辑，并结合最新的发展，把元宇宙的世界空间区分为现实世界、生活日志/社会记录、增强现实/增强虚拟、镜像世界/数字孪生、虚拟现实/数字原生五个区间，均分布在现实虚拟连续体的轴线上，本书将这五个相互关联的区间总体称为虚实融合连续体世界，它就是元宇宙世界的总体地图。

✧　**现实世界**

现实世界是一个人类、实体物质和能量存在的世界，受到物理定律的约束。在最小努力原则的主导下，成本、效率和价值相互制约，现实世界的事物不可能全部在虚拟世界实现 3D 镜像，但现实世界中的一切都会在虚拟世界有着不同精细程度的记录、增强和虚拟化，换句话说，现实世界就是元宇宙的一部分，而不是游离在外的。现实虚拟连续体世界的一切构成一个新的现实世界，这个新的现实世界可以在更深层次的虚拟世界得到虚拟镜像。就好像在梦里梦见做梦一样，现实世界被反复迭代，与虚拟世界紧密融合在一起。如果还是难以理解，或许看看电影《盗梦空间》就能进一步理解现实被反复迭代的情景。

✧　**个人日志/社会记录**

在美国加速研究基金会元宇宙路线图中仅提到个人日志，其是指用数字技术对个人日常经历相关信息进行捕捉、存储和分发，支持个体自我的记忆、观察、交流和行为建模，比如抖音、快手、微信、微博等社交网络对人们日常生活的记录。现在有大量的人用抖音、微信视频号直播生活状态，很多是日常小事，如缝纫、理发、做菜、种植、旅游、学习等，这些活动都可以归为个人日志。除此之外，个人日志还包括基于 GPS（Global Positioning System，全球定位系统）的信息日志、车载记录仪存储的信息、穿戴式设备对生命信息的监测记录等。随着技术的进步，智能装备会越来越多，从而为人类提供更加全面、便捷的个人日志。例如，通过一个与 GPS、GIS（Geographic Information System，地理信息系统）、虚拟现实等整合的智能眼镜，可以全面、实时记录或直播时空位置、地理信息、模拟环境信息、生活信息。在元宇宙语境下，个人日志的意义更加广泛，不仅仅把现实世界的生活信息记录下来，还会把人类在虚拟世界的活动记录下来，形成对虚实融合连续体世界的完整记录。

除了个人日志，还有社会记录，这是我认为必须强调的内容，即企业、公共服务组织、政府机构其实也在时时刻刻记录信息，与个人日志具有相似的逻辑。企业需要通过传感器采集生产过程中的数据、记录运营和管理相关信息、发布和共享产品营销信息，用户的网络行为信息也被详细记录下来，这些信息记录为企业决策、人工智能分析、生产优化、客户服务、生态共享提供了有力的支持。道路交通、医疗服务、教育培训、旅游服务、政府服务的信息也被记录下来，包括文字、图像、语音、视频、网络足迹等不同类型的信息，进而为社会记忆、大众监督、跨部门协作、模型构建与分析提供支持。个人日志/社会记录的主要价值表现为对现实中个人和社会在记忆、分享、观察、监督、协作、模型构建支持等方面的增强，对很多人、企业、公共服务组织、政府机构来说，它已经成为一种常规活动。

✧ 增强现实/虚拟增强

在技术语境下，增强现实技术就是在现实物质上附加虚拟信息，通过 AR 眼镜或监视器获得增强的现实世界；而虚拟增强技术就是把实体物质在虚拟环境中呈现，从而让人们感知到实体和虚拟融合的混合效果。在 ASF 提出的元宇宙路线图中，把增强现实的范围进一步扩大了，把一切增强人类对外部物理世界感知的情境均称为增强现实，即在日常感知的基础上增加一个额外的网络信息感知层，以获取全新的感知。例如，基于位置的游戏、环境感知广告、媒体服务等网络服务；通过耳机传递环境驱动的信息并消除噪声；通过手机获取物体的增强信息，与物体进行互动；通过增强现实隐藏环境中个人希望屏蔽的信息。

ASF 元宇宙路线图中没有提及虚拟增强，但事实上它也非常常见。例如，把真实的人手放进虚拟环境中抓取虚拟物体；用现实世界的重力感应来操作游戏中的物体。总之，增强现实/虚拟增强把现实世界和虚拟世界叠加，使人们能够以全新的视角来看待现实世界，并通过虚拟世界与现实物质建立全新的互动关系。

✧ 镜像世界/数字孪生

顾名思义，镜像世界就是在虚拟世界像镜子一样反映现实世界，涉及的技术包括虚拟映射、3D 建模和注释工具、地理空间、位置感知、社会记录，以及传感器和物联网技术。在德勤发布的报告中，镜像世界也被称为模拟现实的虚拟世界。镜像世界往往被理解为一个单向反映式的，可以被观看的、与现实世界完全一致的 3D 虚拟世界，但缺少与现实世界的交互。我们可以把镜像世界理解为从形象上看起来与现实世界完全相同，而数字孪生能够补充这一概念。

数字孪生世界不仅强调虚拟世界与现实世界形象上的一致性，还有运行数据的一致性、人物活动的一致性、虚拟世界可以操作现实世界等含义。基于数字孪生，实体物质和数字模型之间建立了实时反馈机制，支持实体物质运行的优化和改进。基于虚拟世界和实体世界的紧密关系，镜像世界和数字孪生归为一类元宇宙空间，数字孪生可以看作更加复杂的、具有生命活力的镜像世界。镜像世界的典型例子除了谷歌地球（一款地球数字地图应用软件，用户可以看到街上的 3D 建筑）、模拟现实世界的游戏，现实中还有大量被称为数字孪生城市、数字孪生社区等实例，像镜子一样以 3D 图形呈现现实世界的景观和状态数据。互动式的数字孪生则主要应用于数字工厂，用于监控、维护和优化生产参数。

从成本、效能的权衡出发，未来镜像世界与互动式的数字孪生会在不同的场景中长期并行。现在，3D 游戏引擎已经能够支持 BIM 数据、产品设计数据、图像数据、扫描数据（或其他类型的数据）直接导入，快速构建三维的城市、道路交通、工厂、产品等高质量虚拟模型，虚拟模型与感知数据和控制系统的结合则能够进一步构建出数字孪生系统，镜像世界/数字孪生世界正在加速形成，构成元宇宙的一类空间。有了镜像世界/数字孪生，世界一部分与其他部分的互动不再直接进行，而是通过与 3D 虚拟物体的互动来实现。例如，人们远程操作工厂，并不是面对真实的流水线进行操作，而是通过数字孪生模型来操作。

◇ **虚拟现实/数字原生**

虚拟现实对应着虚实融合连续体世界的最右侧部分，即完全用数字技术构建的人造 3D 虚拟空间，游戏公司宣称的元宇宙通常处于这个区间。虚拟现实可以模仿人类生活的现实世界，或者完全依赖想象力，但无论是模仿还是依赖想象力，都与现实世界没有直接的关联，这是与增强现实、镜像世界完全不同的地方。虚拟现实给了人类充分发挥想象力的空间，人们可以充分发挥意识能量，创造出只有数字世界才有的数字原生事物，如数字艺术、数字游戏，或者任何奇形怪状的数字物质。在这个区间，人类可以扩展现实世界做不到的事情，如多个化身、生命永生、时间逆转、与陌生人交往、理想的生活状态等。在这个区间人类也可以给数字原生的物质确权、定价、流通、变现和溯源，构建出全新的经济形态。在虚拟现实世界，文明系统将会建立，规范虚拟世界人类化身的行为准则、价值观和文化。现在，很多游戏公司给用户提供创造工具，使每个人能够创造专属的虚拟世界，使其意识世界能存放其中。虚拟世界可以有多个层次，每个层次的现实都可以在其中复现和超越，从而形成新的现实。虚拟世界可以被想象为多重的平行宇宙或循环迭代的宇宙，人们可以穿越其中寻找意识存在的意义，并把自身的意识力发挥到极致。在虚拟现实/数字原生世界，意识就是一种生产力。

尽管这里把虚实融合连续体世界分为五个区间进行论述，但五个区间并没有严格的界限，而且相互之间存在紧密的联系：现实世界和虚拟世界深度纠缠，各个区间均是如此；虚拟化程度并不是绝对的，根据需要不断变化；高度虚拟化环境可以作为低度虚拟化环境的场景，例如个人日志同样存在于虚拟现实空间；基于成本、效率和价值的考量，高度 3D 虚拟化场景需要更高的成本，对算力、数据、网络都提出更高的要求，因而虚拟化程度高的空间能够被虚拟化程度稍低的空间涵盖，例如一个企业中生产线实现了完全保真的数字孪生，而整体上采用一些增强现实技术帮助用户了解企业；现实是相对的概念，虚拟现实能够实现不同层次现实的不断迭代。

需要特别指出，前文从虚拟化程度的维度打开了虚实融合连续体世界，看起来好像网络化和智能化的重要性没有体现出来，事实是网络（互联网、物联网、移动互联网）和智能（算法智能、机器智能、交互智能）在虚实融合连续体世界无处不在，把整个元宇宙世界紧密连接在一起，并且让整个世界的每个部分都变得更加聪明。

📃 文明、经济与社会系统

有了一个层次化世界是不够的，还需要把人类活动和行为放进去，这就必然产生文明、经济与社会系统。文明和经济系统是社会系统运行的核心，二者又紧密相连，没有文明的空间，经济活动必然无序，本节把它们放在一起讨论。

✧ **文明系统（元文明）**

文明有宏观的含义，表示社会形态的进步和规范、高度城市化、社会组织复杂化、技术的高度发展和经济的繁荣，以及人类与城市生活相联系的、讲究礼仪的生活方式，常用在农业文明、工业文明、中国古代文明等词汇中。文明还有针对个人的含义，说明个体行为的文雅特征，如较高的道德情操、良好的行为习惯等，比如说一个人是文明人，旅游时要求遵守文明准则等。文明通常与野蛮相对，既是演化过程也是结果。虚拟世界并不是荒漠世界，而是人类及其替身存在之所，不论在现实虚拟连续体世界的哪个区间，文明系统都是不可缺少的。因为无论虚实，参与其中的人都需要获得尊严、快乐、幸福、尊重、合作、规则等，满足这些需求，空间才会存在，否则没有人有所获得的虚拟世界是没有价值的。

元宇宙尽管还处于鸿蒙初开阶段，但人类上万年文明，对构建元宇宙文明具有重大助益。在元宇宙的文明系统中，有人的替身——虚拟数字人，还有算法驱动的 NPC，有社区和城市，还有价值观和文化。元宇宙文明的建立，不仅要求每个人自我规范，更重要的是平台提供者的责任。例如，NPC 的文明程度的软件设定、信息传播中潜在价值观的控制，营造健康的文化，通过平台规则对不良文化的调整等。人类世界已经建立强大的文明系统，而虚实融合世界的文明系统可以以现实世界文明为借鉴，引导参与者和平台提供者共同建设，以建立虚拟文明。游戏里面有战争、有打斗及其他不良行为，区分游戏中的虚假故事和非游戏的真人体验可能对元宇宙建设者来说是一个难题，但也是必须面对的问题，长期沉浸在负面文化、文明中的人很可能在现实世界引发社会问题。在元宇宙的典型代表公司 Roblox 的招股书中，提出了八个方面的元宇宙特征，包括身份、朋友、沉浸感、低门槛、多元化、随地、经济和文明，其指出文明不可或缺，它与保护用户隐私和安全有关，强调遵守法律，操作层面开发利用人工智能技术自动识别可能违反政策的行为。

元宇宙不是无政府主义的乌托邦，而是现实世界文明边界的延伸。现实中社区、城市、行政区、国家在元宇宙中都会有相应的表达，尽管元宇宙会构建出全新的、基于虚实融合的现实，但人类对文明的追求必然使其不能脱离现实之外。

现实文明在虚拟世界拓展疆界，而虚拟世界会重塑人们对文明的认知，这才是正确理解元宇宙文明的基石。在人造的虚拟世界，人类可以通过软件实现文明构建、价值观设计与文化传播，这是与现实世界不同的一面。

✧ 经济系统（元经济）

元宇宙经济系统可以划分为两类：一类为数字原生的经济系统，即身份、资产、货币、生产、市场、交易等经济要素均产生和存在于虚拟世界的经济系统；另一类即现实世界与虚拟世界交互关联的经济系统，现实中经济元素在虚拟环境中被重新组织，以提高现实经济的运行效率和安全性，降低成本，加速创新与利用。

数字原生经济目前主要与创作者经济相关。创作者经济包括以下过程：平台提供各种创作工具，参与者利用创作工具或自有工具创作数字资产，包括艺术品、游戏、文字内容、音乐等，数字资产能够利用 NFT 技术确定参与者权力和权益，进而相关资产可以在数字市场进行交易，卖出者获取数字货币，而数字资产的相应权力和权益转移给购买者，上述过程都被记录在区块链上，无法被篡改，创作者通过上述过程实现自我价值。创作者经济以区块链技术为基础，具体由 NFT（Non-Fungible Tokens，非同质化通证）、分布式数字身份（Decentralized Identity，DID）、星际文件存储系统（Inter Planetary File System，IPFS）、虚拟货币、交易市场等提供支撑。NFT 可以是一种不可分割、独一无二、可追溯的代币，同时是一个智能合约，它能携带权力和权益说明。由于不可分割，因此可以作为数字商品的唯一标识；由于独一无二，因此具有稀缺性，为经济价值提供支撑；由于可追溯，因此能够确保交易过程是安全可信的。有了 NFT，虚拟世界的价值创造、价值确权和价值流转就成为可能。分布式数字身份基于 NFT 实现，确定每个人、机构和万物在元宇宙的唯一标识，具有真实性、唯一性和不能篡改等特性，现实中的人可以自主控制和操作它来代替自己在虚拟世界活动，功能类似于现实中的身份证、营业执照和产品编码。IPFS 本身是一个内容可寻址、版本化、点对点超媒体的分布式存储和传输协议，文件能够基于它以去中心化方式分散存储在网络连接的设备中，在需要时能够在世界任何地方快速获取。尽管文件和数据分布存储在许多节点设备，但可以通过加密算法保障它的安全性。虚拟货币可以是区块链等纯数字化、无中心的货币，也可以是法定货币按比例转换的数字代币。交易市场实现数字资产的供需撮合，促进交易。

在数字原生经济环境中，经济组织和金融服务形式也会发生变化，去中心化自治组织（Decentralized Autonomous Organization，DAO）和去中心化金融（Decentralized Finance，DeFi）是目前探索的前沿。DAO 的本质就是建立在参与者共识基础上，关于组织管理和运营规则的智能合约，组织成员基于智能合约自动协同工作，并基于智能合约获取相应激励，决策由集体投票民主化产生，组织在没有中心控制或第三方干预的基础上实现自主运行，任何人都可以随时自由地进出组织[18]。个人认为，DAO 是一类元宇宙原生的经济组织方式，但并不适合所有进入元宇宙的组织，它的假设前提是不完备的，因为现实的组织除了内部规则和制度，还受人的情感、社会习惯、外部环境等因素的影响。DeFi 是基于区块链技术的去中心化金融探索，目标是建立没有银行、支付服务提供商、投资基金等中介机构的金融系统，以一种透明化的方式提供各种类型的金融服务。它的运行机制非常简单，基于预先共识的智能合约，只要参与者能够向区块链质押一定的抵押品（通常是数字货币），就能够根据智能合约中的各种协议享受不同的金融服务。需要特别指出，DeFi 模式在我国目前是完全禁止的，因为它通常与私人的加密数字货币相关。但法定金融机构可以借鉴 DeFi 模式进行积极的创新，以在元宇宙环境中提供便捷的金融服务。我相信未来随着元宇宙的发展，人们还会在经济组织和金融服务方面进行更多的新探索。

在现实世界与虚拟世界交互关联的经济系统中，商品生产、流通、交付在线下进行，而创意设计、品牌营销、商品交易、产品运维服务、用户社区，甚至生产组织则在元宇宙中进行。例如，商业企业可以在线征集产品设计创意，分包设计任务，与 NFT 相结合进行品牌营销，3D 虚拟数字市场展示和销售产品，通过数字孪生系统和工业互联网为用户提供远程产品运维服务或组织社会化生产，利用虚拟数字人进行产品使用培训，构建虚拟世界的用户社区等。数字原生经济延伸了传统经济活动的边界和内涵，相互融合将会产生大量的新型商业模式。例如，让用户在购买头际商品前获取完全模拟真实的体验，在获取商品时获取额外的元宇宙增值服务（如获取额外的数字藏品或其他数字资产），用户在元宇宙中看到自己购买的数字孪生产品。实际运行的案例也有很多：耐克公司 2021 年建立了自己的品牌虚拟世界"Nikeland"，用户可以在其中参与或创建运动游戏，用虚拟的鞋子和服装装扮数字化身，通过数字鞋子的组合创造属于自己的鞋子等；现代汽车创造虚拟的主题公园，用户可以在其中测试虚拟汽车产品；麦当劳开设虚拟餐厅，用户可以在其中用数字货币购买真实的汉堡；可口可乐公司在虚拟世界举办品牌营销活动。3D 虚拟场景与商品、NFT、虚拟数字人、数字货币等元宇宙元素组合还能产生什么样化学反应式的新奇创新，还需要拭目以待。元宇宙经济有助于提升实体经济的创新能力、运行效率、用户体验。从短期来看，实体企业进入元宇宙可能会增加成本；但从长期来看，数字产品的零边际成本效应将会有助于实体企业降低成本。随着法定数字货币的推广与普及，实体经济也能够直接从虚拟经济中获取价值。

✧ 社会系统（元社会）

在现实世界与虚拟世界深度融合的元宇宙，社会主体、社交、生活和工作方式、社会结构和功能等方面必然会发生巨大的变化。

现实社会的参与主体主要是人类，而元宇宙社会的参与主体除了人类，还有虚拟数字人和具有行动能力的实体机器人。虚拟数字人又可以进一步分为很多类别，仅从行为来看，就有真人驱动和智能驱动的虚拟数字人，真人驱动的虚拟数字人可以在元宇宙中充当真人的化身，而智能驱动的虚拟数字人可以承担 NPC。实体机器人同样可以用真人驱动或者智能驱动，同时在虚拟世界也可以拥有自己的化身。人类在数字世界的化身不仅仅是一个，还会在不同场景中产生多个化身。在元宇宙中看到的"人"将会爆炸式膨胀，远超过地球上人类的数量。而人工智能技术的进步，使得机器人和虚拟人的逼真程度已经达到真假难辨的程度，除非通过互动式验证，否则仅仅通过单方面信息很难判定你在元宇宙碰到的是否是真人类。例如，一个人在虚拟世界的餐厅购买食物，面前的具有真人形象的服务人员可能是一个程序驱动的虚拟数字人，当你面临沟通困难时，真人驱动的虚拟数字人可能会跳出来解决问题。显而易见，这些不同类别的数字化人类和真实人类将会共存在元宇宙中，相互之间必然会发生联系和交互，人类必然会面对与过去完全不同的社会。

在元宇宙空间，社交的概念会面临改写。人类不仅会与人类之间建立社交关系，也可能与 NPC 或者一个专门设计的社交服务虚拟数字人建立紧密的社交关系。同时，3D 虚拟环境将打造出完全拟真的社交环境，人们在其中会产生不同的体验，真实感将会加速社交关系的建立，使元宇宙中的社交关系更加紧密。人们在元宇宙中不仅会延续现实世界的社交，还有可能建立出人-智能程序之间的社交关系，沉浸式、友好的、永远没有敌意的社交，一些人可能会产生依赖，一旦由于各种原因失去，可能对他们就是毁灭性的打击。从这个角度来看，在人、机器人、虚拟数字人共同存在的元宇宙，人们的心灵可能会受到不可逆转的影响。在元宇宙中，3D 虚拟情境的社交是无处不在的一个特性，无论是游戏、数字商品创造都会与之相关，它会增强元宇宙主体间的协作，而 3D 特性将会提高协作的效率，进一步提高创新可能性，创新生成性也将会得到增强。总体来说，元宇宙社交的复杂性、心灵影响、价值机制都会发生很大变化。

人类的生活方式和工作方式可能会因为元宇宙的兴起而发生根本性的变化。未来，很多人可能不仅在现实世界有房子、家庭，在现实世界中购物、看电视、娱乐、旅游，还可以在虚拟世界中拥有土地、别墅、家庭，自己的汽车、飞机，以及其他需要想象力、超越现实的物质，并且可以在虚拟世界购物、看新闻、参加音乐会、旅游，人们可以在现实世界和虚拟世界之间自由切换，按需获得自己生活的最佳状态。现在的现场工作场景将会被现场与虚拟交融的新工作场景所代替，3D 虚拟空间不仅能够举办工作会议，还可以全真模拟真实工作场景，人们在家里或者旅游途中就能获得现场工作的体验，并实现类似现场工作的效能，远程工作的社会孤立问题也将会被极大程度压制。

传统人类社会从工业革命以来就形成了垂直化并行的结构，各个行业部门之间虽有较弱的协作，但主要活动局限于各自行业内，元宇宙有潜力改变整个社会结构，以及各个组成部分的社会功能。在传统社会中，做游戏的就知道游戏，不会觉得自身与价值创造有很大关联；做艺术工作的人可能一生都不会了解制造业、金融业在做什么；做教育的老师可能不会觉得自己与医疗行业具有紧密的联系；交通运输行业也只关心与公路、铁路、航空等方面有关的问题。3D 虚拟的增强现实、数字孪生、虚拟世界将会降低行业门槛，打通行业边界，使各个行业的深层次交叉融合成为可能。比如，游戏行业创造出 P2E（Play to Earn）模式，即边玩边赚，用户在游戏中工作并获取收入；艺术行业正在与制造业交叉融合，大量艺术品正在成为伴随制造产品交付的数字藏品；教育行业与游戏、医疗、艺术、制造等行业融合，实现无处不在的教育，而不再像传统教育一样是一个封闭、孤立的垂直部门；交通运输行业的数字孪生模型为汽车制造业提供了虚拟测试汽车的场景，为游戏行业提供了拟真的空间。总体上，元宇宙将会改变传统垂直化的行业分工，使社会结构和功能发生根本性的变化。横向的交叉融合探索可能是早期阶段的主要特征，可以预见到，随着元宇宙不断加速完善，横向分层会不断深化，以虚实融合连续体世界为基础的跨行业的社会新结构将会形成，跨行业的虚拟空间平台将会承载多个原有行业的社会功能。例如，在一个 3D 虚拟现实平台，艺术、游戏、教育、医疗、制造、交通运输等社会功能将会基于共同的技术平台、文明系统和经济系统，为人们提供没有行业边界的综合服务。

时空结构

时空结构是元宇宙总体图景中不可缺少的组成部分，决定了元宇宙中的一切事物存在的现实性和可辨认性。这个问题的重要性很好理解，比如我去调研一些企业，当时做了记录，但是没有明确记载调研时间和地点（包括能够辨识地点的其他信息也没有），那么我就很难把各个调研对象的情况区分开来，记录就没有太大的价值。时空与事件顺序有关，时空秩序被打乱，事件相关的事物秩序就会产生混乱。举一个不太恰当的例子：一个与狭义相对论相关的思想实验被称为双胞胎佯谬，具体思想实验是这样的，假设地球上有一对双胞胎兄弟，弟弟留在地球，哥哥乘坐宇宙飞船进行太空旅行，按照狭义相对论，速度增加时间会变慢，经过几十年哥哥回到地球会发现自己比弟弟要年轻很多，因为一些人认为兄弟两个年龄不会发生变化而产生佯谬。与狭义相对论讨论的问题不同，虚拟世界的时空改变不是物理学层面的，而是计算机、社会和伦理层面的。

虚拟空间中一切事物均用同质化的数字表述，其本身并没有时间和空间的概念。就空间而言，虚拟空间和物理空间可能有一点关系，就是数据存储的位置，比如 IP 地址就是访问内容在网络中存储的位置，但这一位置本身与物理空间也没有直接对应关系。那么，虚拟空间的时空究竟是什么是一个值得讨论的问题。

虚拟空间的时间是一个奇点，能够包含一切物理世界的时间，但同时是虚无的。虚拟空间的所谓时间，本质上记录的是现实世界或虚拟世界事物发展的顺序，以便于人类理解和处理虚实融合世界万物之间的秩序。比如，计算机存储了一个人从出生到去世的全部信息，其中的时间标记了这个人一生中发生的所有事情的顺序，而不是现实世界不可逆转的时间；游戏世界的时间可以随时重新开始，以满足参与者实现自我成就的乐趣。因为虚拟世界的时间只是事件顺序，那么人们就能够在虚拟世界重新编排、重组或逆转整个人生的过程。如果增加想象力，人的一生就可以在虚拟世界重新发生不同的事件。

虚拟世界空间的本质是人基于感官的体验，人们通过心灵对它的细节进行完美化补充，在体验中空间可以无穷大，甚至没有边界，但在现实中这个虚拟空间可能就是存储在某台计算机上的程序代码，本身并不存在于物理空间。虚拟世界不仅是增强现实和现实的镜像，还会延伸空间体验，超出物理空间体验的边界，如进入数字原生的想象空间，这是虚拟世界空间的不同之处。虚拟世界的时空认同给现实世界增加了一个维度，就如同在二维平面增加了第三个维度，可以以上帝视角洞察低纬度空间的一切，同时有自身高纬度的新生事物。因为在现实世界增加了一个维度，人们可以通过虚拟世界全方位观察和记录现实世界、重组和改变现实世界的关系和秩序、突破物理时空的界限穿越古今和跨越物理规律障碍。虚拟世界的时空从物理实体角度来看几乎为零，而从它的容量来看又能容纳现实世界的一切，因此可以认为它是一个卷曲起来的时空。虚拟世界时空任何一点都是全息的，如果没有人为障碍，理论上任何一点都能获得现实世界的所有信息。

3. 核心特征

关于元宇宙的特征，有着各种各样的解释，但基本上都是建立在对元宇宙具有局部认识的基础上。有几个代表性的表述：Roblox 公司结合自身平台服务在其招股书中列出了元宇宙的八大特征，分别是身份（Identity）、朋友（Friends）、沉浸感（Immersive）、低门槛（Low Friction）、多元化（Variety）、随地（Anywhere）、经济（Economy）和文明（Civility）；咨询机构毕马威在其发布的白皮书中提出元宇宙具有沉浸式体验、开放式、虚拟身份、不断演化、虚实互动、新的确权方式等特征；MMA 公司提出元宇宙的特征包括社交性、没有硬件限制、用户生成内容、丰富的经济活动、桥接的世界等；学者任兵认为元宇宙具有技术集成的基础特征、虚实融合的外显特征、去中心化的自治特征、持续创造的品质特征。在了解元宇宙的整体图景后，它的核心特征自然就非常清晰了，我将其归纳为以下八个方面。

数字身份系统

元宇宙不仅是一个数字空间，还是新的文明、经济和社会系统，要让它能够文明有序运行，也要让它能够充分保护每个参与者的隐私和财产安全，一个统一的、不可篡改的身份系统是不可缺少的。基于区块链的分布式数字身份系统可能是数字身份系统的解决方案。

化身无处不在

虚拟世界是由 0、1 等数字符号通过编程产生的，人是现实的物质无法直接进入其中。人要具身参与元宇宙，除了需要交互技术，还需要虚拟数字人作为化身，以代替人在虚拟世界生活、工作、购物、娱乐等。在虚实融合连续体世界，会存在大量的承载世界的平台，每个人可能都会在多个平台具有化身，化身会无处不在。化身拥有人类的权力和责任，也应遵守现实世界的道德规范、文明准则和法律，与现实世界保持一致是非常重要的。

3D 沉浸体验

在虚实融合连续体世界中，增强现实、镜像世界、虚拟现实都会涉及 3D 虚拟环境和物质的构建，以便为用户提供深度的 3D 沉浸体验，通过它实现人和世界的深层次交互。3D 虚拟场景和物质的好处是显而易见的，其革命意义相比 Windows 代替 DOS 有过之而无不及。在元宇宙中，人们所见即所得，同时所建即所得，3D 可视化降低了创造的门槛，加速了重组创新，改变了人们的体验，创造出全新的价值。但由于 3D 建模、渲染和交互涉及大量成本，适宜便利可能是一个恰当的定语。

📄 持续演化

数字技术具有同质化、可编程性和自我参照等特性，使各种形式的数字创新成为可能，元宇宙当然也不会例外。3D 可视化空间降低了专业门槛，大量有创意的人都可以参与其中进行创造。已经存在的元宇宙服务平台大多都宣称为用户提供创造工具、数字商品确权和商业价值变现的途径，为用户参与创造提供了可行性。其中的一些创新者最终会成为元宇宙创业者，助推元宇宙持续发展。基本条件已经具备，元宇宙又提供广阔的想象力空间，数字创新、创造和创业将会成为潮流。由于数字创新、创造和创业的大量发生，元宇宙将会一直处于不断演化中。

📄 开放与自由

元宇宙空间是开放自由的，任何人都可以随时加入和退出，自由创新、创造和创业也是元宇宙概念早期提出者的共同初衷。很多人认为元宇宙应该是去中心化的，能够与中心化的当前状态相抗衡。但去中心化过于"技术乌托邦"，与现行的制度、习惯、文化、法律等都存在矛盾和冲突，个人认为去中心化与否并不是关键问题，关键问题是能不能实现开放和自由。开放和自由能够增强创新生成性（自然而然生产创新的能力），加速元宇宙发展。

🗐 数字原生经济与实体经济融合

元宇宙开启了数字原生经济新时代，但毕竟数字原生的商品并不能与大多数人的生活息息相关，也就是与人类刚性需求关系不大，实体经济仍然主导性影响元宇宙的发展。在元宇宙空间，数字原生经济与实体经济的融合发展将是主要发展方向，实体经济进入元宇宙由实入虚，而数字原生经济延伸实体经济的内涵由虚入实。

🗐 技术调控的文明

正如前文所述，元宇宙处于鸿蒙初开阶段，各方面还没有成熟，但并不意味着元宇宙空间是一个混乱的、没有道德和规则的世界。人类具有上万年的文明历史，文明发展已经高度发达，文明建设经验丰富。要想让元宇宙持续发展，吸引更多人进入，文明应该是基本准则。要巩固这一原则，平台提供者要通过软件技术对元宇宙空间的文明状态进行合理的调控，而不是任由其自然演化。反之，如果一个有大量用户进入的元宇宙空间存在很多不文明行为，那么可能面临用户流失的风险，因为用户本身就是现实中具有文明观念的人。

🗐 复杂性与不确定性

元宇宙是一个宏大的蓝图，不仅涉及前所未有的数字技术整合和集成利用，还会涉及复杂的层次化虚实融合连续体空间构建和大量人口的参与，并且会导致文明、经济和社会系统的重构，其复杂性前所未有。尽管复杂，元宇宙也是一个巨大的数字创新、创造和创业空间，新事物大量涌现将是一个显著特征。由于内在的复杂性和涌现性，元宇宙空间必然具有大量不确定性，黑天鹅事件和灰犀牛事件可能会经常发生。驾驭和应对不确定性，将是元宇宙参与者必须面对的现实。

4.元宇宙——人类文明新纪元

元宇宙开辟了人类文明新纪元，这是自工业革命以来再次发生的根本性变化。以当前视角来看，整个人类文明演化过程可以分为前文明、农业文明、工业文明和元宇宙文明，如图 2-2 所示。后文将对不同文明阶段的主要特征进行分析。

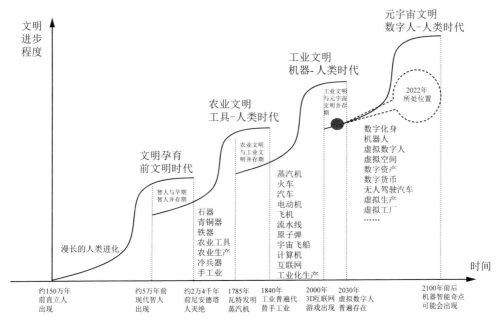

图 2-2　元宇宙视角的人类文明演化过程

📑 前文明/原始人类

前文明主要是指从猿猴到现代智人的长期进化时期，从大约 150 万年前自立人出现开始，到约 5 万年前现代智人出现结束。在此时期，文明在黑暗中孕育，物竞天择、适者生存是原始人类的主导法则。在生存斗争中，原始人类发现了石器工具（旧石器时代的工具是粗糙的，人工创造成分非常少，因此称为发现比较合适），学会了通过控制火来做熟食物，狩猎是原始人类的主导生活方式。在这段漫长的时间里，文明还不存在[56]。

农业文明/工具–人类时代

在约 5 万年前，考古学意义的现代智人出现。在此后的 2 万年当中，人类社会有了语言（具体时间难以考证，有学者认为在 5 万年前到 3 万年前之间），创造了史前艺术。语言的出现非常重要，它使集体意识形成和集体协作成为可能，也为农业文明的发展创造了条件。在大约 1 万年前，人类开始定居下来，农耕成了人类生存的基础。距今约 6000 年世界上开始出现城市和国家，人类社会由此进入农业文明时期，直到 1840 年前后工业文明成为主导性文明为止[57]。在农耕文明阶段，人类发明了大量的手工工具，用于生活、生产、战争等各个方面，出现了专门的手工业，利用手工工具进行生产是农业文明的典型特征。与机器不同，一般来说手工工具没有动力，必须依靠人。在农业文明发展过程中，工具的材料和多样性发生了很大变化，材料从石器、陶器、青铜器、铁器等到钢铁，多样性方面从简单的生活工具到后期创造出分类详细的手工生产工具和战争工具。在人和工具的关系中，人是主导性的，工具是从属的，这一点在农业文明发展过程中没有根本性变化。从技术角度看，手工工具的制造和使用是农业文明的典型特征，此阶段也可以称为工具–人类时代。

工业文明/机器–人类时代

机器和农耕文明时期的工具有什么不同？刘易斯·芒福德在《技术与文明》一书中做了比较，指出："机器和工具的本质区别在于其对于使用者的技能和驱动力的依赖程度。工具完全用手工操作，机器则有赖于自动的动作，与复杂程度关系不大"；"自动化的机器是一种非常专门化的物件；其包含外部能源的概念；各种部件之间多少有点复杂的相互关系；有限的活动方式"；"机器体系则是更复杂的技术综合体，不仅仅指机器，还包括各种知识、技能、技巧、工具、仪器、设备、实用设施等"[58]。简单来说，机器是动力驱动的，与人力操作的工具不同；机器往往专门化，而工具灵活性更强；机器能够形成复杂的机器体系，工具则往往孤立使用。尽管此前也有机器的发明，但一般认为1785年瓦特正式发明蒸汽机是工业文明开始的标志。在工业文明当中，人类操作机器进行物质生产是社会运转的核心，人类生活方式也由于要适应机器体系构成的工厂制度而发生了巨大变化。塔米姆·安萨利针对这一时期的社会状态提出，"机器开始主宰人们的生活，组织人与人的社会机制，塑造人的价值观，深入人的思想，甚至还改变了人的生理功能"，他也因此将工业文明主导的时期称为机器时代[57]。但机器时代一词忽略了人类的作用，机器要发挥作用给人创造价值，需要人的辅助和控制，实质上是人和机器共同完成了生产，这是一个机器和人类同行的时代，本书称为机器-人类时代。

到目前为止，工业文明自产生以来，还可以进一步划分为四个小分期，分别为蒸汽动力驱动的工业1.0、电力和石油能源驱动的工业2.0、以自动化和信息化为特征的工业3.0及以智能工厂和智慧生产为特征的工业4.0。从工业1.0到工业4.0，人类发明了大量新生事物，如火车、汽车、电动机、流水线、原子弹、宇宙飞船、计算机等，机器生产的自动化和智能化程度在不断提升，生产机器的布局也越来越灵活，人类逐渐从生产现场退出，人工智能开始逐渐代替人类深入到工业体系当中。相比200多年前，工业领域的变化无疑是巨大的，但以人和机器共同协作进行物质生产的工业文明核心并没有本质性的变化，机器体系主宰人生活、塑造人价值观的社会状态也没有发生变化。人类发明计算机、互联网、云计算、人工智能等数字技术确实是一个奇迹，但到目前为止它们还主要作为机器体系的一部分来使用，当前工业文明毫无疑问仍然是主导性的人类文明。

📑 元宇宙文明/数字人-人类时代

元宇宙文明是全新的人类文明阶段，将会彻底颠覆工业文明，它的颠覆性主要体现在以下八个方面。

第一，机器人、虚拟数字人大量涌现，其总体规模正在迅速膨胀，成为人类社会普遍存在的新并行者。这也是元宇宙文明可以成为数字人–人类时代的原因。

第二，尽管机器人、虚拟数字人还达不到人类的智慧程度，也不具备人类的情感和意识，但在特定领域已经达到真假难辨的程度，它们与人共在，将会改变人与人、人与机器的关系。

第三，在虚实融合的世界中，一切现实物质的东西，如人、原材料、机器、工厂、产品、服务等，都通过数字代码化而呈现图形化、流质化，物质生产方式表现为流质化图形之间的连接和重组。

第四，世界不断数字孪生化，现实世界的数字孪生在虚拟世界被无限延伸，人、数字人、机器存在和面对的场景及空间发生了根本性变化，人和数字人都将不再直接操作机器，而是通过虚拟世界的信息传递来实现物质生产。

第五，人类的生活和工作方式将会发生根本性的变化，化身将会无处不在，代替人类并行完成以往人类难以完成的事务。

第六，社区、城市、国家将会像人类文明早期发展一样，在元宇宙中重新构建和成长，突破现实中时间、空间的限制，新的人类社会不但存在于现实空间，而且会与虚拟空间并不一一对应的镜像不断纠缠。

第七，数字原生人造物和数字原生经济活动将会在无限宽广的虚拟世界爆炸式发生，并影响现实世界人类的价值观、世界观和心灵状态，这种变化是不可逆的。

第八，在元宇宙空间，数字同质化将会抹平各个社交、生活、艺术、教育等传统社会功能的差异，人类社会结构将会从传统的纵向组织转向广泛的横向重组，社会形态也会与工业文明时期完全不同。

元宇宙文明的发展起点当然可以追溯到 1946 年世界上第一台计算机发明，但显得与当前发展状态直接关联度不够。本书认为元宇宙文明的发展起点为 21 世纪初期（2000 年）比较合适，它的主要支撑技术都是在此后获得了关键进步，使元宇宙概念具备了可行性。简单回顾一下 2000 年以后元宇宙相关典型事件：2000 年，元宇宙概念源头之一的早期 3D 互联网游戏出现[55]；2004 年，Facebook 公司和 Unity 公司成立，此后分别成为社交网络和游戏引擎巨头；2006 年，云计算兴起；2008 年，中本聪提出比特币和区块链概念；2009 年，正式诞生比特币；

2013 年，德国工业 4.0 战略发布，引发智能工厂建设高潮；2016 年，埃隆·马斯克创立脑机接口公司 Neuralink；2017 年，基于深度学习算法的人工智能技术引发关注，人工智能应用开始迅速普及；2019 年，中国 5G 商用牌照正式发放，通信技术进入 5G 时代；2021 年，元宇宙元年。元宇宙文明的终点将会与智能奇点相关，时间预计在 2300 年前后，那时机器智能将有可能等同于或超越人类的智能水平，文明状态将会再次发生巨大变化，人类文明有可能面临彻底终结的命运。

第三章

元宇宙与媒介革命

1. 传播、媒介与关系

传播（通俗一点说是"交流沟通"）是人类的基本活动，它在人类进化的早期阶段就已经存在。到现在为止，传播媒介发生了很多次革命，传播工具、产业生态和效能发生了很大变化，不过人类信息交换和信息分享的本质没有变化。现代传播有很多类型，如内向传播、人际传播、群体传播、组织传播、大众传播、国际传播等，无论哪种传播类型，都需要媒介。

但究竟什么是媒介，不同的学派解释不同。经验学派的代表性人物施拉姆把媒介定义为"插入传播过程当中，用以扩大并延伸信息传送的工具"[59]，一般指图书、广播、电视、数字媒介等大众媒介。批判学派给出的媒介含义较为宽泛，其重点关注大众媒介背后的控制力量，认为大众媒介是制造社会不平等和压迫现象的"帮凶"，是"传播的生产者、信息的分配者、传播政策的制定者"[60], [61]。媒介环境学超越了媒介的工具性，着眼于媒介技术，认为一切技术都是媒介，关注不同媒介的特性，提出媒介不仅仅是工具和载体，其本身也是信息[62]。在媒介环境学看来，媒介不仅仅是传播载体，还是中介空间或中介之物，能够塑造社会环境，是"文化能够在其中生长的技术，能够使文化里的政治、社会组织和思维方式具有一定的形态"[63]。元宇宙是多种近年来发展起来的新技术组合创新应用，它作为中介之物的意义远大于作为信息传播载体的意义，媒介环境学的观点对它能够做出更好的诠释。

可以想象一个原始社会部落，人们在可视范围内面对面交流，听觉、视觉、触觉、味觉、嗅觉、动觉等是和谐而平衡的。人类发明出图书、广播、电视、互联网等媒介，这些媒介往往带有一定的偏向，要么追求时间永恒，要么追求空间宽广，或者要么偏向听觉，要么偏向于视觉，又或者有的偏向前区，有的偏向后场。麦克卢汉认为，媒介就是人类的延伸，以往的媒介往往延伸人类某一感官而忽略了其他感官。数字媒介解构了时空偏向，融合了视觉和听觉感官，元宇宙在数字媒介基础上继续发展，对人类感官全方位延伸，打破前后区的界限，不仅突破现实时空的限制，还在虚拟世界扩展出无边界的时空。

媒介也可以理解为关系。传播学家埃姆·格里芬认为传播是建立和阐释可激发回应信息的关系构建过程，其中强调激发回应的信息的重要性，即信息要激发认知上、情感上或行为上的反应，任何传播沟通都包括内容和关系两个层面，其中关系是元信息，对内容进行界定[64]。麦克卢汉说，任何新媒介都会产生新的尺度，这种尺度变化意味着人们的关系通过不同的方式卷入新的组合，以及通过不同的方式卷入社会，对个人和社会产生影响[65]。从这个意义上，可以认为媒介本质就是关系，不同的媒介会让人们的关系发生很大变化，进而塑造出不同的社会形态。可以进一步推断，元宇宙将会构建一种新尺度，改变人们之间、人和万物、万物之间的关系组合方式，进而塑造出新的社会形态。

当然，技术进步未必全是好处。麦克卢汉曾尖锐地指出，媒介在延伸人类的同时，也意味着人类感官自我认识能力的截除[66]。元宇宙是对人类感官、人类神经系统的全方位延伸，但同时意味着一个潜在的可怕前景，人类认知能力被截除，人类将成为无意识、无感官、被机器操纵的人肉机器。

2. 媒介演化论

新技术为什么会成为新的主导媒介，旧媒介又去了哪里？迄今为止归纳起来主要有六种理论解释，分别是麦克卢汉的媒介定律、伊尼斯的绕过理论、莱文森的人性化趋势理论和补救性媒介理论、洛根的信息超载理论、菲德勒的媒介形态变化理论。

麦克卢汉提出的媒介定律认为新旧媒介演化可以由四元律进行分析，即提升、逆转、再现、过时。莱文森对此进行了进一步解释，指出媒介定律对任何一种媒介的冲击力和发展都提出了四个问题："它提升和放大了社会或人类生活的哪一个方面？它遮蔽或使之过时的是什么东西？它再现什么东西，把什么东西从过时的阴影中拉回来并放到舞台的中央？当它的潜力被充分挖掘出来之后，逆转为什么东西，或摇身一变为什么东西？"[41]。这个定律能够解释数字媒介为什么会广受欢迎，它提升了交互性、打破了时空限制、促进了媒介融合，使部落、社群再现出来。经过约 30 年的狂飙之后，数字媒介正在被元宇宙代替。

伊尼斯认为一种新媒介具有对旧媒介的绕过能力，以建立一种全新的社会形态[65]；广播、电视绕过了学习文字的漫长阶段，能够让更多的人分享信息；数字媒介绕过了广播、电视的机构垄断，成就了大众的"信息狂欢"。

莱文森提出了互为补充的人性化趋势理论和补救性媒介理论，形成了独到的媒介演化见解。人性化趋势有两重含义：一方面，媒介的性能将会越来越人性化，越来越像人"自然"加工信息的方式，即回到媒介出现之前人加工信息的方式，符合该趋势的媒介能够活下来，反之会面临过时的压力[67]；另一方面，媒介被人类创造，也被人类用来拓展传播，试图打破生物学局限，从趋势上越来越满足人的官能需要[68]。补救性媒介理论是说任何媒介技术都利弊兼有，带来好处的同时必然存在缺陷，任何时代新出现的媒介都可以认为是旧媒介的补救或补偿[67]。想象一个场景，远古人类在一个部落大院中大声讨论着问题，互相能够看见姿势、表情，听见声音，这是最原始的传播方式，人性化趋势理论和补救性理论指出人的潜意识可能会引领人们向这个方向前进。按照莱文森的观点，媒介变革表面上是向前，潜在方面则是复归，元宇宙实质上也是如此。

洛根从另外的视角讨论了媒介演化问题。首先，他认为媒介、技术和语言具有互换性，并认为目前已形成六种语言，分别为言语、文字、数学、科学、计算、互联网，每种媒介都是一种语言，具有独特的语法和词汇。其次，洛根指出在较早使用的语言中必然会产生信息过载问题，而新语言的出现都是对信息超载的回应，致使新语言形式出现的机制是信息超载的复杂性[69]。所谓信息超载，是指信息内容过于丰富，超过了已有语言或媒介能够接受和处理的范围。现在元宇宙正在努力解决数字媒介导致的信息超载问题。

菲德勒认为媒介形态变化是由可感知的需要、竞争和政治压力，以及社会和技术革命的复杂相互作用等多种因素引起的。菲德勒一个非常突出的贡献在于引入创新扩散理论，提出媒介形态成长周期存在 30 年法则：第一个十年是兴奋和困惑并存的引入期，第二个十年是产品向社会的渗透期，第三个十年媒介形态获得广泛接受[70]。

3. 六次媒介革命

从媒介演化历史来看，其先后经历了六次革命。从手势都口语、从口语到抄写文字、从抄写文字到印刷媒介、从印刷媒介到电子媒介、从电子媒介到数字媒介，现在元宇宙正在颠覆数字媒介，成就媒介演化历史中的第六次革命。

口语

现代人出生不久就会开口说话，因此不觉得说话是多么神奇的事情。但从漫长的人类历史来看，说话的能力却不是与生俱来的。猿猴不会说话，在进化为原始人类之后的很长时间内，人们都不会说话。在没有语言的时候，早期人类之间也需要沟通交流和传递信息，历史学家认为那时主要依靠手势、面部表情、单调的声音等，而且这些交流方式至今对人类也很重要。在约 5 万年前到 3 万年前之间的某一时刻，智人进化过程中出现了一个重要变化，人类突然具有了用语言沟通的能力。语言这种媒介是复杂的，既有词汇又有语法结构，能够帮助人类交换复杂的信息，交流效率很高，人的思维和沟通方式也与以往大不相同。尤瓦尔·赫拉利在《人类简史》一书中将语言的出现及其带来的变化称为认知革命，并认为这次突变就像《圣经》里人类吃了辨别善恶树的果实一样。有了口语语言，人类不仅能高效率传播信息，更重要的是能够讲虚构的故事，聊部落里的见闻趣事。每个民族都有历史悠久的故事，或者这就是古人虚实故事的遗迹。有了虚构故事，人类产生了前所未有的动员能力，可以完成更加艰巨的任务[71]。即便到了现代社会，我们也能感受到虚构故事的威力。在口语媒介时代，虚构故事的能力决定了权力的大小，善于虚构故事的巫师往往成为早期人类部落的实际领导者，金字塔式的社会结构也因此有了雏形。塔米姆·安萨利指出，人类通过语言创造意义网络，把生物自我和社会自我统一起来，形成群体自我的认知，人类历史的故事才真正开始[57]。

📄 抄写文字

口语的优势是传播很方便，劣势是无法存储，很容易遗忘。此外，在没有电话之前，口语无法远距离传播。在人类历史中，从口语到抄写文字是第二次媒介革命。文字的影响巨大，它是文明的重要载体，与新石器工具、私有制和国家一起把人类带入农业文明时代[72]。最早的文字大约出现于 5500 年前的两河流域，差不多同一时期古埃及也出现了文字，古印度的文字大约出现于 4500 年前，而中国的甲骨文大约出现在 3300 多年前，这些地方差不多在文字出现的同时进入农业文明时期。文字经历了楔形文字、象形文字、字母文字等演化过程（中国至今仍保留了象形文字）。有了文字，还需要书写文字的材料，人类曾经用各种各样的材料来书写文字，比如石头、晒干或烤干的黏土、莎草纸、竹片、丝绸、金属、羊皮等。其中，莎草纸是一种最为便捷、成本较低的文字书写材料，它与文字的搭配对人类文明发展具有重要的意义。中国古代用竹片、木片（称为竹简、木牍）作为写字的材料，虽然也很实用，但文字过多就会过于沉重，传播信息并不方便。

莎草纸是古埃及人广泛采用的书写材料，是由纸莎草的茎秆做成的，很多片莎草纸可以连成很长的纸卷，晒干后就可以当纸使用。接着，古人们使用灯芯草做成的软笔蘸上墨水在上边写字。莎草纸的优势是可以快速书写、传送信息很方便。媒介环境学代表人物之一英尼斯认为莎草纸导致了一系列的社会环境变化：莎草纸的使用使得文字、思想与活动的世俗化产生，世俗文学开始出现，少数人控制知识的情形被打破；社会出现抄写员、行政官员等新的分工；国王权力得到加强[73]。另外，莎草纸还可以用于普通人彼此之间的信件往来，并因此维持社交关系、相互学习和知识交流。与写在石头上或者刻在石板上的时间偏向媒介相比，莎草纸很轻便，具有空间偏向性，能把信息快速传递到广阔的空间。

印刷媒介

尽管中国在西汉时期就发明了造纸术，后来也领先欧洲约 400 年发明了活字印刷术，但一般认为 1450 年德国古登堡改进的体系化金属活字印刷术才是第三次媒介革命的开端，图书、报纸等大众媒介从此登上历史舞台。活字印刷可以快速、大量复制信息，信息传播的速度和范围发生了巨大的变化，印刷文字的传播突破了以往信息传播仅局限于社会上层阶级的局面，为科技革命和工业革命的发生与发展提供了重要的技术工具。另外，活字印刷术的发明使第二次媒介革命中出现的抄写员面临失业，而创造出两个新的行业——出版业和新闻传播业。大量价格低廉的图书、报纸使普通大众能够学习到原来只有少数人掌握的知识，大大提高了人们的读写能力，社会文明程度得到大幅度提升。

电子媒介

广播、电视等依赖于电力或电磁波传输信息的媒介称为电子媒介或电力媒介（媒介大师麦克卢汉的说法），电子媒介是继印刷媒介之后又一伟大发明。尽管此前有电报、电话等电子媒介，但其仅解决人际交流问题，算不上大众传播，电子媒介讨论的焦点一般是广播、电视等大众媒介。一些学者认为广播和电视的区别比较大，应该算作两次媒介革命。但现在看来，相对后来的数字媒介和之前的印刷媒介，广播和电视的差别远没有那么大，因此一起归在电子媒介革命中比较合适。

20 世纪 30 年代广播媒介兴起，20 世纪 60 年代电视媒介兴起，广播把信息从文字转化为耳边的美妙声音，而电视融合了单一媒介，不仅有声音，还有图像，它们给人类社会带来了巨大的冲击。媒介从外部侵入每个家庭，广告也随之进入，睡觉前听会儿广播、看会儿电视慢慢变成了人类的一种生活习惯，黄金时段的概念也因此产生。广播非常特别，只能听，不能说，就像家人一样在耳边诉说，激发人的情感，能瞬间产生一个社群，具有比印刷媒介更强的号召力，一些学者认为第二次世界大战中希特勒的号召力来源与广播紧密相关[67]。媒介学者对电视讨论比广播更多，认为电视从根本上改变了人的行为和世界观，甚至是群体身份认知：麦克卢汉认为电视会让人积极参与电视中的形象；尼尔·波兹曼认为电视把娱乐变成了人们看待世界的基本方式，实质性损害了人类的理性话语能力和阅读能力[74]；约书亚·梅罗维茨则认为电视等电子媒介引起不同场景的融合，会对群体身份产生同化影响[75]。麦克卢汉在 1964 年就较为夸张地说，"电子媒介延伸了人的中枢神经系统，消灭了时空距离，人类社会在电子传播环境中重新部落化，同处地球村"[66]。现在看来，元宇宙的图景十分接近麦克卢汉的论述。

📄 数字媒介

经过近 30 年的狂飙，数字媒介成为社会治理、居民生活等的重要工具。数字媒介对广播、电视、报纸、图书等旧媒介的颠覆是不可逆转的，近年来经常听到经营旧媒介的媒体机构倒闭的消息，而且人们对此已习以为常。数字媒介通常又称网络媒介、新媒介，从 1994 年万维网出现开始算起，至今发展了近 30 年。它从来不是指一种形态的媒介，而是一个庞大的媒介集群，包括新闻网站、博客、微信、微博、短视频、直播、数据库、各种应用软件、智能手机、智能音箱等。数字媒介不是固定不变的，而是一直处于演化中，先后经历了 Web1.0、Web2.0 等时期。

洛根把数字媒介的特征归纳为以下方面：双向传播、信息容易获取和传播、有利于继续学习、创建社群、媒介组合与整合、赋予使用者跨越时空的自由、媒介融合、内容的聚合和众包、出现长尾现象、生产者和消费者融合、社会的集体行为与赛博空间里的合作、数字化促成再混合文化、从产品到服务的转变[69]。数字媒介超越时空，加快了信息传播的速度，提升了人的理性思维，解决了广播、电视等旧媒介存在的不敷应用问题。关于数字媒介发展的后果，洛根指出，"数字媒介带来的变化，大到我们难以忽略"[76]。事实上，我们每个人都已经切身感受到了数字媒介带来的各方面变化。

📄 元宇宙

元宇宙不是数字媒介简单升级，而是新一轮媒介革命，一个再现和超越远古部落真实场景的新时代正在开启。

基于媒介演化理论来分析元宇宙可以得出以下结论：从媒介定律的角度，元宇宙提升了图形和图像的维度、真实性、可信性、沉浸性，促使数字媒介过时，把部落时代身体在场的交流场景再现出来；从绕过理论的角度，元宇宙空间提供了可信的身份系统和经济系统、可视化的 3D 虚拟场景和虚拟数字人，绕过了传统数字媒介的平台中心、知识门槛、信息爆炸和真假难辨的信息陷阱，因而是一种更加进步的新媒介；从人性化趋势角度，元宇宙把整个地球，甚至整个宇宙变成一个部落大院，人们像远古人类一样畅快地交流，虽然虚拟图像还不那么完美，但努力方向无疑回到"自然"加工信息方式；从补救性媒介的角度，以图文、视频等内容为主的数字媒介已经落后了，元宇宙对其缺陷的补救性特征非常明显；从元宇宙是一种新语言的角度，它具有自己的语法和词汇，是对现有媒介信息超载问题的有效回应。按照 30 年法则来看，当前元宇宙处于第一个十年当中（从2021 年开始计算），预计 2031 年之后元宇宙将会逐渐在人们生活中渗透和普及。

按照媒介环境学理论，在媒介变革时，原有的媒介也并不会消失，而是会成为新媒介的内容[77]，元宇宙也因此将会是人类一切已知媒介（口语、文字、图书、报纸、广播、电视、数字媒介、社交媒介、短视频、直播等）的元媒介（媒介的媒介）。元宇宙作为一种新媒介，将会不断给已有媒介施加压力，旧媒介必须适应这种变化，要么成为元宇宙的内容，要么自我颠覆，创造出比元宇宙还要高级的媒介。

4. 元宇宙作为媒介的不同侧面

元宇宙是简单和复杂的综合体。在使用上是简单的，使用门槛很低，人们能够很方便地操作，它能提供像部落时代感官和谐的真实感，不识字的人也能够畅快交流。同时，在整体构造上它又是复杂的，集合了众多前沿的数字技术，打造了复杂的连续体世界，改变了文明、经济和社会系统。

元宇宙是多维度的，一些人从中看到了机器、算法、交互和智能，一些人看到了沉浸式体验，一些人挖掘出它的具身性，还有人认为它是一种元媒介。一就是多，多就是一，元宇宙内在存在着深奥的媒介哲学，到目前为止只能说人类略知一二。元宇宙作为媒介的不同视角如图 3-1 所示。

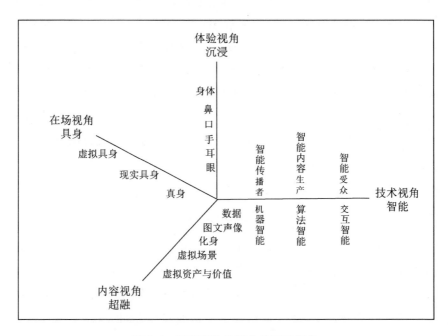

图 3-1　元宇宙作为媒介的不同视角

📑 智能

智能媒介概念本身是从技术视角来说的，是机器智能、人工智能、交互智能等与媒介融合的结果，同时是指媒介传播价值链的智能化。元宇宙是智能媒介，这是毫无疑问的。

机器智能是控制论角度人工实现的智能，即从行为上表现出的智能。工业领域的智能机器、无人工厂、工业互联网、数字孪生产品等，无一不与机器智能相关，其他行业也有类似的应用。这些应用都是人、物关系的中介物，也就是媒介，构建人和人、人和机器、机器和机器的关系。在元宇宙语境中，智能机器、无人工厂、工业互联网构建的虚拟社会工厂、数字孪生产品都将 3D 模型化、可视化、资产流质化、虚拟场景化，成为虚实融合连续体世界的组成部分，人们基于这些媒介来重构生产关系和社会关系。通过这些媒介，人与机器、工厂、资产、产品等工业元素进行交互，从而实现人的目的。机器智能是闭环的，包括感知、传输、调度、控制、执行等单元，并且人在环中，人机协同优化和控制整个系统。在整个虚实融合连续体世界，只要涉及虚体和实体的连接与交互，就离不开机器智能，无论虚拟化程度处于哪个层级。元宇宙中的机器智能不是单一的个体，而是整体的，相互关联的，因为它们本来就处在同一个宇宙中。人工智能主要是指基于深度学习算法的智能应用，在已有的媒体行业已经有大量应用，如机器生产内容（Machine Generated Content，MGC）、自动化智能编审、推荐算法分发、用户画像和需求分析等。元宇宙空间为人工智能提供了更广阔的应用场景，如虚拟数字人、虚拟的生物和物品、语音和图像识别、实现更智能的 NPC、3D 场景优化和分析、人类智能助手、内容生成和分析、内容推荐等。交互智能主要是通过 XR、脑机接口、裸眼 3D、全息显示、触觉手套等技术实现智能的信息交互。

在元宇宙空间中，传统媒介的传播价值链将会被颠覆，传播者、内容和受众三元结构会消失。任何虚体物品、实体物品、NPC、真人、真人化身、虚拟环境等都可能随时随地成为传播者和信息接受者，信息、资产价值都能够迅速传输，并构建出全新的关系。元宇宙中的内容生成是多元化、涌现式的、非人为可控的，基于机器智能或人工智能的算法自动识别，并基于数据驱动生成。基于智能技术，元宇宙中会建立大量可信的短暂交互关系，甚至建立非直接的短暂交互关系，比如一条 NFT 记录不但与交易双方有关，而且与整个链上的用户都有关，从而建立间接交互关系。在这种瞬时性的直接和间接交互关系中，靠人类能力已经很难捕捉，必须依赖人工智能技术及区块链相关协议机制。

🗐 沉浸

沉浸的本义是浸入水中，引申为人处于某种气氛或思想活动中。元宇宙的一个重要特征是要给人们带来沉浸感，即给人们一种感官实时在场、融入环境并参与的感受。从主体感受的角度称为沉浸性，从身体参与传播过程的角度则称为具身性，是同一个问题的两个方面。

沉浸性并不是今天出现的，也不一定与 XR 等数字技术相关，从古希腊剧场开始，大量的艺术家就一直力图给观众带来身临其境的沉浸感。我还清晰地记得小时候在剧院看一部戏曲，其中一个情节说要下雪了，然后就飘起了很多人工雪花，感觉就像自己真的在雪地里与剧中人物在一起。我曾带着孩子参加一场沉浸剧场的演出，演员在观众中穿梭，观众参与到剧情中，这就属于沉浸。如今，全国各地都有各种各样的话剧、灯光秀、真人角色扮演游戏等，给人们带来不同程度的沉浸感。沉浸感并不神秘，只是人类的一种寻常情感体验。

元宇宙带来的沉浸感主要由后台 3D 内容和 XR 交互技术共同实现，是一种深度的实时沉浸。通过 XR 装备，隔离人与现实环境，让人们获得一种跨越时间和空间、充分调动感官的沉浸感。比如，让人们在异地获得登临珠穆朗玛峰顶的沉浸感，或者深入一个纯虚拟空间，通过专门的技术让人们感受到自己真正处于一个平行的异域世界。在沉浸体验的过程中，人们获得了一种虚假的自主性。

沉浸感可以针对人类感官的整体，也可以单独针对某一部分。人们通常感受到的主要是视觉沉浸或听觉沉浸，就是通过眼睛或耳朵获得一种沉浸感。嗅觉沉浸、味觉沉浸、动觉沉浸、全感官沉浸等技术也在不断发明中。其中，嗅觉沉浸就是通过释放特定香味给用户带来真实的沉浸感；味觉沉浸就是通过给人口中喷入某种化学物质刺激味蕾获得；可以通过智能手套或人体外骨骼给人们带来材质、力量等沉浸感；还可以把所有感官沉浸融合起来，探索全感官沉浸的实现路径。

元宇宙的沉浸感是全方位的，不仅是视觉、听觉等单器官的体验，还要结合虚拟场景提供融合体验。从应用角度，沉浸感不仅针对线上的数字原生空间，还可以在增强现实、增强虚拟、数字孪生等多场景中获得。比如，通过增强现实来让用户提前获得服装试穿的体验；借助数字孪生技术和 XR 交互技术实现工厂机器故障监测和维修。

📋 具身

具身性是一个哲学词汇，具有几千年的历史，最早可以追溯到亚里士多德关于灵魂和身体关系的讨论。离身性与具身性相对，最早可以追溯到柏拉图对身心二元论的讨论，然后笛卡儿发展到大成，基本观念是蔑视和排斥身体对意识的作用。以往传播学研究通常把身体排斥到传播过程以外，尤其在吸收了信息论的思想后，经典传播学把传播视作信息加工编码、传输和解码的过程，身体不在其中。现在，身体重新回归到传播中，这是一个显著的趋势，元宇宙为之提供了广阔的舞台和场景。那么，如何理解元宇宙促使身体回归是我们要深入探讨的。

以往媒介实现了超越时空传播信息，比如报纸、广播、电视、互联网，但人类身体不能随信息流动不断转换时空。简单来说，信息抵达的时空不可能与身体同时存在。正是因为过去做不到，反而显得身体在场更加重要。人们经常用的一个成语叫"道听途说"，就是说身体不在场时获取的信息大概率是不真实的。为了追求真实，人们必然要求身体在场。梅罗维茨曾说"身体在场几乎成为人类信息传播活动中的一种执念"，执念这个词表达了人类对旧媒介环境中身体不在场的无奈情绪。喻国明等学者指出，与旧媒介不同，元宇宙是具身沉浸的，通过数字技术创造出的数字化身成为具身的新型主体，能够从根本上改变人在传播活动中的主体性，实现个体传播权力的回归[78]。

唐·伊德提出三种理解身体的路径：第一种路径是经验身体，即肉身的、感知的、经验世界的身体；第二种路径是文化身体，指被政治、文化、社会建构的身体；第三种路径是技术身体，指与技术产生相互作用，被技术扩展，经由技术得以具体化的身体，这种身体同样也在前两种身体中贯穿体现[79]。在元宇宙环境中，经验身体和技术身体紧密融合，成为一种全新的智能身体（虚拟数字人）。智能身体与人类肉身紧密关联，同时也是一个相对灵活的技术身体。智能身体代替人实现三种身体在场状态：携带自己的肉身（技术身体和经验身体的组合）、离开自己的肉身、进入其他的身体。同时，元宇宙也加强了文化身体的在场[80]。

张洪忠等认为，在元宇宙场景中，身体已经变为传播体系的一部分，用户身体不再只是生物意义上的实体，也是虚拟世界的一串数字代码和符号。人的认知神经系统和心智也和肉身一样卷入元宇宙当中。身体通过各种交互技术进入元宇宙，用户在现实世界的经验、知觉、情感一并被带入，在技术环境中被再造更新。反过来，用户在元宇宙中的认知、情感、经验等也会被同等带入现实世界，双向带入的结果是元宇宙中用户肉身持续在场。人类的数字分身能够以多元身份同时进行社交、娱乐、购物、运动等活动，在这个过程中人的肉身也一直处于在场状态[81]。

在元宇宙环境中，媒介不再仅仅是人类器官的延伸，而是会把整个身体以技术化方式投送出去，让携带意识的身体如精灵般穿越时空，实现身体与时空持续俱在，任何物理地点的传播者和被传播者都能够超越肉身和时空的限制，实现身体持续在场，原始部落式的交流沟通场景最终得到复盘式重现。至此，按照莱文森人性化理论的说法，潜意识如黑夜中的明灯，人类在进行几万年探索之后终归来处，元宇宙或许是最接近终点的。而元宇宙的未来，或许是被技术改造过的新人类再出发。

🗐 超融

媒介融合并不是一个新概念，而是近 20 年媒体行业的实践。延森指出，数字媒介技术是一种元技术，使媒介融合成为可能：数字媒介复制了以前所有的表征与交流媒介的特征，把旧媒介统一整合在统一的软硬件平台之上；同时，数字媒介能够整合文本、图像、声音、视频等不同类型的媒介内容，构建出新的表达类型；数字媒介也能够整合一对一、一对多、多对多等多种传播形态[82]。洛根指出，媒介数字化之后就出现了媒介融合的趋势，媒介之间的关系更加紧密[69]。元宇宙是一种更高级的媒介，数字媒介成为它的内容，数字媒介以前的一切媒介也都是它的内容。同时，元宇宙是一种具身性媒介，作为元媒介的肉身之人及其数字化身也是元宇宙的一部分，被数字技术记录和传输。因此，元宇宙是一种更高层级的元媒介，即元媒介的元媒介，一些学者将其称为元元媒介[83]。

　　元宇宙这种高级元媒介的出现和发展，意味着更加全面、复杂、深入的媒介融合将会到来。第一，不同数据类型的媒介内容深度融合，除了当前媒介融合涉及的数据、图文、声音、视频等类型，元宇宙环境中还有 3D 建模数据、图形引擎、数字资产、虚拟数字人等方面数据需要融合。第二，元宇宙的媒介融合意味着不同维度信息的融合，即一维的信息、二维平面互联网和三维沉浸式互联网的融合。元宇宙的目标是建成三维虚拟世界，但一维、二维媒介并不是消失了，而是存在于三维世界的某个平面上。例如，一个虚拟立体物体有 6 个面，整体上是三维的，但每个面又是二维的，二维的面又可以看作由大量一维的线构成，面和线本身都是媒介。第三，传统媒介通常只强调信息传递，而在元宇宙环境中，人的肉身、虚拟数字人和数字资产也成为重要媒介，信息、人的肉身、虚拟数字人和数字资产的融合是元宇宙内容的重要特征。第四，如前文所述，元宇宙包括现实世界、社会记录、增强现实、镜像世界、虚拟世界等不同虚拟化程度的空间，不同空间之间并不是相互孤立的，而是相互融合的，融合得越紧密，用户获得的感觉就越自然，沉浸感也越强。因此，促进不同虚拟化程度的元宇宙空间融合，也是元宇宙的应有之意。第五，元宇宙之中既包括数字原生之物质，也包括大量与现实世界紧密关联的数字孪生、增强现实之物质、现实世界的物质，尽管数字原生来源于纯粹数字世界的创造，但并不完全与其他物质无关，而是必然会产生关联。数字原生物的创造者、创造环境、价值实现都与数字非原生现实世界紧密关联，这意味着数字原生和数字非原生的融合将是元宇宙发展的一个重要趋势。总之，元宇宙使媒介融合在各个方面都有了超越性的新内涵。为与当前语境的媒介融合区分开，本书把元宇宙称为超融媒介，即超级融合媒介。

5. 传媒业再颠覆

元宇宙是人类历史的第六次媒介革命的产物，传媒业必然受到巨大的冲击。新媒介的出现意味着新尺度产生，新尺度将塑造出全新的社会关系和规则。以经营媒介为生的传媒机构只有顺应媒介革命潮流，才有可能在新一轮浪潮中生存。在广播刚出现的时候，很多发行报纸的机构倒闭了。同样，电视出现了，广播机构、发行报纸的机构受到巨大冲击。不过，在单一功能媒介时代，任何媒介的功能都难以被完全替代，电视主导时代还是有大量广播机构、发行报纸的机构凭借创新和差异化生存下来。数字媒介时代有些不同，作为一种元媒介，其具有强大的融合能力，报纸、广播、电视等旧媒体面临根本性的颠覆，它们的商业价值面临前所未有的挑战。近年来，国内外都有大量媒体机构倒闭，这证明了媒介革命的威力。只有少数幸存者通过"All in"数字媒介而幸存了下来，更多的传统媒体机构往往依靠政府补贴或行政性发行勉强生存。元宇宙时代开始，传媒业面临新一轮生存危机，数字媒介时代的王者也要面临巨大的考验。该如何适应元宇宙？这是摆在传媒工作者面前十分急迫的现实问题。

📄 价值逻辑的变迁

理解元宇宙环境下价值逻辑的变迁是传媒业应对新变革的前提。媒体的价值逻辑正在从注意力经济、连接力经济演进为体验力经济，媒体机构只有适应这种演进才有可能生存下来。

◇ 注意力经济

传统媒体（如广播、电视、报刊等）获取价值（或者说盈利）的逻辑建立在二元售卖模式上，就是通过将良好的媒体内容提供给用户，吸引用户成为自己的受众，然后通过把受众的注意力"卖给"广告商获益。二元售卖模式有悠久的历史。在最初出现报刊时，其主要依靠政党资助维持生存，社会功能比较单一，就是舆论宣传和信息传播。由于缺乏充足的资金，经营自主性有限，报刊发行就难以形成规模经济。在生存危机中，报刊采用了二元售卖模式，既能赚取发行费，也能赚取广告费。此外，随着商业企业认识到广告的重要性，报刊版面经常供不应求，广告收入开始大幅度增长，远超出发行费。这时候，媒体机构就算没能赚取发行费也能够生存，广告为其带来了巨大的财富。媒体机构只要专注于做好内容，吸引用户的注意力就行，注意力经济因此成为传媒经济的代名词，媒体专业主义也因此兴起。注意力经济控制了传统媒体机构的价值逻辑，也限制了传统媒体人的思维方式。在报刊之后兴起的广播、电视等媒体沿用了注意力逻辑，甚至更进一步，通过免费提供内容获取注意力，然后凭借卖广告获益。然而，近年来数字媒介催生的连接力经济兴起，注意力经济的基本逻辑被颠覆。

◇ **连接力经济**

当数字媒介兴起时，整个价值逻辑变了。数字媒体机构通过搭建平台，提供人与人之间的连接和交互渠道，促进人际关系的发展，再加上网络效应的加持，大量用户（数字媒体平台没有受众，每个人都是内容传受者）加入数字媒体平台。尽管数字媒体平台很少有专业性、严谨性的内容供给，但用户不仅能够更加快速地获得海量的信息，还能够得到网络建构的社会资本价值。传统媒体可能一夜之间就会发现受众大量流失，受众变为数字媒体平台的用户。若受众很少，注意力经济就难以继续下去，传统媒体只能通过为数字媒体平台提供内容换回一部分注意力资源。但这种情况也不能持续，数字媒体平台的用户数量增长主要依托网络效应，而不是专业内容，当一家传统媒体通过辛苦提供内容增长了 10 万名用户时，而平台的用户数量是呈指数级增长的，可能会达到 100 万名，甚至 1000 万名。在此情况下，广告商更愿意把钱花在哪里呢？当时是数字媒体平台，而不是只有少量用户的传统媒体。这一切的发生是由于媒介革命导致价值逻辑发生变化。在数字媒体主导下，连接、交互和关系的价值是与用户直接关联的，是首要的，内容价值则被遮挡在外，这就是数字媒介的价值逻辑，就是连接力经济。现实中已经有大量案例已经能够证实它的威力，凡是主动变革顺应连接力经济潮流的传统媒体都活得比较好，反之则面临生存困境。

✧ 体验力经济

在元宇宙逻辑下，用户将会进入虚实融合连续体世界，智能、沉浸、具身、超融等特性给用户带来独特的体验。人们是通过具身的沉浸体验来与社会其他部分建立联系、构建关系、创造价值的，在一个拟真的世界中，体验是决定连接、交互和关系的前提。在没有连接时，人们觉得有连接很重要；但有了连接后，人们发现具身体验更重要。举一个可能不太恰当的例子，但相信很多人会有类似的体验：比如我与一位专家不相识，但看到一些资料把他介绍得非常好，就特别期待能够当面向他请教一些问题，有一天经朋友介绍我真的去拜访他了，但我发现对方不仅非常傲慢无礼，也没有真正的见识，感觉非常失望，从此再也没有联系过这位专家。此外，还有大量的例子能证明具身体验比连接更重要。元宇宙提供了具身在场的体验环境，数字媒介连接、交互和关系的价值就被遮挡在外，信息内容的价值则被遮挡在更外边，体验力经济成为元宇宙价值逻辑的关键。数字媒介也强调体验，但其与元宇宙提供的体验差别很大。数字媒介提供的体验往往是单感官的，表现为连接力价值的附加值；元宇宙提供的体验是具身的、沉浸的，是建立在全方位智能和多维度超级融合基础上的，是价值创造的核心。在元宇宙逻辑下，内容传播是无中介的，人即媒介、虚拟环境即媒介、虚拟数字人即媒介、数字资产即媒介，体验是一切价值创造的中心。如今，元宇宙已经开始兴起，无论是数字媒体机构还是传统媒体机构，只有抓住体验力经济才能拥有更美好的未来。

传媒业价值逻辑的变迁如图 3-2 所示。

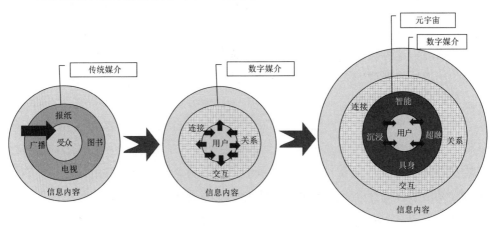

图 3-2　传媒业价值逻辑的变迁

📄 元宇宙带来的机遇

面对元宇宙这条新的起跑线，传统媒体机构和数字媒体机构都没有特别的优势。数字媒介成了旧媒介，数字媒体机构也得寻找新的突围点，而传统媒体机构有了跨越式发展的机遇。总体来看，这些机遇主要体现在以下几个方面。

元宇宙与实体紧密相连，是比数字媒介更重要的媒介，也是体验力经济，实体通过体验力展现力量和价值，媒体机构若抓住了体验力经济就相当于抓住了虚实融合的关键点。

从人的角度，元宇宙意味着人本身成为媒介，个人传播权力再次崛起。同时，平台自然垄断的力量被元宇宙进一步抑制，被集中的话语权力必然会再次分散。给用户提供能够具身沉浸式体验和传播的空间，就是一个前所未有的机遇，其创造的价值将超越数字媒体平台连接力经济的价值。

元宇宙创新了经济系统，提供了更多的经济模式选择，媒体机构能够更加方便地创新商业模式，如创作者经济、内容 NFT、数字资产、分布式内容、媒介传播服务等，使媒体机构摆脱"广告+内容"的二元盈利模式成为可能。

元宇宙进一步重组社会结构，垂直的行业部门可能被打散，以体验为中心的跨业态横向整合成为创造价值的关键，如媒体、工业、游戏、教育的横向整合（对工业虚拟镜像进行媒体化、教育化和游戏化融合创新），媒体机构的自身特性决定了它们是跨业态横向整合的主要推动力量。

📄 如何抓住机遇

倒退 10～20 年，注意力经济起决定性作用，哪家媒体机构控制了精品内容就能掌控受众，就能够靠收广告费积累大量财富。过去 10 年，数字媒介兴起并主导了传媒市场，连接力经济起决定性作用，媒体机构只要打造出强大的交互连接能力，就能聚集大量的用户，就能决定什么内容能够传递给用户。从现在开始，体验力经济将替代连接力经济，哪家媒体机构能够为用户提供元宇宙的沉浸、具身、智能和超融体验，就能控制连接、交互和关系，进而控制信息内容。从注意力经济到体验力经济，价值逻辑发生了的巨变。无论是数字媒体机构还是传统媒体机构，在元宇宙时代都必须以体验力经济为出发点，转变思维方式、消除资源能力劣势、创新商业模式，并且变革组织、管理和文化，这样才有可能持续生存。

◇ 思维转变

元宇宙使传媒业的价值逻辑发生了根本性的变化，注意力经济将会被体验力经济代替。媒体机构经营者和从业者只有改变思维，才能适应变化，并且在工作实践中应把为用户提供深层次的具身传播体验作为重点。

◇ 积累资源

元宇宙是基于当前前沿数字技术实现的新媒介，媒体机构应紧跟最新技术的发展，充分积蓄技术人才和技术资源，以极快的速度开发出自由的元宇宙体验空间。元宇宙是不能被平台垄断的，任何一个元宇宙节点都可能通过创造超强体验力实现价值，这与数字媒介时代不同。

◇ 模式创新

元宇宙为数字原生经济提供了舞台，也为数字原生经济与实体经济融合成长提供了空间，抓住数字原生经济和虚实融合经济带来的机遇，传媒业可以创造出全新的商业模式，从而改变由于二元售卖模式被颠覆而面临的经济困局。

◇ 主动变革

元宇宙带来的是技术基础、价值空间、价值逻辑和价值创造方式等全方位的颠覆性变革，传媒业需要突破行业知识壁垒，做好顶层设计，规划组织、管理和文化的变革，识别新的入口陷阱，制定详细的元宇宙发展路线图，这样才有可能抓住这次难得的机遇。总之，传媒业要主动做好彻底变革的准备，一切才刚刚开始。

第四章

元宇宙与社会革命

1. 人的幻象

"人是什么？"自古以来都是哲学研究的焦点。古希腊哲学家普罗塔哥拉提出了一个著名的命题——"人是万物的尺度"，其把人作为衡量一切事物的标准。但每个人对事物的看法是不同的，事物的尺度也就无法做到客观，后来这个命题被认为是主观违心主义的论点。亚里士多德把人是什么的讨论推进了一小步，指出"人是天生的政治动物"，不仅强调人具有自然性（动物），也强调人具有社会性（政治）。康德有句名言是"人是目的"，其认为人是目的本身，而不仅仅是工具，其他的事物都应当仅仅作为手段来为人服务。黑格尔提出"人的本质是自我意识"，强调自我意识的重要性，但忽视了自我意识对人的物质属性的依赖，被认为是关于人学的唯心主义观点。马克思基于唯物主义立场对人是什么进行了系统论述，指出："人的本质不是单个人所固有的抽象物，在其现实性上，它是一切社会关系的总和"；"当人开始生产自己的生活资料，即迈出由他们的肉体组织所决定的这一步的时候，人本身就开始把自己和动物区别开来。人们生产自己的生活资料，同时间接地生产着自己的物质生活本身"[84]；"动物和自己的生命活动是直接同一的……人则使自己的生命活动本身变成自己意志和自己意识的对象"[85]。总体来说，人的本质是社会性，人的活动具有自由自觉的性质，同时在物质生产劳动中体现出高度的意识和自我意识特征，这些因素把人和动物、机器区分开来。马克思和恩格斯在《共产党宣言》中描绘了人类的终极图景——自由人联合体，他们指出"代替那存在着阶级和阶级对立的资产阶级旧社会的，将是这样一个联合体，在那里，每个人的自由发展是一切人的自由发展的条件"[86]。

在马克思生存的年代，没有人工智能技术，也没有数字生产力，机器都是任人驱使的死物，人和机器之间界限分明。随着智能技术的爆发和发展，人们开始面临新问题：机器人、虚拟数字人大量出现，这些新生事物与人类深度纠缠在一起，并在现实或虚拟环境中代替人工作和生活，与人类产生复杂的情感交流，该如何看待它们？它们究竟应该被当作机器还是人？或者只是有点像人的幻象？人和它们之间的关系是主仆关系还是平等的社会关系？只有这些问题弄清楚了，元宇宙社会的基本元素和行动主体才能够清晰。

📋 人的多重幻象

如今，无论是现实的商店、餐厅，还是在线的虚拟演艺空间，或者是电商平台，已经出现了大量被称为"机器人"和"虚拟数字人"的员工。这些被称为"人"的新生事物拥有非常甜美的声音，可爱的真人形象或卡通形象，说着非常有逻辑的话语，如果它们仅仅单向输出内容，或者人们没有与它们长时间对话，真假事实上难以分辨。机器人真假还好分辨，我们可以看看它的塑料或金属材质便可得知，再不然亲手接触一下总能分辨是否是真人。但如果人们通过计算机或手机的屏幕，或者 VR 眼镜来观看，就很难分辨了。趋势显而易见，随着智能技术的不断进步，规模化生产"数字人"的技术不断成熟，更加逼真、更加智能的"人"将会充斥整个地球，其数量可能会达到肉身人类数量的若干倍。这些由机器或者纯数字编码构成的"数字人"各有不同的功能，具有不同的生命周期，处于它们"人生"的不同阶段。在元宇宙当中，这些特别的"人"将会与肉身人类长期共存，在社会活动中相互关联并构成复杂的社会系统，如图 4-1 所示。

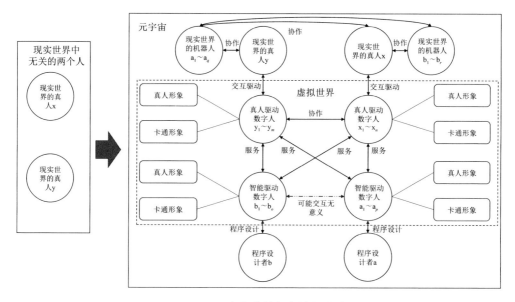

图 4-1　元宇宙中的复杂社会关系

有意义（具有实际功能并处于激活状态）的"机器人"和"虚拟数字人"必然处于社会关系当中，从事有目的的数字化劳动，自然而然具有社会性[87]，但其自身没有意识，更不会脱离人类控制形成自己的"自由数字人联合体"。按照马克思的观点，这些"人"还不能理解为人。但如果"机器人"和"虚拟数字人"在元宇宙当中作为人的化身，按照人制定的规则，或者通过学习、模仿特定人的行为，代替人完成特定任务，达到仿真人类意识活动、具身存在的程度，这样的"人"实质上已经是与人平等存在的真人幻象，应与现实的人承担同样的义务且享有同样的权利。

如图 4-1 所示，元宇宙将会形成人和各种各样的"数字人"平行存在的复杂社会系统，这是人类社会发展历史中从未有过的景象。无论是有实体还是无实体，是卡通形象还是真人形象，从"数字人"仿真意识来源的角度又可以分为真人驱动和智能驱动。真人驱动的"数字人"在元宇宙中承担化身的角色，即代替人在元宇宙中实现类人的行动，智能驱动则在元宇宙中承担 NPC，通过程序设计者的设定或基于算法智能自主学习执行特定任务，比如提供例行的教育培训、咨询服务等。各种功能的"数字人"参与人类活动，与不同的人发生联系，增强真实人类社会关系的责任意识。现实世界中无关的两个人可能基于各种"数字人"建立关系，实现信息交流和意识沟通。在元宇宙中人与人的关系构建中，担任中介角色的可能是实体机器人、虚拟数字人实现的化身、NPC 等，人们可能需要经过多重"数字人"中介建立联系。举个例子：学者 A 在家里告诉自己的家政服务机器人需要进入某个虚拟场景与学者 B 开会，那么机器人将会唤醒学者 A 的化身，学者 A 的化身在虚拟场景中找到学者 B 的化身并通知开会，学者 B 通过化身获知信息后参加学者 A 的会议。在此例子中，学者 A、学者 B 及其化身、家政服务机器人均参与了虚实交融世界的关系构建。人类在不同的虚拟场景中会具有很多化身，而不是一个，并因此可以支持人类在同一物理时间的并行行动，最终提升了人类行动的效率和价值，但同时增加了社会系统的复杂性。

随着技术、资本、创新者意识、大众需求的持续碰撞，元宇宙中"数字人"的形象、姿态和行为将会不断接近肉身人类，最终创造出真假难辨的幻象世界，这一趋势看起来已经无法阻挡。算法智能穿插其中，无处不在地分析和模仿肉身人类的形象、声音、情感、喜好、生活状态、行为习惯等，迭代创造出更加逼真的"数字人"，加速幻象世界的到来。

按照媒介环境学的观点，"数字人"在不断扩展人类能力的同时，人自身的能力将会被截除，感官和思维都被截除的人类最终必然会被"数字人"所控制，人类可能会成为被投喂者，即一个个连接在线的人肉机器。从这一点来看，"数字人"大量出现意味着人类社会将面临严峻的考验。当然，这并不意味着未来十年就会如此，而是一个漫长演化的终极结果。

意识、声音与形象的分离

目前，弱人工智能技术支撑的"数字人"自身并不具有意识，其表现是大数据、深度学习算法和云计算等数字技术能力叠加的综合效果，即仅仅从结果上达到类似人智慧的行为效果。人工智能在图像识别、图像理解、视频识别、语音识别、语义理解、机器翻译、情感分析、决策支持、大数据分析等领域达到了极高的准确率，应用表现接近人的能力。尽管人工智能的综合能力与人类相比还存在较大差距，但数字技术所特有的强大存储和记忆能力、快速传输能力、再编程能力、海量数据处理能力，使它能够在专门领域轻松超越人类。

人工智能本身没有意识，但它能够以技术的长处弥补人类的短处，能够通过学习人的决策和行为模式，在某一具体领域仿真人类意识。也就是说，尽管"数字人"本身没有意识，但它已经能够让那些与它互动的人误认为它具有意识。

人工智能技术也能够通过语音识别技术学习人们的说话方式，进而模仿人的声音。运用图像识别技术，人工智能当然也可以实现高保真模仿人的形象、表情和姿态。弱人工智能技术在专门领域的能力是毋庸置疑的，这就使它能够把人类特质的每一部分仿真出来，如意识、声音、形象、姿态、行为等。在虚拟世界中，现实世界中的个人特质实质上被分解成大量的、内容不同的数据包，这些数据包实现了人类细分特质的分离，如意识、声音、形象的分离。现实世界难以想象意识和大脑物质、身体物质的分离，但在虚拟世界显然能够轻松实现。更进一步，不仅仅是分离，由于数字技术及其产物本质上都是同质化、可重新编程的比特数据，人工智能实现的这些高度仿真的意识、声音、形象等也必然是同质化数据，能够被重新编程，人类细分特质的分离和重组将大幅度提升"数字人"的复杂性。

在虚拟世界中，模仿人意识的数据、模仿人声音的数据、模仿人形象的数据毫无例外都是模块化的数据包，它们能够被任意重组，生产出与现实世界完全不同的"人"。也就是说，现实世界中 A 的意识、B 的声音和 C 的形象可以在虚拟世界中被轻松组织为一个新"人"。"数字人"为什么一定是类似人的形象呢？科幻电影告诉我们，能与人互动的还有可能是大树、汽车、玩具、动物、建筑物、星球，或者任何人类能想象到的其他东西。简单来说，在意识、声音、形象分离重组的情形下，"数字人"可以是一切东西。可以预见，虚拟世界将会创造出大量现实中不存在的完美的人，也能够按需为现实人类定制出个性化的"数字人"。因此，我们不能把一个现实人类与其数字化身完全等同，数字化身是新物种世界的事物，而不仅仅是人类的镜像。另外，"数字人"在不断学习，不但学习其控制者，而且在向虚拟世界的其他事物学习，这种学习特征使得"数字人"逐渐与控制者的初始设定产生差异，它们可能更趋向适应虚拟世界，而不仅仅是接受人的控制。从这个角度来看，"数字人"是独立的，不仅具有自己的特质，还会具有自己的成长路径。

机器人行走在现实世界，与虚拟世界的"虚拟数字人"不同，不仅模仿人的意识、声音和形象，还具有行动能力。随着模仿人类皮肤的材料技术的发展，机器人越来越像人。机器人可以看作增加了机器智能的"虚拟数字人"，以及其在现实世界的物质化。在虚实融合的元宇宙，机器人和"虚拟数字人"生活在同一空间，共同形成"数字人"族群。

毫无疑问，"数字人"大规模涌现可能会导致所见非真相，责任和伦理体系将会面临巨大的考验。元宇宙将会充斥着各种各样的"数字人"，既有真人化身，也有纯粹的比特代码"数字人"，还有具有行动能力的机器人，以及 NPC，其中有"好人"也有"骗子"，再加上人类情感难免会掺在其中，人类的心智必然会受到巨大的冲击。

那么，我们是不是现在就应该开始阻止"数字人"泛滥呢？我们能阻止吗？答案是既不需要也难以阻止。大量事实证明，在技术演进与人类需求进化共同促成的时代洪流当中，尽管通常会泥沙俱下，但人类通常改变不了什么。在 200 多年前，很多人曾经抗拒过工业革命，但时间证明接受才是最佳选择。

📄 化身与 NPC

数字化身一般来说是一个"虚拟数字人"，其代替人类进入元宇宙的虚拟空间，在其中按照人的意志采取行动。机器人能不能在现实世界作为人类的化身，代替人类采取行动？这是一个值得探讨的问题。如果机器人可以作为人类的化身，会不会成为人类相互攻击的工具或武器，而不仅仅是温顺的服务机器，这是非常让人担心的。本质上，"虚拟数字人"和机器人面临同样的问题，但通常被忽略了。虚拟世界越来越具身化，人类情感和心灵纠缠其中，人类化身会不会成为人类相互攻击的工具和武器，最终影响现实人类生活的质量和心理健康状态？现在看来好像难以避免，这也是元宇宙强调文明的原因。元宇宙不是无序之地，化身也不能在其中肆意妄为。虚拟世界是数据编码实现的空间，设定规则并自动化清理不文明行为应该非常容易。从技术角度来看，元宇宙中的虚拟世界完全具有条件建设成为文明的示范之地，进而带动现实文明的不断进步。

NPC 不能仅仅理解为游戏世界中管理者控制的辅助角色，任务仅仅是完成游戏剧本的引导，它们将是元宇宙世界的重要参与者。NPC 与个人的数字化身不同，它通常代替平台管理者来承担服务、协调和管理功能。它也可以看作是化身，但不是个人的化身，而是程序设计者和平台管理者的化身，代表平台的整体利益，而不是某一个具体的人。按设定程序执行通常是 NPC 的典型特征，但随着人工智能的赋能，NPC 也会具有学习能力，会变得更聪明，从而带给人类更好的交互体验。除了游戏，元宇宙的教育培训、医疗服务、政务服务等应用场景中也将会出现大量的 NPC。例如，在元宇宙教育培训中，NPC 不仅可以担任老师，还有可能担任学生的学伴、考试巡查员、自习辅导员等各种角色；在医疗服务中，NPC 可能会担任远程医生、医院咨询员、医药顾问、科普老师等角色；在政务服务中，NPC 可能会担任虚拟服务大厅的服务员、政务服务咨询师、税务顾问等角色。

化身和 NPC 是元宇宙中"数字人"承担的两种主要功能，化身为个人进入元宇宙的虚拟世界提供支持，而 NPC 通常在元宇宙虚拟世界中提供公共支持。它们都是数字代码化的意识、声音、形象等碎片化人类特质再组织和再编程的结果，其实质都是数据。除此在外，随着元宇宙的发展，"数字人"必然还会有更多的新角色出现，元宇宙的"人"类世界将会更加丰富多彩。

2. 意识生产力

当人依托智能身体进入元宇宙虚拟空间的时候，人的肉身并没有实际进入，而是以数字代码编辑的形象承载人的意识进入虚实融合世界。人的意识与肉身分离，并借助"数字人"化身的身体来创造价值。有多个化身的人可以把意识附着于多个"数字人"，实现人类意识的复用，人的创造力将得到极大化发挥，从而产生前所未有的生产力。意识生产力已经开始创造奇迹，美术、音乐、写作、广告设计、软件开发等创意产业正在元宇宙中形成前所未有的数字原生洪流，并借助 NFT 技术实现确权、价值交易和价值获取。

当人的意识从人的肉身中脱离并得到强化后，人的力量才会真正显现出来。

黑格尔提出"人的本质是自我意识",这一直被唯物主义者批判为身心二元的唯心主义,但在元宇宙环境中这句话的合理性有待再次发现。麦克卢汉说媒介就是人的延伸,电子媒介延伸了人的中枢神经系统,元宇宙世界将会扩展这个观点。现在,人的意识不但会在元宇宙中无限延伸,而且会被复制无数份,产生规模化的意识,最终形成强大的意识生产力。

📄 生产力演进

生产力是人类在生产过程中把自然物改造成为适合自己需要的物质资料的力量。从现代智人出现以来,人类社会生产力一直在持续进步。尤瓦尔·赫拉利在《人类简史》一书中把农耕文明出现之前的生产力进步归结为认知革命,人类在掌握语言能力的基础上,打开了想象力之门,通过虚构故事形成前所未有的群体动员能力,促进了生产力的进步[71]。从1万多年前开始,人类进入农耕文明时期,生产力的核心是人力和畜力、手工工具和土地,水平相对低下,仅能满足自产自用。200多年前,随着蒸汽机的发明,人类进入工业文明时期,此时,除了人类劳动,蒸汽机、生产机器和工业生产资料开始成为核心生产力。工业文明经历了1.0、2.0、3.0和4.0四个阶段,能源从煤炭到电能,再到核能、风能、太阳能等多种新能源,机器能力不断提升,从单台机器到流水线,然后到自动化机器和流水线,再到智能工厂和智慧生产,生产力不断进步,生产成本不断降低,生产效率得到大幅度提升。在工业文明演进过程中,科学技术和数据的重要性凸显出来,并成为重要的生产力来源。

在元宇宙环境中,人的意识被充分挖掘出来,与数字化身叠加复用,将产生强大的生产力,成为元宇宙社会持续进步的重要力量。数据生产力强调大量数据中蕴藏的对生产和服务系统优化改进的价值,尽管意识本身也会在虚拟世界数据化,但意识是更根本的力量,它的核心是人类创造力。人类意识的强大之处在于其对不存在的事物的想象力,元宇宙将会促使人类的想象力发挥到极致,并由此带来生产力进步,其意义有点类似于人类早期的认知革命。

📄 意识物质化

哲学家丹尼尔·丹尼特指出，意识可能是人类最后尚存的谜团。很多哲学家都试图解释意识是什么：笛卡儿提出"我思故我在"，认为意识来源于自身和心灵的交互；黑格尔认为自我意识是在与他人的互动中形成的，即所谓他人规定自我；马克思认为意识是人脑的机能和属性，是物质世界在人脑中的主观印象，是自然界和人类社会长期发展的产物；丹尼尔·丹尼特认为意识是多重草稿相互竞争的结果，所谓多重草稿就是在大脑中存储和处于编辑修改状态的多个感官信息加工和编辑的处理结果，在不确定的时间，认知信息越来越多的情况下，获胜的草稿在无意识中被看见而成为意识，其他的草稿则消失了[88]。世界上每天都有大量脑科学家在研究人类意识的来源，相信这一谜题终有一天会得到完美的解释。基于人类意识的完美解释，人工智能技术也必然会得到突飞猛进的发展，强人工智能将有可能实现。

马克思主义哲学始终强调，人类意识是物质的产物，但不是物质本身。每个人的意识都是自由的，人类可以任意发挥意识的能动作用，意识具有强大的改造世界、创造世界的能力。简单来说，意识不是物质，但具有强大的创造力。在元宇宙环境下，人类意识本身的非物质性没有改变，但人类对意识的模拟仿真使其具有了物质性。人工智能技术对人的意识、语言、形象、行为进行分析、学习和模拟仿真，实现了人类化身在元宇宙虚拟世界的客观存在。在此过程中，人类的意识及其外在表现被数据化表示，并存储在数据库中，随时能够被调用和复用。数字技术和数字产物具有物质性[89]，当人的意识被人工智能技术模拟仿真时，事实上已经被数字物质化了。借助人工智能技术的中介，人类意识被部分仿真，实现数字物质化。进一步，数字物质化的人类意识能够被复制、复用，一个人的意识可以被复制无数次，并借助化身载体实现人的具身永在，意识创造力将能够被充分挖掘。

📄 意识生产力的效能

这里先讲一个案例。2022 年 8 月，美国科罗拉多州博览会举行了一场艺术比赛，最终一幅 AI 画作获得了一等奖。在作画过程中，创作者只需要在一个 AI 作画软件中输入提示词，就可以生成大量画作，剩下的工作就是挑选和修改。画作获得了评委的一致认可，显然超过了一般人的水平。主要争议在于，用 AI 作画是否抹杀了人类的创造力。我个人认为，其不但没有抹杀人类的创造力，而且毫无疑问是人类意识的胜利。其中，创作者在输入提示词时就加入了他的创造思维，挑选和修改过程同样是意识创造力发挥作用的过程。在这个案例中，创作者具体作画过程的体力劳动变得不重要了，而关于画的设想和对审美的判断对于最终画作是决定性的。简单来说，体力生产力退出，意识生产力进入艺术创作现场。我们把上述场景放到元宇宙虚拟世界当中，创作者换作人类的化身，作画的事务可以更换为广告设计、小说创作、音乐制作、软件开发等其他事务，类似的过程每天都在大规模发生。其核心是人类以化身为中介贡献了意识创造力，而人工智能代替了人类的体力劳动，意识生产力和技术生产力、数据生产力组合产生了巨大的创新效能，并且使生成效率提升和生产成本降低。

让意识生产力发挥作用，是元宇宙的应有之意，也是它区别于以往文明的地方。

3. 数字劳动

数字技术和数字平台发展迅猛，人们的工作难免与它们发生关联，并由此引发了关于数字劳动的广泛讨论。数字劳动是指以互联网数字平台为劳动场所的劳动，劳动者是数字平台的用户，劳动的结果是数字化内容，劳动的对象则是劳动者的情感、认知、经历等[90]。还有学者认为，数字劳动的本质是劳动者与数字生产要素相结合而进行的劳动，这些生产要素包括但不限于数字基础设施、互联网平台、数据、信息、智能算法等[91]，此说法更加宽泛。一些学者把数字劳动区分为广义和狭义：广义数字劳动包括传统经济领域中的数字劳动、互联网产业中的数字劳动、数字资本公司技术工人的数字劳动等有偿数字劳动，以及受众劳动、玩乐劳动等无偿数字劳动；狭义的数字劳动指以社交媒介或互联网领域内的内容生产劳动[92]。西方马克思主义研究者认为数字劳动意味着免费劳动、数字剥削、血汗工厂，是资本主义创新和剥削的新边界[93]，而另外一些研究者认为数字劳动意味着自由劳动、价值自我实现、价值共创、数字包容。元宇宙是现实世界和虚拟世界的深度融合，数字技术与数字平台将会无处不在，人们的工作和生活将很难脱离数字技术和数字平台进行，数字劳动将与每个人有关。

形态多样性

数字劳动有着复杂的形态，一些学者按照劳动对象的特征把数字劳动分为物质性劳动和非物质性劳动，按照是否有报酬分为无偿劳动和有偿劳动。其中，按照物质性分类数字劳动可能存在一些问题，数字技术和数字产物的物质性观点说明数字劳动同样是物质性劳动。数字劳动的具体表现形态可以细分为数字平台员工的数字劳动、数字平台用户的免费劳动、传播角度的受众劳动、玩和劳动边界混淆的新式劳动——"玩劳动"、以接受数字平台有偿众包工作为目的的零工经济劳动。数字平台员工的数字劳动属于知识型工作，好多方面与传统企业中的劳动没有根本性的区别。数字平台的免费劳动、玩劳动和零工经济是数字劳动研究的焦点，简要分析如下。

✧ 免费劳动

用户出于不同的原因（如好奇、娱乐、自我成就、沉迷、被动等）加入数字平台并自愿提交数据，这些数据可能只是一条评论、一张图片，或者是较长的创意文字、视频，又或者是参与一个小游戏、观看一段视频。这些数据会被数字平台管理者持续性收集起来，产生数据价值及其他衍生的附加价值（例如广告）。从表面上看用户没有物质投入，还实现了自我价值，但事实上用户投入了大量的劳动时间，因此可以看作是一种无报酬的数字劳动。按照马克思主义哲学的观点，免费劳动意味着剩余价值完全被平台方获取，用户是被剥削者[94]。在元宇宙空间中，免费数字劳动的场景十分复杂：人类化身处于虚拟世界中，其连续产生的数据构成了数字劳动产品；可视化场景降低了门槛，更多的用户会加入数字平台，数字劳动的基数会不断扩大；人的多重幻象提升了协作和交互的复杂性，这个过程会产生大量的数据，使人被动成为免费的数字劳动资源；元宇宙在强调自我创造和自我实现的同时，也打开了免费数字劳动的洪流，人们在其中乐此不疲，而数字平台将会获得更多的数字剩余价值。

✧ 玩劳动

玩劳动（Play-Labor）是 Scholz 提出的一个概念，以说明"玩"和劳动之间界限的消除。"玩"不仅涉及网络游戏，还包括社交网络中的活动，它不仅是人们消遣的方式，还是一种能够产生经济价值的劳动方式。网络游戏平台、社交网络平台都将是人类创造价值的场所，人们在其中边玩边劳动。很多研究者认为游戏平台将是元宇宙的入口，玩劳动将会在元宇宙环境下十分普遍，人们在游戏中连接世界、创造价值。以往的网络游戏往往需要参与者支付各种道具费用，同时要付出自己的劳动时间。一些研究者对网络游戏的剥削行为提出了严厉的批评，认为玩劳动不仅让人们沉迷其中，还花去大量的劳动时间，存在严重的经济剥削[94]。在元宇宙环境中，一种被称为"边玩边赚"（Play to Earn，P2E）的模式逐渐兴起，消解了玩劳动的剥削性。游戏参与者可以通过多种方式边玩游戏边赚钱，如通过分享玩游戏的解说视频获益，参加游戏竞赛获得奖金，获取 NFT 物品或数字代币奖励，并通过元宇宙经济系统实现价值变现[95]。P2E 改变了玩劳动的商业模式和具体表现形式，但并没有让每个游戏参与者都能从中获益（尤其是参与时间较短的游戏玩家），平台可以通过规则控制确保自身利益最大化。游戏平台以少量 P2E 受益者吸引更多的用户参与，进而大量的长尾劳动时间被集中收割实现价值变现，玩劳动的剥削性本质并没有改变。直播平台就是一个典型的观察玩劳动的场景：任何一个平台都往往只有少量的直播者能够脱颖而出成为获利者，大多数直播参与者贡献了自己的劳动时间，为平台提供了内容资源，但本身难以实现变现。

✧ 零工经济

在智能技术进步的背景下，社会生产力获得了极大提升，实体经济劳动力市场不断萎缩，大量失业者进入新兴的数字平台，成为零工经济参与者。所谓零工经济，就是在数字平台的支持下，人们以"打零工"的方式进行零散工作，并获取报酬。零工经济一般没有固定的工作岗位和薪酬，也没有固定的工作场所，人们一般在家中或户外工作[29]。零工经济工作者一般没有固定的工作单位，而是为任何单位和个人提供按需服务。

零工经济现在已经无处不在，不仅有与日常生活相关的零工，如送餐员、电商快递员、社群电商促销员、代驾员、快车司机等，也有与创意众包相关的零工，如在线艺术设计、广告策划、网站开发、知识服务、人工智能标注员等，以及与大型工业企业相关的研究项目外包。零工经济面临的巨大挑战不是数字平台的技术实现，也不是劳动者的工作协调，而是劳动者的社会保障（包括社会福利和社会保险）的责任承担问题[94]。零工经济劳动者通常认为数字平台是雇主，但数字平台则认为零工工作者自己是自己的老板，他们应该承担个人的社会保障。平台不承认自己是雇主，但却利用系统对零工工作者的工作时间、准时性和工作质量进行控制[96]，在数字平台数字泰勒主义的精确计算下，零工工作者往往需要付出高强度的劳动，比如延长每天的工作时间、周末持续加班，才能获取有限的报酬，而且工作过程中面临不少危险。数字零工的劳动保障问题是社会转型中迫切需要关注的问题，而零工的分散化和无组织，难以形成与数字平台对抗的合力，自身难以解决问题。如果劳动保障问题能够得到妥善解决，在新一轮社会革命浪潮下，数字零工无疑会是人类职业迁移的一个重要方向。除此之外，我们还应该看到零工经济对数字包容的促进，它能够帮助偏远地区的低学历人群、残疾人等获得难得的工作机会[97]。

元宇宙将会带来一些新变化，数字化身和机器人会代替人成为一部分零工的承担者，元宇宙经济系统通过 NFT、智能合约等技术确保可信实现零工经济价值分配和价值获取，这或许会减少人们对零工经济过渡剥削的担忧。

📑 数字泰勒主义

1911 年，弗雷德里克·温斯洛·泰勒开创性提出科学管理理论，结束了工业发展早期野蛮分工和企业主决定一切的时代，解除了管理缺乏对生产效率提升和生产规模扩张的制约，当时企业普遍面临的劳资对立问题也得到缓解，使管理上升为一门独立的学科，并由此拉开了现代管理的序幕。科学管理的目的是实现工人工资增长与企业利润增长方向一致，减少工人"磨洋工"，达成劳资双方共同满意，促进生产效率增长。在具体操作层面，泰勒总结了一些具体的管理办法：对以前长期存在于工人头脑中的知识进行有效的归纳；致力于时间动作研究，制定合适的日工作量；挑选和培训一流的工人；工作标准化；使工人与管理者友好合作；实行计件工资制和职能工长制等。泰勒的科学管理理论提出后，在当时取得了显著的效果。但科学管理也存在一些问题，隐藏假设人是被管理的对象，因此人和机器一样被制度化，成为工业生产中的"螺丝钉"。在科学管理理论提出之后的 100 多年中，人力资源、需求层次论、Y 理论、精益管理、扁平化组织等被提出，管理学思想日益成熟，以人为本、分权协作和分利协同已经成为当前企业管理的共识。同时，随着工厂自动化、数字化、智能化程度的不断提升，体力劳动者逐步退出生产现场，泰勒管理思想的局限性日益显现。

现在出现一个非常有趣的现象：一方面，企业内部管理领域基本上摒弃了泰勒的管理学思想；另一方面，在数字劳动环境中，泰勒的管理思想再次出现，形成了数字泰勒主义（泰勒科学管理思想在数字环境中的应用），其中零工经济是数字泰勒主义的"重灾区"。

在元宇宙环境下，基于物联网、互联网的感知技术、大数据技术和人工智能算法将会渗透到各个细微环节中，每个人都处在全方位监控之下。一个互联网数字平台内部管理可能极度人性化，充分考虑每位员工的工作舒适度，力图促进个体创造力的发挥。但对用户而言，网络中的每个行为可能都被监测并被算法掌控，甚至未来的行为也会被算法精确预测。在此基础上，算法能够精确计量每个人的劳动时间、劳动成果和劳动质量，并设计出极有利于自身的算法。就如同泰勒管理所强调的一样，每个人的时间动作被充分分析、工作量被精确计算和预测、监控和算法协同规范和标准化人类工作、薪酬多少通过计件的方式精确计算。如果说二者有所不同，就是泰勒时代这些工作由专职管理人员完成，而数字环境的泰勒式管理完全被没有意识和情感的算法程序所掌控。泰勒时代工人是流水线和工厂的"螺丝钉"，而现在零工工作者是数字化社会工厂的"螺丝钉"，掌控他们价值创造和实现过程的是冷血的算法。如果你仍然不知道数字泰勒主义在哪里，那么很简单，你只要与任何一名电商快递员、送餐员、在线服务者、创意工作者、人工智能标注员等零工经济工作者聊一聊他们的工作和生活状态，就能感受到数字泰勒主义的存在。除了榨取零工工作者更多的剩余价值，数字泰勒主义还会产生其他的危害，算法长期把大量的零工工作者限制在初级的工作当中，长此以往会降低人类的平均认知水平，阻碍社会进步。一些研究者指出，数字泰勒主义无处不在，不仅被应用于无须创意的重复工作，还会被应用于需要创造力的工作场景中，导致工作者疲惫和士气低落。

关于数字泰勒主义，我并不认为是一小部分人（如平台管理者）的刻意为之，而是感知、大数据和人工智能等数字技术融合应用的自然效果，这种自然效果被需求驱动而产生积极或消极的作用。当这种作用针对工厂和生产机器时，人们会感知到生产过程的优化、生产成本的降低和生产效率的提升，而同样的作用针对人类时，产生的效果就是数字泰勒主义。换句话说，数字技术本来就拥有实践数字泰勒主义的能力，人们只是凑巧发现和利用了这一能力。不管人们是不是利用这种能力，它都是一直存在的。

📄 元宇宙劳动

元宇宙劳动当然也是数字劳动，它延续已有数字劳动的一切形式和特征，数字泰勒主义可能也会渗透其中。但与以往相比，还会有大量不同。

在前文中，本书提出元宇宙世界由现实世界、生活日志/社会记录、增强现实/增强虚拟、镜像世界/数字孪生、虚拟现实/数字原生构成，人类只有重新分工才能有效地适应环境的变化。新的分工意味着新工作的诞生，以及传统工作的消亡。例如，人工智能技术的快速发展带来了新工种——数据标注员，大数据的应用催生了新工种——大数据分析师。元宇宙建设必然会产生大量的新工作，如虚拟世界建筑师、虚拟世界房屋装修者、3D 建模工程师、数字艺术工作者、NFT 设计师等，这些新工作将会吸引大量的数字劳动者。尤其在元宇宙的数字原生空间，将会创造出大量前所未有的工作。

元宇宙是虚实融合的，在其虚拟空间是三维可视化的，这将会降低参与门槛，任何会看图像的人都可以参与进来。同时，元宇宙空间存在大量的 NPC，其能够担任培训老师，快速教会新加入者。此外，沉浸式数字孪生场景能够给参与者带来直接感受，学习的效率更高。从理论上讲，元宇宙的参与者可以是地球上的所有人，参与数字劳动的人口数量将会十分庞大。

在元宇宙中免费劳动可能会不断减少，而玩劳动和零工经济劳动将会增加。元宇宙中以区块链和 NFT 为基础的经济系统为个人产物的确权、流通和交易提供了保障，人们的知识产权保护意识也在不断增强，个人的创意产品成为一种数字资产，不能被盗用，而且具有交换价值和使用价值，故不能被视作一种免费劳动。元宇宙先天与游戏紧密结合在一起，不仅炫酷的场景提供了全新的可能，人们可以在游戏中把现实和想象融合在一起，抹平游戏和各个行业的界限，玩劳动具有快速增长的前景，人们也能够从工业文明带来的僵化束缚中释放出来，恢复自然天性。想想远古的原始社会，人们可以边玩边采果子，不就是现在所说的 P2E 吗？元宇宙空间的各个产业必然是智能的，也是共享的，实体产业只需要很少的人，大多数人将是零工工作者，按照工作需求在线工作。零工工作的种类将会进一步增多，比如工厂远程管理者、产品设计师、虚拟空间促销员等。

元宇宙的劳动协作将会是空前复杂的，不仅包括真实人类之间的协作，还包括化身、NPC 与真实人类的协作。另外，劳动协作并不局限于现实世界，还包括不同层次虚拟世界的协作。协作节点和协作行为的增加会促使节点网络的整体价值增加，从而社会整体生产力必然会大幅度提升[98]。

另外，数字泰勒主义将会弥漫在元宇宙当中，一切事物将会被监控和加速。

4. 数字资本及其主义

元宇宙世界归根结底是现实世界的数据化，以及数据化的虚拟世界对现实世界的映射和控制，数据是元宇宙存在的根本。可以说，谁掌握了数据，谁就掌握了元宇宙。为了避免元宇宙数据被中心化平台所掌控，研究者往往强调去中心化设计和数据的分布式存储，以对抗此前的超级平台权力。这是一种技术乌托邦的设想，从技术上看是可行的，但在现实中可能不会实现。数字资本及其背后的数字资本主义可能是阻挡技术乌托邦实现其蓝图的根本性力量，对它理解得越深刻，就越能够客观把握元宇宙的方向。

📑 数字资本主义

美国信息政治经济学专家丹·席勒在 1999 年首次提出数字资本主义的概念，并认为它是资本主义 500 年发展的新阶段，是数字时代的资本主义[99]。20 多年后，数字资本主义又有了新内涵，数据成为重要的数字资本。

现在经常说数据是生产要素，其本质是说我们每个人的数据是数字资本家进行数字生产的要素，而不是我们每个人都成为数字资本家。数字技术不断发展，赋能能力不断增强，与人类生活、工作和娱乐紧密融合在一起，产生的大量数据成为像能源、原材料一样重要的生产要素，能够投入再生产活动中产生价值增值。数据要素被商品化和市场化，进而衍生出一种全新的资本形态——数字资本。尽管数据本身来源于分散的个人，但被加工处理过的数据要素一旦生产出来就被数字资本家掌握在手中，并被转化为一种数字资本权力，这种权力渗透到生产、分配、交换和消费等各个领域，变成获取剩余价值的武器。任何数字劳动都需要数据，而数据要素被数字资本家掌控，最终数字劳动能力和成果就会被数字资本家占有和支配。简单来说，数字资本主义就是资本主义在数字时代的新形态，数字资本家通过更加隐秘的方式控制数字资本来实现剩余价值榨取和社会控制。数字资本主义建构了数字时代的以数据为核心的新型生产关系[100]，在可见的未来，全世界多数人都难以摆脱这种关系。

在一个数字平台当中，数据是平台用户产生的，而平台用户又最终被自己生产的数据所控制，表面上看是这样的。本质上则是数字平台以为用户提供更多价值为借口，通过一个数据加工处理过程来遮蔽，进而夺取数据的所有权，反过来实现对用户的控制。用户当然有权不把自己的数据开放给数字平台，但我们经常遇到的现实是不开放数据就不能获取服务，要想获取服务就必须开放自己的数据。在这个过程中，用户其实是被数字平台要挟和欺骗了。西方马克思主义研究者认为，数字资本主义通过压榨数字劳动获取巨额剩余价值。再加上数字平台往往具有巨大的用户存量，每个人的数字剩余价值贡献累加起来就是巨大的财富。数字巨头能够比传统企业更快做大规模，数字资本主义在其中发挥着巨大作用，做大规模的快速性本身也反映出新式资本主义对传统工业资本主义的胜利。

马克思说"资本来到世间，从头到脚，每个毛孔都滴着血和肮脏的东西"，数字资本也不例外。不过，数字资本主义以更加柔和、隐蔽的方式实现其目的，并由此催生了礼物经济、玩经济等多种新经济形态。

📄 礼物经济与玩经济

礼物经济是一种典型的数字资本原始积累方式，送礼物也是大众十分常见的数字平台招揽用户的方式。礼物通常有很多种，如免费话费、免费数字礼物、提供独特的娱乐价值、直接商品折扣、提供更多附加值等，但目的只有一个，就是让用户加入数字平台并大量分享数据。这些数据被资本化之后，数字平台获得的价值不仅远远超过礼物本身，甚至超过平台自身销售商品或服务的总价值。一些研究者认为，数字平台服务商赠送礼物的做法不仅是"市场出现的催化剂"，也是创造利润和经济秩序的关键[101]。数字资本家在大量赠送用户礼物的同时，心中实际考虑的是利润。礼物经济是表面的壳，本质是数字资本主义对免费数字劳动的剥削。

与玩劳动相关的经济活动就是玩经济，最新的发展是 P2E 模式的流行。人们在玩中享受快乐，获得金钱，而数字平台获得数据资本，并创造出更高的价值。游戏平台正在抢占元宇宙时代的入口，游戏将会与各个实体产业融合，玩劳动可能会成为人们的一种主要工作形态，玩经济则可能会成为元宇宙中一种主要的经济形态。当然，是否会如此，还有待时间验证。

📄 数字无政府

数字无政府是反对数字资本主义的一个极端，既要逃避数字平台的超级权力和数据垄断，也要逃避现实政府的监管，认为自由至上，数字技术环境下自动会形成社会秩序。比特币就是一个典型的数字无政府的产物，通过海量分布式节点创造出数字货币，然后通过大众共识来确定数字货币的价值和所有权。比特币没有获得地球上大多数国家政府的法定货币认可，也没有对应的稳定币值的实物，因此它的兑换价格频繁大幅度波动非常容易理解。数字无政府的产物并不仅涉及游戏和玩具，还会对现实社会的货币市场产生巨大的负面影响，冲击金融市场的稳定性，影响多数人的福祉，因而必然会受到现实政府的打击。中国政府就严格禁止比特币相关业务活动，并将其性质明确为非法金融活动。

一些专家认为无中心是元宇宙的核心特征，但我认为这不过是一种无法实现的梦想。一方面，这些所谓的无中心数字平台本身就是一个中心，尽管用户的数字资产受到严格保护，交易也得到可信保障，但参与者的数字劳动性质并没有改变，数字平台同样能够从中获得剩余价值，只不过更加隐秘。另一方面，数字平台如果无利可图，就无法维持自身的生存，无中心数字平台也就会不存在。可以说，只要数字平台存在，就必然是有中心的。对无中心的宣扬，实际上是一种数字无政府的信念，如果真的实现了，每个参与者与数字平台就能够逃避现实世界政府的监管。很显然，现实世界的政府不会让那些不受控的行为发生，以保护大多数人的利益。总之，用数字技术包装的数字无政府主义不仅不会战胜数字资本主义，也不会有任何发展前景。

数字社会主义

数字资本本身没有任何意识形态或其他偏向问题，但掌握在谁的手中是一个关键问题。数字资本被数字资本家掌握会导致数字资本主义生产关系，而它被大众掌握会创造出数字社会主义生产关系[102]。在数字无政府不可行的情况，元宇宙中要避免数字资本主义的压榨和剥削，就必须改变核心生产要素（数据）被私人占有的现状，实现数据资源的社会共同拥有、共同治理、共同使用，即用数字社会主义（以大众掌握数字资本为基础构建新型生产关系）来代替数字资本主义，促进大众共同数字富裕，解除资本主义的束缚。元宇宙为探索数字社会主义提供了广阔的舞台，未来一切皆有可能。

5. 公共服务

如果不考虑生产力、生产关系和利益分配等棘手问题，元宇宙将会积极正向地改变整个社会公共服务的面貌，人们的生活方式也会随之发生巨大的改变。教育培训、医疗服务和政府服务可能是元宇宙冲击最大的三个公共服务领域。

📋 元宇宙教育培训

在快节奏的现代社会，知识创新不断加速，终身学习伴随着我们每个人。参加教育培训是大众获取知识的主要途径，它的有效性直接决定了大多数人能否做到紧跟时代步伐。元宇宙为提升教育培训的效率提供了先进的技术条件、沉浸场景和想象力空间。

传统教育培训的弊端是显而易见的，包括物理空间限制了参与者的数量，文字和语言传授效率低下，过于严肃的场所降低了学习者的热情，教师资源成为瓶颈；学习者的互动不足，课后学习缺乏动力，缺乏实际操作体验等。近年来，国内外在大力发展互联网在线教育，在云端能够找到大量公开课程，投资和参与慕课（Massive Open Online Course，MOOC，即大规模在线开放课程）成为一种时尚。以平面 2D 图文和视频为主要内容的教育培训也存在大量问题，一些学者将其概括为几个方面：只能产生非常有限的自我感知；缺乏在场体验，注意力分散；互动方式受到限制，课程缺乏趣味性，学习者往往被动参与到课程中，而不是主动学习；师生之间情感传递不足，学习效率低下[50]。

事实上，增强现实和虚拟现实技术长期应用在各领域的教育培训活动中，如零售、消防、航空、治安、军事、石油和天然气、化工、旅游、观光、游戏、体育等领域。在元宇宙中，教育培训将不仅涉及增强现实和虚拟现实技术的应用，还会发生多方面的改变，并由此带来学习效率提升。元宇宙教育培训带来的改变主要表现为以下五个方面。

◇ 3D 沉浸式学习环境

元宇宙中基于 3D 模型的增强现实和虚拟实现场景提供了沉浸式环境，学习者在其中获得沉浸现场的学习体验，注意力能够集中，教学互动将会增强。同时，3D 模型具有强大的直观解释力和展示力，能够把复杂的理论和概念简单化表示，降低学习难度，提高学习效率[103]。教师和学习者还可以针对高保真的 3D 模型进行互动，激发学习热情。另外，3D 模型还可以模拟仿真现实中存在的危险场景、现实中代价较高的学习、现实中难以实施或不方便实施的任务，使学习者能够低成本、低风险地学习，把握危险性、可能的损害及其后果，获得现实中难以获得的体验。这样的场景非常多，如消防演练、士兵排雷训练、驾驶飞机、手术操作、古代生物生存状态重建、商业策略演练等。

◇ 孪生化身参与到学习场景

人的孪生化身能够与真实人体感知器官通过泛在网络连接起来，让参与者获得直接的感受，从而提升学习效能。一个典型的研究案例可以说明化身进入学习场景的重要性：美国空军将领借助元宇宙平台，通过化身远程加入指挥室和远程训练设施，并借助人工智能技术，在虚拟场景中感受现实世界的运动和互动，进而实现更有效的指挥训练[104]。

◇ NPC 的加入使教育培训更加丰富多彩

NPC 实际上是弱人工智能程序，在教育培训中可以完成特定的任务。NPC 可以担任教师角色，给学习者提供相对成熟和固定的课程，在人类教师不在现场时代替人类教师回答问题和提供咨询服务。NPC 也可以担任学习者的陪伴学员，在教师授课时担任教师助手，再在课后担任同学角色，与学习者共同讨论问题[105]。NPC 还可能承担其他的角色，比如在体育运动中担任观众、裁判等角色，在战争指挥学习中担任士兵、平民等角色。NPC 的加入使元宇宙教育培训活动更加丰富多彩，学习者也能够获得更加接近真实的学习体验。

✧ **教育培训与游戏融合**

在元宇宙中，教育培训场景和过程可以完全设计为游戏场景和游戏过程，把课程学习活动转变为一场大型游戏。同时，整个游戏过程能够支持开放创新，学习者可以通过自己建模来增加学习内容，也可以将学习内容分享给其他学习者，形成良性、健康的学习氛围。

✧ **智能分析能力与闭环教育**

元宇宙智能系统可以不间断地记录学习者的数据，并对数据进行分析，对学习质量进行持续评估，并不断优化教育培训内容和流程。元宇宙智能系统还能够对每个学习者的个人特质进行分析，并有针对性地设计个性化的教育培训服务，或者提出有价值的学习建议[105]。

📑 元宇宙医学

元宇宙在医学服务领域有着非常广阔的应用前景，将促使医学服务领域取得重大进步。2022 年 5 月，以中国医学专家为主要成员的跨国专家小组在其发表的论文中归纳了元宇宙在医学服务领域的应用场景，涵盖临床和非临床领域，包括研究、计算机软件开发、咨询、科普、教育培训、临床研究、医学保健、身体检查、自我保健和老年护理、疾病的诊断和治疗、药物和器械治疗、手术治疗、医院管理、药学、医学质量控制、疾病预防、保险、会议 18 个细分场景[106]。这些专家在论文中指出，建立医学元宇宙条件已经成熟，元宇宙完美应用于所有这些场景只是时间问题。下面列举一些文献中提及的较为成熟的元宇宙医学应用。

✧ **可穿戴诊疗设备和人类化身的结合**

可穿戴诊疗设备能够实时监测人体的健康数据，通过传感器和物联网收集和传输这些数据，并且同步到虚拟世界的人类化身。可穿戴诊疗设备能够采集大量的数据，如血压、代谢、运动、精神健康、心率、脉搏、皮肤温度、呼吸频率等。借助人工智能技术能够实时评估人类的各项健康数据，并结合病史数据传输给医生。在患者出现实际生病的症状时，医生就能够对患者的情况进行预先审查，以形成更全面的判断。患者也能够借助人体化身及时了解自身的实时健康状态，有助于及早发现病情，也能够在真正患病时了解身体各项参数的变化，建立康复的信心。

✧ 护士和医生的化身服务

在远程医疗情况下，患者可以向护士和医生的化身咨询病情与用药情况。护士和医生的化身能够实时获取患者的身体健康数据，从而为患者提供更加具有针对性的服务。另外，在病情康复阶段，护士和医生的化身可以借助 3D 模型提供远程培训和指导，帮助患者快速康复。

✧ 高效、快速的医学培训

基于医学元宇宙的虚拟 3D 模型，医务人员能够更加高效、快速地完成培训。缺乏手术经验的医生可以在线进行虚拟手术，积累经验[103]。在医学手术现场培训中，实习医生可以通过 XR 技术全方位观察患者的情况，并直观感受医学手术的操作细节，从而能够更快地掌握相关技术。元宇宙中的医学培训也可以与游戏相结合，增加其趣味性，提高培训效率[107]。一个典型的例子是通过 3D 建模和虚拟现实技术给学生进行吸烟危害身体健康的培训，让学生沉浸到肺部逐渐病变环境中，产生强烈的心理冲击，进而在生活中主动排斥吸烟[108]。

✧ 健康数据记录和管理

在新冠疫情期间，人们的疫苗注射数据和核酸检测数据得到全面记录，这些数据进一步与政府服务、医疗、教育、工作、购物等现实场景关联在一起，形成一个庞大的疫情防控网络，降低了疫情传播的风险。如果有局部疫情发生，这一系统能够发挥巨大的作用，有效地防止疫情进一步扩散。

◇ **癌症病人康复护理**

癌症是人类尚未攻克的顽疾，死亡率一直居高不下。很多人谈癌色变，不少病人认为只要得了癌症自己就很难存活，进而产生消极的心理。而消极心理的产生会阻碍病人的康复。一些研究证实，把元宇宙的虚拟现实场景应用到癌症病人的认知康复中，会取得正向积极的结果。癌症病人还可以在虚拟环境中随时向远程医生咨询，及时掌握康复状态，缓解对病情的焦虑。另外，人体的 3D 图像在癌症护理教育方面也能够发挥积极作用。毕马威发布的报告指出，元宇宙具有非常强大的潜能来改变癌症护理，并在癌症预防、治疗等方面发挥作用[109]。

◇ **心理康复治疗**

在数字时代，生活节奏不断加快，社会环境也发生了巨大改变，患有心理疾病的人口规模也越来越大。研究表明，元宇宙的虚拟现实环境能够改变心理问题，对治疗心理疾病具有积极作用。例如，一个研究者基于移动 VR 平台创建了一个行为疗法虚拟世界，能够向患有心理疾病的个人传授社交、行为、交流和生活等技能，促进他们心理康复，结果是积极正向的[110]。

◇ **元宇宙医学范式**

随着元宇宙医学的成熟，完全可以想象出一个未来场景。人们将在元宇宙虚拟世界看到大量基于 3D 建模的虚拟医院和虚拟医生，这些医生可能在现实中处于不同的实体医院，虚拟医院的医疗设备资源在现实中分布在不同地方的不同医院中，虚拟资源与现实资源一一映射，并构成数字孪生系统。病人的化身可以进入虚拟医院，找自己认可的医生（现实医生的化身）看病，病人的化身附带所有历史医疗数据、实时健康数据、联网的检测报告，现实医生的化身根据病人所授权的数据诊断病情，并提供治疗方案和药方。病人在线购买各种药物，线下服务机器人会把药物送到病人家中。在病人康复过程中，可穿戴医疗设备监测的身体健康数据会实时传送给虚拟化身，并授权给医生、护士和服务机器人，相关人员针对病情进展提供个性化专业建议，直到病人康复。另外，人们也可以基于医学资源，在虚拟世界中构建完全数字原生的游戏化医院，在游戏中获取医学教育服务，或者具身沉浸体验当医生的感觉，从医生视角理解医学服务。总之，一个全新的元宇宙医学世界正在打开，一个全新的人类医学范式正在形成。

元宇宙政务

元宇宙政务是在政务信息化、政务数字化、政务智能化等发展阶段不断迭代升级的基础上构建的新一代政务服务蓝图。政务信息化主要强调计算机利用、系统云化、无纸化办公和政务服务上网；政务数字化主要强调政务数据资源集中利用、政务大数据分析、政务服务云化和移动化；政务智能化主要强调人工智能的应用、政务决策和治理智能化、人机协同服务、个性化精准政务服务等。元宇宙政务是政务智能化的升级演化，是智能化、可视化、具身沉浸化、虚实融合化、数字原生化等技术特征的聚合，目的是为大众提供高保真、高精度、高效率、高质量、高体验的政务服务。下面从五个方面简要分析元宇宙政务带来的变化。

✧ 3D 沉浸式政务服务大厅

在现实世界中，人们在需要线下政务服务时（如办理房屋买卖手续等）通常会去政务服务大厅，一些不太复杂的事务也可以在线办理。如果一个人对政策不太了解，或者不了解具体的政务服务程序，那么往往难以自己应对，政务服务大厅的工作人员则通常能够快速解决问题。显然，丰富的环境资源及与专业服务者的交流沟通是解决问题的关键。但人们在现实世界去服务大厅要花费大量的时间和较高的交通成本，整体效率比较低。元宇宙提供了解决问题的全新可能性，做法就是在虚拟空间构建政务服务大厅的数字孪生体，人们在其中能够获得全真的沉浸式体验，也能够与政务工作者的化身进行实时交流沟通，从而高效解决问题。尽管在线的 3D 虚拟政务服务大厅是现实世界的镜像，但不必与现实场景一模一样，而是从功能上统一化，在场景上实现更多的创新。比如，为了方便大众，在某城市每个区都有一个税务服务大厅，但在虚拟空间不需要如此，只需要一个虚拟税务服务大厅即可，大众能在其中便捷地办理业务就行。更进一步，在虚拟空间能够将各个政府部门的服务大厅合并为一个统一的虚拟政务服务大厅，以方便大众查找服务。从这一点可以看出，现实世界和虚拟世界有不同的逻辑，现实世界在虚拟世界的镜像并不需要与现实场景完全相同。

✧ 数字化身融入政务服务

在元宇宙的虚拟空间中，每个现实的人都可以由一个化身来实现自身的具身参与。元宇宙政务服务场景中也必然存在大量的基于智能技术的数字化身，既有政府工作人员的数字化身，也有寻求政务服务大众的化身。从政府工作人员的角度，数字化身能够代替人类实现每周 7 天的全天候工作，而且具有更强大的记忆能力和存储能力，能够助力快速协调工作、高效完成服务。从大众的角度，数字化身能够在不占用人类时间的情况下自主申请政务服务，自主获取服务内容，并及时传递给数字化身的控制者。当然，除了人类的数字化身，元宇宙政务的虚拟空间还会存在大量智能程序驱动的 NPC，它们为政府工作人员和大众提供咨询、引导、培训、信息发布、政策解读、形象代言等服务。

✧ 数字原生政务服务

元宇宙的虚拟现实空间是一个数字原生产物的集中爆发地，人们可以在其中充分展现想象力和创造力，利用数字技术创造出现实世界中没有的事物，如数字艺术、数字音乐、数字藏品、数字地产等。数字原生事物爆发式增长，并不断被商品化，而且在数字空间流转和价值变现，由此产生大量数字原生经济活动。元宇宙空间的数字原生事物和数字原生经济活动的增加，反过来会影响数字政务服务的内容，也必然会催生数字原生的政务服务。传统的政务服务主要面向现实世界，尽管也经历了从信息化、数字化到智能化的演变且在不断进步，但思维一直局限于现实世界。如何为数字原生事物的创造和数字原生经济活动提供服务，是元宇宙政务发展中必须面对的问题，比如数字原生商品交易的税务服务、数字原生交易中纠纷的调解、数字原生世界的创业认定、数字原生创造的政务数据支持等。元宇宙政务不是政务服务的元宇宙化，而是对已有政务服务的超越，数字原生政务服务就是超越传统政务服务的核心构成部分。

◇　**政务服务游戏化**

以往的政务服务给大众的印象往往是冷冰冰的，或者是非常严肃的，一切都是公事公办。政务服务非常有力度，但往往缺乏温度和热情。元宇宙提供了政务服务和游戏融合共进的机遇，元宇宙政务服务可以融入游戏场景，大众在快乐中获取想要的服务。比如，以往的政策解读往往是一段充满专业词汇的文字，如果没有亲身参与相关事务往往难以理解，在元宇宙环境中则不同，可以把政策内容设计为 3D 可视化的虚拟现实游戏，人们在与游戏场景的沉浸式互动中更准确地把握政策要点。其实，每项政务服务都可以通过 3D 游戏化的设计让其充满温度，从而提高大众对政府工作的支持度和满意度。

◇　**更精准的闭环政务服务**

与元宇宙教育、元宇宙医学等领域相似，元宇宙政务中人工智能应用将会普遍存在。无论是政务服务工作人员的行为，还是寻求服务大众的行为，元宇宙将会记录所有的数据，并进行全方位的数据分析，其结果将会促使政务服务内容和过程不断优化，从而为大众提供更精准的政务服务。在政务服务完成后，智能技术可以进一步跟踪政务服务的数据，不断评估政策和政务服务的效果，根据效果数据来提升政务服务的质量，形成闭环政务服务。精准的闭环政务服务体系，以及 3D 沉浸式政务服务场景、数字化身融入政务服务、数字原生政务服务、政务服务游戏化等，构成了元宇宙政务范式的基本结构。

6. 城市与国家

城市与文明关联紧密，不同的文明有着不同样貌的城市，不同样貌的城市承载不同的功能。农耕文明的城市是城堡、贵族、商人、手工业者的聚集之地。工业文明带来了全新的城市，新城市聚集着工厂、繁忙的货运、熙熙攘攘的来自世界各地的人群，还有污染和垃圾。关于工业文明早期的城市，《钢铁、蒸汽与资本：

工业革命的起源》一书中写道："对于城市的肮脏、拥挤和贫穷的记录可谓汗牛充栋。"随着工业财富的积累、技术的改善，到 19 世纪中期城市面貌就已经发生了巨大的变化，道路拓宽了，房屋更加宽敞了，工厂安装了通风设备，供水量和水的质量也提高了。到电力和石油革命之后，工业不再使用煤炭能源和蒸汽机，城市变得干净、整洁了，电灯让城市的夜晚明亮起来，但城市开始有汽车、空调等引起的噪声了，直观的污染减少了，隐藏的污染开始增多。到了工业 4.0 时代，人们普遍生活在干净、整洁的城市，工厂陆续从人口众多的城市撤出，城市污染源不断减少，人类变得更加富裕和文明，城市夜生活也变得更加五彩斑斓。同时，城市变得更加智能了，共享汽车和共享单车很多，智能交通让道路不再拥挤，生活缴费在手机上就可以自助完成，安全监控随时保护人们的安全，众多外卖服务员奔跑在大街小巷，宅生活成为一种常态。城市像生命一样，在人类上万年文明中不断演化成长。从现在开始，城市不断向虚拟世界延伸，现实城市被数字信息和 3D 模型增强，数字孪生城市在不断成长，充满想象力的虚拟城市也在虚拟空间野蛮生长。元宇宙城市是元宇宙文明的重要载体，在其中生活的不仅有现实人类，还有数量可以无限的虚拟数字人，以及具有行动能力、能与人互动的机器人。城市建造材料不再仅仅是线下的砂石、钢铁、水泥和砖瓦，还有数字编码构造的虚拟建筑材料。城市经济活动不仅有线下的实体经济，还有虚实融合的孪生经济，以及存在于虚拟世界的数字原生经济。

有了土地、空间、城市、人口、文化，再加上政府，就构成了国家。人类文明演化 1 万多年来，历史上先后出现了大量不同的国家。在文明演替和频繁的国家纷争中，很多过去存在的国家消失了，最终变成了现在的样子。截至 2022 年 12 月，国际上普遍承认的国家有 197 个，还有 36 个没有主权国家地位但相对独立的地区。元宇宙的虚拟空间延展了现实世界，地球和宇宙都可以在其中任意扩展，一些技术乌托邦者宣称要在其中建立新的元宇宙国家，还有现实中的主权国家宣称要在元宇宙中建造数字孪生国家。未来，应该如何面对这些新兴的元宇宙国家，以及如何与它们打交道，可能是人类面临的新问题。人类的独特之处在于具有自由的意识和想象力，或许人类只有打开想象力魔盒，才能找到妥善应对元宇宙国家的方法。

📄 元宇宙城市

元宇宙城市既包括现实中人们生存的城市，也包括被精细化数据记录的城市，还包括数据附着在现实城市之上的增强现实城市、数字孪生城市，以及可以无限延伸、任意想象的虚拟城市。现实中的人可能无法选择城市的样貌，而虚拟世界为人们任意编辑和改造城市、建成理想城市提供了可能。

✧ 城市设计和建造

从现实城市角度来看，城市设计和建造可以通过元宇宙实现智慧设计与智慧建造，让城市设计和建造更加有效、低成本和高效率。传统的城市设计和建造往往缺乏整体观念，城市是依靠经济的自然张力发展起来的，城市发展通常与具体采用什么样的设计和建造技术无关。现在，虚拟现实空间提供了城市设计和建造的舞台。设计师和建筑师可以在其中利用游戏引擎设计和创造出充满想象力的城市模型，还可以把大量的虚拟数字人放在其中生活和工作，进行完全镜像现实和超越现实的模拟，提前验证与分析城市设计和建造的合理性，不断优化与改进设计构想和建造方法，确保城市设计和建造更加合理。

元宇宙在城市建造过程中将会与建筑工业化、模块化、产品化模式相结合，并融合利用各种建筑机器人、智能建筑装备，实现虚实融合智慧建造。同时，现实建造过程与元宇宙模型实时数据同步，监测与跟进建造过程，确保建造过程安全、精准、可控。另外，还可以为现场工作人员实时提供基于增强现实和虚拟现实的建造咨询和培训，提高建造过程的质量。元宇宙让城市建造过程更加智慧、安全、精准、可控，城市整体建造质量将会大幅度提升。

✧ 数字孪生城市

在元宇宙设计和建造城市模型的基础上，在现实中的城市元素建造完成后，人们可以基于数字闭环的信息物理融合，建立现实城市和虚拟城市的数字孪生系统，在元宇宙实时记录城市的运行状态，分析和预测可能遇到的风险，及时优化和改进城市元素，比如调整供电供水和天然气输送线路、优化公共交通路线等。

人们也能够基于数字孪生城市获得更便捷的虚实融合服务。需要特别区分一下数字孪生城市和元宇宙城市：数字孪生城市只是元宇宙城市中的一个典型应用场景，而元宇宙城市是人类生活在其中的多层次整体空间。

◇ **元宇宙城市概述**

元宇宙城市将会超越人们对城市的常规理解，现实城市空间会在虚拟世界进一步放大，不仅涉及广度，还涉及深度。人类的数字化身和 NPC 将会生活在其中，城市也会增加更多的智能服务功能（现实增强、虚拟增强、虚实融合、虚拟现实等场景都可能孕育出全新的智能服务），数字原生的艺术、文化和经济系统将会给元宇宙城市带来新的繁荣，虚拟城市管理和政府服务也会与以往不同，人们可以获得前所未有的生活体验。元宇宙城市示意图如图 4-2 所示。

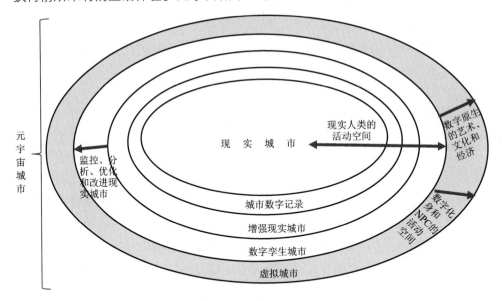

图 4-2　元宇宙城市示意图

总之，元宇宙城市不是现实城市数字化或现实增强，也不是现实城市的镜像，而是包括现实空间、数字记录空间、现实增强空间、虚拟现实空间等多层次空间，并且具有全新的人口结构、艺术、文化和经济等。

📄 元宇宙数字主权

数字主权不是一个新问题，而是一个很早就提出的，但难以从根本上解决的问题。"数字主权"即虚拟世界的国家主权，体现国家在控制数据权中的地位和作用。由于互联网的去中心性和数据的自由流动性，人们往往认为数字经济是没有国家主权概念的，可以跨越不同的国家自由发展。但随着数据成为重要的生产要素和数字资本，逐渐触及国家的安全利益，"数字主权"问题开始显现出来。基于数字技术和数字经济优势，美国强调"谁拥有数据谁就拥有数据控制权"，允许政府跨境调取数据，试图建立对数据的跨国管辖，进而刺激了其他国家对"数字主权"的关注。2019 年 11 月，德国领导人默克尔提出欧盟要追求"数字主权"和"数据库的控制权"，强调对欧盟相关国家利益的保护。日本等国家尽管没有正式提出"数字主权"的概念，但通过数据保护或数据本地化政策，实质上也在构筑一定程度上的"数字主权"。

在元宇宙环境中，虚拟世界与实体世界融合得十分紧密，一切物质都将被深层次数据化。已有的问题并没有解决，而数据与国家利益和国家安全联系得更加紧密，"数字主权"变得更加重要。伴随"数字主权"的强化，必然会在虚拟世界强行划分国界，进而对元宇宙的发展前景产生重大影响。元宇宙平台获取的数据能不能跨越现实国界存放、如何保护主权国家的数据安全和隐私安全、数据收益如何在不同国家间分配、一国的虚拟空间对他国人口在什么情况下可见等问题，有待进一步明确。

📄 元宇宙国家

元宇宙的虚拟空间是承载人类想象力的地方，人们可以任意涂画，让这块地方成为自己心中的样子。2022 年年初，英国的扎哈·哈迪德建筑事务所宣称在虚拟空间建立了一个名为"利伯兰元宇宙"的国家，有着大片虚拟国土、城市、大量虚拟数字人、虚拟政府，甚至还有刻意打造的文化，符合现实国家的基本特征。更有意思的地方在于，现实中还真有一个自称为利伯兰自由共和国的地方，其是克罗地亚和塞尔维亚边界的争议地，由捷克政治家维特·耶德利奇卡占有并宣布建国。尽管没有获得国际认可，但这个自我宣示主权的微小"国家"有社区、国旗、国徽、国歌和加密货币[111]。虚拟空间像是一个可以被任何人填充的无主之地，再对应着现实中的无主之地，是要负负得正吗？或者是希望通过元宇宙的"曲线"来拯救现实中不被认可的国家？现实是，迄今为止没有听说哪个主权国家认可利伯兰为一个国家，无论是现实的还是虚拟的。这个案例是说，在现实中不被认可的国家，在虚拟世界往往同样不会被认可。

那么，现实中被认可的主权国家在元宇宙中建设一个孪生国家有意义吗？这是一个值得探讨的问题。虚拟世界无国界，边界可能被随时跨越。除非施加一些限制条件，如限定现实人口国籍相对应的人可以进入，但又如何落实保卫国界的具体措施呢？另外，虚拟世界空间是无限的，理论上现实世界的国家不仅可以在其中建设孪生国家，还可以无限扩充自己的边界，只要有足够的投入就能做得到。但这些投入如果没有给现实世界的人带来回报，那么数字扩疆拓土实际上也没有任何意义。最终，虚拟世界的行为还会落实到现实世界中，所谓元宇宙国家也是如此，归根结底是虚拟世界的数据谁拥有、谁控制，以及谁获利的问题，也就是数字主权问题。因此，我认为元宇宙国家的核心问题仍然是与现实国家相关的数字主权问题，其他方面与游戏没有什么区别。

第五章

元宇宙与工业革命

1. 是工业元宇宙还是元宇宙工业

过去十来年，德国工业 4.0、工业互联网、智能制造"统治"了工业未来的话语，人们普遍认为智慧工业就是了不起的工业未来。现在，一个全新的工业蓝图正在展开，它不是工业生产过程的更智能，也不是寻求满足用户的一对一定制，而是从数字人、可视化、交互性、3D 沉浸、数字原生等角度打开了工业未来的新视野。元宇宙的兴起让我们有了重新审视工业逻辑的透镜，也使工业逻辑再次升级成为可能。

关于元宇宙与工业的融合未来，文献中经常有人将其称为工业元宇宙，我认为这是不恰当的，将其称为元宇宙工业更恰当。首先，与"工业元宇宙"类似的用法还有工业互联网、工业大数据等，工业互联网、工业大数据是在工业领域发展起来的新兴交叉融合技术，如果采用"工业元宇宙"一词，容易被误认为其只是一种新兴技术，而不是在描述工业未来；其次，元宇宙是虚实融合连续体世界，以及全新的社会形态、经济形态和文明形态的统称，未来的工业活动只是元宇宙空间的一部分活动，元宇宙工业能够准确地表达元宇宙环境中工业活动和工业形态的含义，而"工业元宇宙"会让很多人误认为未来有很多面向不同领域的元宇宙，合理地解释这些元宇宙的不同将是一个巨大的挑战；再次，从已有文献来看，

"工业元宇宙"概念的应用语境通常为描述工业变革的未来，讨论的中心是工业，而不是元宇宙，因此会出现概念和内容不一致的问题，而如果使用元宇宙工业概念，就不存在上述问题；最后，工业元宇宙容易被公众认为是工业迁移的新目的地，一个容纳工业的虚拟世界，是工业以外的"他物"和"他环境"，事实上元宇宙并不会让现有的工业企业迁移，而是促使其在现有基础上不断演化和变革来适应元宇宙，而不是简单地转战虚拟新世界。综合上述分析，我认为"元宇宙工业"一词能够更好地表达工业发展的未来，它不仅能够与工业互联网等概念准确区分，还不会让人产生无数个不同元宇宙的认知混乱，更能准确地表达元宇宙环境中工业的变革蓝图，并且不会导致工业的"迁移"难题。

元宇宙工业是智能工业革命之后的进一步蓝图，是在工业领域发生数字化、网络化、智能化变革基础上的进一步变革。变革的基础是人工智能、图形引擎、增强现实、数字孪生、虚拟现实、智能交互、区块链等新兴技术的运用；变革的关键环节是工业元素融入虚实融合连续体世界；变革的结果是构建虚实融合连续体世界工厂、数字人生产运营、实体产品与数字原生产物联动、基于 3D 沉浸体验的运营和服务、数字原生商品经济等。进一步，工业业态、组织、管理、创业等方面也会发生连锁变革。通过一系列变革，最终形成能够适应和匹配元宇宙环境的新工业逻辑和新工业形态。简单来说，元宇宙工业就是元宇宙环境中形成的工业逻辑和工业形态的统称。

元宇宙工业是一个正在打开的全新蓝图，下面和大家一起来看看工业领域将会发生什么样的变化。

2. 元宇宙工业的元素

从生产现场管理和产品质量控制的角度，工业元素可以细分为人、机器、材料、方法和环境等。从工业经济运行的角度，工业元素还应包括产品、市场和用户。这些工业元素在融入元宇宙环境时不仅本身会发生较大的变化，相互关系也会与以往不同，这些变化和不同叠加下来会塑造出全新的工业逻辑，并最终使工业形态发生根本性变化。因此，识别工业元素融入元宇宙时产生的变化和不同是理解元宇宙工业的基础。工业元素融入元宇宙工业的整体逻辑如图 5-1 所示。

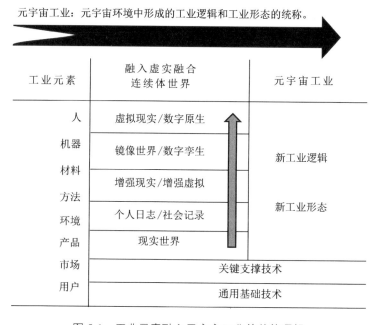

图 5-1 工业元素融入元宇宙工业的整体逻辑

📄 "人"

在元宇宙环境中，"人"的概念发生了根本性变化，呈现人类、虚拟数字人、机器人同行同存的新景象。虚拟数字人不仅可以作为人的化身，也可以作为 NPC 存在。各种类型的"人"进入元宇宙工业，承担不同的角色，使工业组织空前复杂。就一个具体的工业企业来说，"人"的角色大体上可以分为管理者、员工、生态互补者（提供互补技术和产品）、供应商。在元宇宙工业场景中，现实工厂的管理者是人类，而数字孪生工厂的管理者是人类的数字化身。但在工厂发生危险时，机器人和 NPC 可能会接管人类的管理者角色。

元宇宙工厂的员工是复杂的，现实空间会有少量的知识型员工，还会有大量的机器人担任员工角色，而在数字孪生工厂中，大量的数字化身员工将会夜以继日地工作，一些例行性的工作（如咨询、岗位培训等）可能会由 NPC、虚拟数字人担任。

作为工业企业的生态互补者，比如开发应用软件、提供上下游产品等，将会通过网络连接到工业企业平台，以数字化身参与到虚拟在线的工业生产活动中，以便了解工业生产过程，开发出更有针对性的互补产品和服务。

供应商同样变得复杂了，从"人"的类型角度可以分为人类供应商和数字化身。工业企业供应商的构成将会进一步复杂化，不仅会有实体材料的供应商，也会有技术供应商、数据供应商、数字产物供应商等，在实体世界和虚拟世界都会形成复杂的供应网络。

综合以上分析，元宇宙工业中"人"的角色与类型如表 5-1 所示。

表 5-1　元宇宙工业中"人"的角色与类型

角色	类型			
	人类	机器人	数字化身	NPC
管理者	√	√	√	√
员工	√	√	√	√
生态互补者	√		√	
供应商	√		√	

🗐 机器

工业革命以来，随着能源、自动化技术的发展，机器的概念和样貌在不断发生变化。早期是蒸汽机动力驱动的生产机器，笨重而缺乏灵活性；然后是电力驱动的机器，灵活性提高了，而且为自动控制机器创造了可能性。随着维纳控制论的提出，以及自动控制技术和计算机技术的发展，自动机器开始出现并在工业领域普及。在信息物理系统（Cyber-Physical Systems，CPS）的支持下，加上人工智能的赋能，强大感知能力、分析决策能力、自主学习能力、自治运行能力成为智能机器的特征。现在，元宇宙从新的维度再次扩展了智能机器的能力，使它具有多层次的虚实融合性、3D 可视性、沉浸体验性、强大的交互性等新特性，从而使得智能机器进化为元宇宙机器。

✧ 智能机器

现实世界的机器正在经历数字化、网络化、智能化转型，大量生产机器转变为能够自治运行的智能机器。所谓自治运行，就是在没有人为干预的情况下，机器能够遵照整体要求和数据驱动要求，自主完成系统分配给自己的工作任务。同时，在机器自身出现故障或即将出现故障时，机器能够自我预警与自我维护。机器的自治可以进一步解读为自控制、自维护、自学习、自适应、自组织、自保护等。

一台机器要实现自治运行需要具备六个方面的条件：第一，机器必须连接在物联网、移动互联网等各种泛在网络上，并进一步能够连接用户、其他处于不同位置的生产设备、环境传感器，甚至还要与生产对象进行连接，以便按照生产对象的信息代理要求完成生产；第二，机器自身拥有嵌入式计算机控制系统，能够通过获取或感知内外部数据自动分析数据和自动控制运行，并借由人工智能赋能获得自学习、自适应、自组织能力；第三，智能机器需要借助云计算和边缘计算持续不断的外部赋能来动态优化、扩大和提升自身能力；第四，机器要实现智能的生产自治，就必须与处于同一工厂或其他工厂的机器实现横向集成和价值链集成，横向集成的意义主要在于并行生产和生产效率高，而价值链集成的意义在于实现精准的需求满足，确保价值能够在生产过程中被精准传递；第五，机器需要与用户需求、产品设计、生产计划、智能生产材料等要素形成纵向集成，其意义在于实现个性化生产；第六，机器存在彼此映射的实体态和数字孪生态两种形态，可以实现方便的机器重组、远端赋能和远程维护，数字孪生机器本质上就是软件定义的机器[29]。

我们不能固执地认为智能机器就是一台孤立的但很聪明的机器，而是要把它看作存在于虚实融合空间的具有多重智能基因的复杂系统，这个系统能够根据需求自治运行。智能机器是系统的一部分，系统是智能机器的使能。自治是智能机器最终表现出来的状态，也是智能所实现的效果。

一个虚拟工厂由多台物理分布的智能机器通过工业互联网连接而成，在虚拟空间也可以看作一台结构和功能复杂的超级智能机器，实体智能机器是它的组成元件。在虚拟世界，一切都是数字，一切都是可以被软件定义的，这会导致虚拟工厂和机器之间的界限模糊，一台机器可以看作一个微型工厂，一个虚拟工厂也可以看作一台复杂的机器。元宇宙让智能机器呈现出更复杂的情景。

◇ 基于工业互联网的超级生产机器

2017 年，国务院印发《关于深化"互联网+先进制造业"发展工业互联网的指导意见》（以下简称《意见》）。《意见》提出了工业互联网三步走的战略目标："到 2025 年，基本形成具备国际竞争力的基础设施和产业体系。覆盖各地区、各行业的工业互联网网络基础设施基本建成。工业互联网标识解析体系不断健全并规模化推广。形成 3~5 个达到国际水准的工业互联网平台。产业体系较为健全，掌握关键核心技术，供给能力显著增强，形成一批具有国际竞争力的龙头企业。基本建立起较为完备可靠的工业互联网安全保障体系。新技术、新模式、新业态大规模推广应用，推动两化融合迈上新台阶。其中，在 2018—2020 年三年起步阶段，初步建成低时延、高可靠、广覆盖的工业互联网网络基础设施，初步构建工业互联网标识解析体系，初步形成各有侧重、协同集聚发展的工业互联网平台体系，初步建立工业互联网安全保障体系。到 2035 年，建成国际领先的工业互联网网络基础设施和平台，形成国际先进的技术与产业体系，工业互联网全面深度应用并在优势行业形成创新引领能力，安全保障能力全面提升，重点领域实现国际领先。到本世纪中叶，工业互联网网络基础设施全面支撑经济社会发展，工业互联网创新发展能力、技术产业体系以及融合应用等全面达到国际先进水平，综合实力进入世界前列。"在随后发布的针对《意见》的解读中，对工业互联网的意义进行了进一步诠释，"工业互联网是连接工业全系统、全产业链、全价值链，支撑工业智能化发展的关键基础设施，是新一代信息技术与制造业深度融合所形成的新兴业态与应用模式，是互联网从消费领域向生产领域、从虚拟经济向实体经济拓展的核心载体"[112]。工业互联网的本质是工业生产的操作系统，把全网的工业资源在连接的基础上进行最优化配置，是机器的机器、系统的系统和工厂的工厂。工业互联网把无数的生成机器、生产资料、生产者、用户、供应商连接在一起，形成了一个"超级生产机器"，理论上能够根据用户的个性化需求自动组织资源和自治化生产。

基于工业互联网的"超级生产机器"之所以能够形成，源于六个方面的赋能，包括计算技术的演进、智能机器与控制技术的持续进化、大数据技术的发展和利用、深度学习算法的崛起、工业生产技术的发展、互联网生活方式的适应等。这些方面的精华成果围绕满足用户个性化需求和提升工业生产效率的目标聚集起来，形成了全新的技术集成物——工业互联网，其本质是存在于虚实融合空间的、具有复杂零部件的全新"超级生产机器"。

从智能工业视角来看，支撑其运行的核心不是物理机器，而是工业互联网驱动的"超级生产机器"。大量物理机器将在工业互联网中重新组织，构造出虚拟的、动态的、软件化的机器，这种机器具有前所未有的强大能力，能够动态满足用户的个性化需求。

✧ 元宇宙机器

人们把元宇宙空间存在的虚实深度融合的机器称为元宇宙机器，它是智能机器和工业互联网在 3D 可视化和数字原生维度的进一步扩展，目的是充分挖掘机器的潜能，增强人类工业生产的综合效能。元宇宙机器是在智能机器和工业互联网基础上的继续发展，而不是重新开始，或者是另外世界的迁移。

对照前文提到的元宇宙框架，元宇宙机器从虚实融合连续体的维度可以分为不同的层次，这些层次相互关联，形成强大的综合能力，具体包括实体机器、数据增强（对应着个人日志/社会记录，基础是数字化、智能化）、增强现实、数字孪生、虚拟现实等，如图 5-2 所示。第一，物理的实体机器（也是智能机器）是基础层次，核心价值是基于内外部数据驱动完成生产任务执行。第二，基于智能机器本身的特征，数据增强能够轻易实现，核心价值包括数据记录、共享和存储，提供位置服务，以及实现数据驱动生产。第三，在增强现实层次，实体机器增加了 3D 建模信息，并且与数据增强相结合，能够给操作者提供叠加虚拟模型、机器参数和运行数据的虚实融合机器图像，核心价值是实现机器的可视化管理、资源共享和机器运维的指导。第四，在数字孪生层次，实体机器的 3D 镜像模型被完整构建，实体机器运行数据与模型数据一一映射，核心价值包括无风险的仿真测试、机器的远程运维、对机器的组合进行可视化编辑。第五，在虚拟现实空间，意识生产力被叠加到机器当中，现实机器被进一步延伸、扩展，核心价值包括工

业场景模拟、虚拟创新、教育培训、品牌营销，甚至将工业机器作为工业游戏的
一部分。

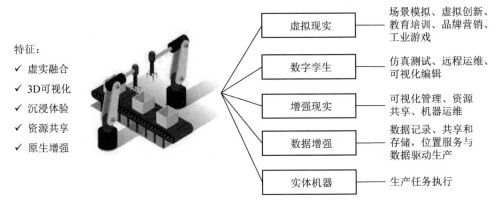

特征：
✓ 虚实融合
✓ 3D可视化
✓ 沉浸体验
✓ 资源共享
✓ 原生增强

虚拟现实 —— 场景模拟、虚拟创新、教育培训、品牌营销、工业游戏

数字孪生 —— 仿真测试、远程运维、可视化编辑

增强现实 —— 可视化管理、资源共享、机器运维

数据增强 —— 数据记录、共享和存储，位置服务与数据驱动生产

实体机器 —— 生产任务执行

图 5-2　元宇宙机器示意图

　　元宇宙工业是智能工业和工业互联网的进一步演化。元宇宙机器首先必须是
智能机器，然后才是演化出来的新特征，这是不言自明的。与智能机器和工业互
联网相比，元宇宙机器具有一些全新的特征：适应虚实连续体世界的多层次虚实
融合；在元宇宙空间，机器是 3D 可视化的，并且与实体机器相互融合；对用户来
说，通过智能交互设备能够沉浸到机器运行环境中，获得直观的具身体验；多层
次的可视化使机器资源共享能力更加强大，为机器资源的进一步组合创造了可能；
智能机器将在虚拟现实空间进一步延伸，突破以往人们对机器的理解，在数字原
生空间进一步扩展自身的用途，并反过来对现实机器进行创新。

　　如果仅从单一技术来看，实现元宇宙机器的每种技术都不是新的，但如果从
总体来看，元宇宙机器事实上改变了人类对机器是什么、能干什么的认知。智能
机器让物理机器变得更加聪明，而工业互联网在智能机器基础上构建出虚拟的"超
级生产机器"，元宇宙机器则让以往冷冰冰、数字式的"超级生产机器"以层次化
的方式让每个细节都直观可视起来、灵动起来。工业互联网构建的"超级生产机
器"对人类来说是被操纵他物，是一串串数字和符号，或者二维的示意性图形，
而元宇宙机器允许人类沉浸式进入全真的机器世界，与机器进行深度交互和协同，
从而进一步挖掘、扩展和延伸机器的潜能。

📄 材料

元宇宙空间的生成材料不仅包括实体物质，还包括数据和数字工件。元宇宙机器改变了生产基础设施，材料则必须适应这些变化。在以往的制造活动中，材料都在 BOM（材料明细表）中，除此之外基本上别无他物。但从元宇宙视角来看，BOM 只列出了实体产品生产的材料构成，智能产品的云端数字化系统和终端 App 都没有包含在其中，元宇宙环境中与智能实体产品相匹配的数字原生产品所需材料更不会涉及。元宇宙让每个工业重新审视材料这一概念，以实现元宇宙工业的生产。

✧ 实体物质

生产实体产品所需要的实体物质包括各种零部件、模块化组件和辅料，以及水、电、气等必需的实体资源。在智能生产环境中，生产所必需的各种材料都被智能化标识或智能化管理，能够根据需求输送到各个生产环节。在检测环节，合格的材料进入生产环节，不合格的材料基于数据驱动自动隔离。在生产环节，生产中的半成品通过信息代理控制智能机器将智能标识的材料安装到指定的位置，在生产完成后，所有的生产材料都能够自动溯源。这并不神奇，一些先进的智能工厂已经全部实现。

在元宇宙环境中，生产材料进入虚实融合连续体世界，在实体物质、数据增强、增强现实、数字孪生和虚拟现实等不同层次都有精确的表达。以往所说的智能标识可以认为是材料的数据增强，这种增强能够被系统识别，但并不直观。而在增强现实情境下，戴上合适的交互设备或借助监视器，操作者能够在现实场景中叠加看到材料的应用场景、结构属性、物理属性、化学属性等数据。在数字孪生场景中，材料被 3D 模型化，相应的结构属性、物理属性、化学属性也被全真模拟，而应用场景能够被直观地显示出来。在虚拟现实场景，除了全真模型，材料可能会被附加新的属性，用于创新模拟，或者用于培训和游戏场景。

◇ **数据**

在生产环节，数据成为重要的生产材料，生产活动也通过数据驱动，数据要素化已经成为现实。生产环节的数据主要包括用户需求数据、产品和服务设计数据、工艺数据、生产状态数据、机器数据、材料数据等，这些数据在生产中被综合分析，并分解为生产指令，分布到各个生产环节的智能机器中，驱动生产过程按需完成。在智能产品生产完成后，支持智能产品运行的应用基础数据将会导入产品，成为产品功能的一部分。总之，数据已经是一种重要的生产原材料，是智能产品不可或缺的组成部分。

◇ **数字工件**

智能产品是物理产品、数字硬件和数字构件的集合体。数字硬件是指嵌入式、能够联网的计算机系统；而数字构件是智能产品的功能使能模块，具体表现为软件功能模块、接口，或者一个独立的 App。智能的最终表现往往依赖于数字构件，人们通过数字构件的能力来感知智能产品的智能程度。数字工件一般具有可编辑、可重组、扩展、开放等特性，支持智能产品持续创新[113]。要生产一个完整的、能够交付用户的智能产品，数字工件是必不可少的材料。在元宇宙环境下，数字工件的范围扩大了，不仅包括安装到智能硬件产品中的功能模块，还包括与实体产品相融合的数字孪生产品和数字原生产品的组件，比如设计与实体服饰映射或匹配的数字服饰的组件就可以看作数字工件。在元宇宙中，数字商品与实体商品同样重要，数字工件作为数字商品的原材料当然也非常重要。与实体材料不同，数字工件可以不断迭代出新的数字工件，实现不同于以往的快速创新。用户可以在虚拟空间利用数字工件创新产品，然后控制或引导实体产品生产，当然也可以在购买实体产品的同时，要求同样的数字产品（由数字工件组装而成）来装备自己的化身。在元宇宙逻辑下，可以预见数字工件将是一种非常重要的生产原材料，并因此给元宇宙带来全新的可能性。

📋 **方法**

工艺方法通常与工业生产的诀窍有关，是产品质量存在差异的重要影响因素。

在实现智能工业之前，工艺方法体现在详细、明确的操作规程中，每个操作者按照规程进行标准化操作是确保质量的关键。在智能工业蓝图中，所有工艺组件被数字模块化，不同的工艺程序通过数字模块的全新自治组合实现。在人工智能兴起后，机器学习被用于工业生产中，工艺组件在数字模块化的基础上具有了算法化特征，能够自主学习，通过学习不断优化工艺过程和方法。元宇宙将会使工艺方法实现多维度可视化，进一步降低操作门槛，提升应用效率，延伸工艺方法的应用场景。

✧　模块化

工艺方法模块化在德国工业 4.0 战略中就已经有了较为详细的描述，具体来说就是将标准化工艺组件与数字结构模块相映射，不同的个性化产品对应不同组合的数字结构模块，然后按照不同的生产需要自动搭建出特定的数字结构（包括模型、数据、通信和算法等相关需求），从而提高生产流程的智能化应变能力，最终实现个性化定制产品生产与成本效率要求的统一。模块化充分利用数字技术同质性、可编程性的特征，将现实中的复杂工艺组合转变为灵活的数字模块组合，使工艺具有了柔性，能够适应按需生产的要求。在具体生产中，不同的个性化定制产品能够把整体设计的生产任务分解为工艺组件及对应的数字结构模块，并发送给工厂里相关的智能机器，智能机器随后就能够按照不同的需求进行自组织生产。简单来说，工艺方法数字模块化是实现个性化生产的关键环节。

✧　算法化

近年来，人工智能技术逐渐成熟，开始被广泛引入工业生产领域，赋能工业生产过程，使生产工艺具有了自学习、自适应和自进化的特征。借助感知技术和深度学习技术，智能工厂能够对全局工艺执行情况进行数据采集和分析，对生产运行状态进行动态预测，改进和优化生产工艺流程的参数，实现生产工艺的改善。模块化提高了工艺方法的灵活性，而算法化使得工艺方法能够保持优良的状态。

◆ 可视化

元宇宙将促进工业生产工艺方法的进化，工艺过程被虚拟化模型重现，人们在虚拟世界可以对工艺方法不断模拟仿真，寻求在不影响生产的情况下优化工艺方法。此外，虚拟可视化的工艺方法可以与 NPC 结合，根据需要实时进行工艺方法培训，使远程操作者能够快速掌握工艺方法，从而实现高效率生产。工艺的模拟仿真还可以与游戏场景结合，让用户在娱乐当中建立对工业生产质量的信任感。

📄 环境

在工业生产中，生产环境是影响产品质量的重要变量，一些工业产品生产对环境的温度、湿度、照明、清洁，甚至对空气中的悬浮颗粒物数量都有着极为严苛的要求。尽管环境很重要，但以往工业生产系统往往并不包括环境数据，环境数据和工业生产数据的衔接是通过人作为中介物而实现的。人既要控制环境，也要控制工业生产，并且要协调环境和工业生产的关系。

◆ 环境数字化

在智能工厂环境中，所有必要的环境数据（如温度、湿度、照明、清洁、有毒物质排放量、二氧化碳排放量等）被传感器自动采集，实时数据被用来监控及进行预测分析，驱动智能机器或人力资源保持环境良好，这也是目前已经能够做到的。

◆ 孪生环境与增强环境

在数字孪生工厂，除了生产机器、生产材料、生产工艺等现实工业元素被一一映射到虚拟空间，还需要构建出孪生环境，以构建出完全镜像的工厂，实现对现实生产的全方位模拟仿真，这样才不会导致仿真过程出现偏差。而在现实工厂，基于增强现实技术的应用，操作者能够通过增强现实终端看到实时环境数据，确保环境数据指标满足要求，或者把现实中的智能机器放到虚拟的工厂环境中，以测试智能机器与环境的匹配程度。尽管虚拟空间没有空气、水分，甚至没有真实的照明和垃圾，但如果要获取真实工厂的模拟结果，虚拟的环境因素并不是可有可无的，环境与操作者、智能机器之间的互动也是不可忽略的因素。

✧　超越现实环境

在元宇宙的虚拟现实环境中，工业环境具有了全新的创新、创造空间。人们可以任意想象工业环境的物理设施和参数，在虚拟空间不仅可以仿真和测试不同工业环境对工业生产的影响，还可以设计出完全数字原生的工业环境，将其部署在游戏、教育培训或营销场景中，达到提供全真沉浸体验、吸引用户、改善教育培训效果和增强品牌营销效果等目的。虚拟现实中的工业环境是通过数字化实现的，与人类化身、智能机器是同质化的数字，具有可编程性，因此可以尝试无限的工业场景组合，虚拟环境运行的结果反过来会优化和改进现实中的工业生产环境。

📑 产品

如今，智能产品越来越多，世界上的一切事物正在通过网络、传感器、语音和图像识别系统、嵌入式计算机系统、云计算、大数据、物联网、边缘计算等的综合赋能变得聪明无比。数字孪生技术使实物产品在数字世界"重现"，生产商也因而能够创造出全新的产品和服务交付方式，从而改变管理和运维方式。元宇宙将会进一步改变人们关于产品的观念，工业生产究竟会产出什么将是一个新问题，甚至还会引发工业是什么的疑问。

✧　智能产品

经过近十年的智能造物浪潮，世界上造出了大量的智能产品。在我们的生活中，已经能够接触到各种各样的智能产品，如智能手机、智能音箱、智能电视、智能窗帘、智能汽车、智能门锁等。通过网络连接、嵌入式计算机系统、嵌入式图像识别和语音识别模块，以及云计算、人工智能和边缘计算的赋能，一个个原来不可能与人类互动的产品开始变得聪明起来，能够听懂人的话语，识别人的形象，按照人的指令完成操作。产品不再是一个孤立的物件，而是终端与云端的组合体，人们拥有了终端，而云端系统不断赋能，提升终端的智能程度。因此，智能产品拥有的是系统的、动态的智能，而不是静态的。

✧ 孪生产品

孪生产品是智能产品的进一步发展。所谓孪生产品，就是利用数字孪生技术，建立产品完全映射的实体产品和数字孪生产品，实体产品与数字孪生产品完全一样。生产商可以通过对数字孪生产品的改进，来实现实体产品的优化，从而让用户获得更大的价值。数字孪生技术的应用使智能产品具有了数字的孪生分身，交付、管理和运维方式也发生了变化。生产商可以通过进行虚拟产品和实物产品的任意组合来实现多种交付方式，人们既可以获得实物产品，也可以获得虚拟产品，或者实物产品与虚拟产品的组合。即便是实物产品交付，也与以往不同，人们购买产品的本质不是硬件，而是云端服务。虚拟产品交付表现为直接的服务交付，比如云端计算机。而虚实融合的交付方式可以通过共享服务获得，比如共享汽车。在虚拟产品和虚实融合交付方式中，用户无须支付硬件的费用，仅仅支付服务费用，大大节约了成本，社会整体效率也因此提高。另外，生产商基于云端服务，在任何地点都能够对无数的终端产品进行管理和运维，除非硬件损坏，一般情况下不用到用户端的现场。在《新工业思维（第二版）》一书中，我充分揭示了产品智能化和孪生化带来的根本性变化，并指出了智能产品使效用从硬件的束缚中脱离出来，变为效用产品，人们购买效用而不是购买硬件，人们获取使用权，而不是拥有本身没有价值的硬件外壳。

✧ 元宇宙产品

元宇宙将会进一步改变产品的含义。当产品还是虚拟设计物时，人们在虚拟现实环境中提前感受它、改变它，甚至和设计师一起创造它，其中人们获得的感受是真实的，甚至可以触摸其材质，与现实中没有差别。在产品被设计为虚拟物品并被放在虚拟展厅中后，人们能够基于增强现实眼镜或头盔评估它的价值，能够在其中试用产品，亲身体验和感受产品。在元宇宙空间，实物产品的数字孪生物不仅会改变产品的交付、管理和运维方式，还会成为交付的一部分，如成为人类化身的用品、一些人的数字收藏品。在元宇宙环境中，数字原生产品（数字藏品或其他创意产品）成为产品交付的一部分，具有全新的价值，现在有一些服装品牌商在销售产品的同时给用户提供精美的数字藏品，它们除了是购买者身份的象征，还具有收藏价值。数字货币将在元宇宙中承担购买支付功能，用户在虚拟世界可以轻松地完成从体验到购买产品的全过程，不用线上线下来回切换。元宇宙产品的表现形态和交付方式如图 5-3 所示。

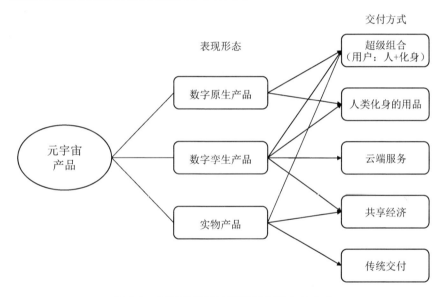

图 5-3　元宇宙产品的表现形态和交付方式

在元宇宙环境下，产品的生产秩序会发生根本性的变化。本来是实物产品附加的一切虚拟产品，在元宇宙中，虚拟产品可以呈现在实物产品之前，人们可以单独购买虚拟产品，并且在需要时可以随时将其转化为实物产品，产品生产、营销和交付方式将会发生巨大的变化。在产品生产中，除了实物产品生产，虚拟孪生产品也会伴随生产，数字藏品也会同步生成，工业产出是实物产品、虚拟孪生产品、数字藏品，以及其他可能的数字原生产品的组合。总之，在元宇宙环境下，世界上叫作产品的东西会发生前所未有的变化，工业企业应尽快适应这样的变化。

📋 市场

任何工业企业的产品，不管是实物形态的，还是虚拟形式的，都必须通过市场卖出，获取资金来实现工业再生产。那么，什么是市场？理解市场可以从工业生产中三个核心问题的解决入手：为谁生产？生产什么？如何生产？这三个问题靠大数据是解决不了的，市场则能够轻易解决。市场在实现供给和需求匹配的过程中，三个问题同时得到了解决。为谁生产取决于生产要素市场上的供给和需求，生产什么取决于消费者购买决策中的货币选票和企业的决策，而如何生产取决于不同生产商之间的市场竞争。生产商在要素市场获得劳动、土地和资本品等生产要素，生产出产品在商品市场卖给消费者，消费者在要素市场卖出劳动、土地和资本品，然后用获取的收入购买生活用品和其他消费品，市场就在这样的循环中解决了工业生产的三个核心问题。保罗·萨缪尔森在其经典著作《经济学》中把市场定义为买者和卖者相互作用并共同决定商品、劳务和资产价格与交易数量的机制[114]。市场的核心作用是决定价格，有了价格，市场经济运行就有了指挥棒。现代经济学的奠基人亚当·斯密在《国富论》中指出，市场上有一双"看不见的手"，使每个人在追求自身利益的同时能够更有效地提升总体的社会福利，实现资源的良好配置和高效回报，从而实现经济的良好发展。

经济学认为市场是一种供需相互作用决定价格与交易数量的机制，是"看不见的手"，而不是有形之物。但在数字技术还没有出现时，人们要发挥市场机制的作用，还必须有一个载体来承载真正的市场。在普通人眼中，这些有形之物就是市场，如周末集市、农贸市场、超级市场、百货市场、批发市场等。在这些有形市场当中，人们建立了真正的市场，让"看不见的手"发挥了作用。有形市场的优势是便于把供需双方聚集在一起，共用有形的市场资源，节约双方的交易成本。但在数字技术普及之后，出现了全新的无载体的市场。数字市场的开始阶段仍然是有形的，比如电子商务，人们需要登录特定的网站来找到交易市场。进一步，有载体的市场慢慢消失了，平台经济开始兴起，市场回归到供需匹配机制的本质。比如，当人们需要交通出行服务时，就可以打开任何共享汽车平台，发出需求信息，附近的司机如果觉得有利可图就会应答需求，这样一个市场交易就完成了。在一个平台市场，存在大量的可以随时变化供需角色的用户，他们基于网络效应连接在一起，市场是自由和流动的，任何人都可以加入或退出，只要供需匹配机制存在，这个市场就会一直存在。平台市场的优势是能够聚集大量的商品，提供快速、便捷的交易和服务。需要特别指出，平台市场并没有完全替代现实市场。现实市场给人们带来真实的体验，人们能够享受到真实的人类服务，能够获得特别的尊重感，这是冷冰冰的平台市场难以满足的。但现实市场和平台市场的融合是不容置疑的，新零售打开了线下线上融合的窗口，让人们在获得真实体验的同时，也能够获得平台市场的便利。

元宇宙是虚实融合连续体世界，人的化身也可以在其中生活，市场的面貌和形态又会发生变化，可能会出现类似农贸市场、超级市场的聚集式市场（虚拟场景），当然也会有已经发展完备的平台市场，还会有全新的数字原生市场。哪里有供需机制，哪里就有市场，元宇宙将会打开市场的新篇章。同样，元宇宙市场同样不会替代现实市场，而是会与现实市场相融合，现实市场将与元宇宙深度互动，在增强线下体验的同时，线上线下随时互动迁移，元宇宙市场则会因与现实市场关联而变重。

◇　现实市场

在平台市场和元宇宙市场的冲击下，一些适合线上交易的产品和服务会转移到线上市场，现实市场会进一步萎缩，这确实是一个趋势。在现实生活中，我们也能够观察到一些大型商场和超市顾客稀少。但现实市场也在做一些改变，以应对技术的冲击。新零售就是现实市场转型的探索方向，通过整合实体市场和平台市场的优势，找到线下市场存在的价值。简单来说，新零售就是用虚实融合思维改造的现实市场。在虚实融合空间，聚合人、货、场等各种资源，通过虚实融合的方式给用户提供优质的服务体验。在新零售框架中，虚实场景被全方位融合，线上线下达到相同的购物效果；用户可以通过全渠道购物，包括智能手机、计算机、传统媒介、物联网等；对用户消费行为和需求进行精准分析，通过数据驱动对人、货、场，以及供应链、工厂中的所有元素进行重构，及时满足消费者的需求；线上线下体验整合，既能获得位置便利、商品按需提供、情景引导、支付方便、情感关怀等线下体验，也能获得良好的数字化体验，如检索方便、货物真实、质量可靠、情景引导、支付快捷、物流直达、退货方便等。

在新零售描绘的蓝图之上，元宇宙能够继续扩展现实市场的价值。用户能够通过增强现实、虚拟现实等技术获得产品的具身化体验，还能够选择或创造数字原生产品，尊重感和自我成就感在现场就能获取。比如，用户以往购买汽车，有时难以获得驾驶的真实感受，在增强现实场景中，人们可以真实体验操控汽车，对汽车能够更加了解；人们在购买服装时，可以在增强现实场景中模拟穿上服装，还可以在虚拟空间直接下单购买。在元宇宙空间，还有可能构建出现实市场的镜像市场，人们在其中和现实市场实时互动，在获得真实空间体验的同时，感受在虚拟市场购物的乐趣。

◇ **平台市场**

平台市场（或者称为平台经济）本质上就是一个双边或多边市场，很多供应商和用户聚集在平台上，大量商品和服务也存在于平台上，供给和需求的匹配随时进行，市场规模快速膨胀。在平台市场当中，供应商不仅包括平台领导者，还包括大量互补者，互补者能够提供平台领导者不能提供的产品和服务，从而形成一个庞大的平台生态。平台生态的繁荣，在需求侧和供给侧都会产生强大的网络效应，吸引更多的用户参加。除了供应侧规模经济，在平台市场当中还会产生需求侧规模经济，其是由需求规模增大导致的，用户可以获得较大的价值，而只需要付出一点成本。在双边规模经济的综合作用下，不仅不会出现边际报酬递减的情况，反而会出现边际报酬递增的情况。因此，用户规模越大，供应侧成本越低，用户可以用更低的价格获得更多的收益，从而产生正反馈。也正是这种正反馈机制的存在，赢者通吃效应自然也会发生。赢者通吃的结果是，单一平台市场往往规模很大，一个领域只会存在少数平台领导者，在共享汽车、电子商务、社交商务、餐饮外卖等领域都能观察到这一现象。

平台市场可以存在于任何功能的平台当中，除了专门进行市场撮合的平台，社交平台近年来也与市场交易结合起来，并形成了社交商务，人们在进行社交活动的同时也可以购物，形成了独特的市场景观。国内的抖音、快手等知名的短视频和直播社交平台也属于社交商务平台，社交网络巨头腾讯也开发出微商业务。京东、淘宝等传统电商平台也开发了短视频、直播等业务，以加强社交服务，向社交商务方向发展。在平台市场和社交平台融合的基础上，未来平台市场也可以增加 3D 场景设计、增强现实和虚拟现实体验，甚至开辟专门的数字原生市场，从而转变为元宇宙市场。

✧　C2M 市场

与平台市场建立的多对多市场关系不同，C2M（Customer to Manufacturer，用户直连工厂）市场是由一家生产商来面对无数用户的个性化定制需求。虽然也有服务商宣称建立 C2M 平台，但只是表面形式的平台，主要作用是汇聚定制连接的渠道。C2M 打通了用户、平台、设计师、工厂之间的纵向联系，实现了用户的个性化定制。从市场角度来看，C2M 不仅会影响需求规模和产品价格，还会影响生产的内容。C2M 市场对传统的电子商务是彻底的颠覆，它与智能工厂一起把人类生活带到了个性化生产的时代，缩短了传统工业的渠道链条，节省了社会资源，提高了生产效率。元宇宙的多层次虚实融合连续体空间给用户提供了深层次了解生产商及其生产过程的渠道，具身的沉浸体验能够更有效地刺激用户，从而带来更多的定制订单，C2M 市场将会迎来新的发展机遇。

✧　数字原生市场

现实市场、平台市场、社交商务、C2M、3D 沉浸体验、数字原生市场正在勾画出全新的元宇宙市场蓝图。数字原生市场（或者称为数字原生经济、创作者经济）是元宇宙市场中升起的耀眼明星，引发了大量的关注。元宇宙平台给用户提供创作数字资产的工具，以及数字资产存储、确权、交易、流转的舞台，还有交易所必需的数字货币，从而形成了一个全新的不依赖线下的数字原生市场。数字原生市场以区块链技术为基础，实现了可信的数字资产存储、确权、交易和流转。大量的创作者是这个市场的供给方，他们以自己的意识为生产力，提供数字藏品、音乐、游戏等数字资产，吸引用户购买，用户用数字货币进行交易。除了人，市场交易所有要素、过程和结果都在数字空间，因而被称为数字原生市场。数字原生市场提供了意识生产力发挥价值的新空间，潜在的力量还远远没有发挥，一切还有待人类挖掘。

数字原生市场是现实市场和平台市场的再延伸，扩展了市场的边界。如今，一些案例证实数字原生市场可以与现实市场、平台市场融合，以创造出更大的价值。比如生产商在出售产品时，同时给用户提供数字藏品，以标识产品的唯一性和用户拥有的唯一性。元宇宙市场并不等同于数字原生市场，其是现实市场、平台市场和数字原生市场的多维立体融合，尽管融合的结果还有待人类创造力的发挥，但这是目前已经能够预测到的。

📋 用户

元宇宙空间的用户概念应该重新定义，不仅包括人类，还包括人类的数字化身，甚至包括机器人（如果人类允许机器人自主购买）。在这里，不再详细说明人类用户。

✧ 数字化身

在元宇宙中，不仅人类需要购买商品，人类的数字化身也需要购买一些商品，如数字服饰、数字身份标识，因而其也是工业企业需要面向的用户，尽管费用由人类来支付。例如，在耐克开发的元宇宙场景中，用户不仅会购买实物运动鞋，还会购买数字鞋子，用于装扮自己的数字化身。

✧ 机器人

未来，机器人也会成为工业产品的用户，不管是出于自身需要，还是对人类需要的代理。例如，机器人在电池将要报废或零部件损坏时，会主动下单购买电池或零部件（需要机器人的主人预设相应功能）；家政服务机器人会接受人类指令，或者按照预设的程序在线购物。对工业企业来说，用户其实是一个机器人，而不是人类，尽管其购买的产品与人类需求紧密相关，但具体购物方式与人类完全不同（例如作为区块链节点，按照智能合约自动结算费用）。

3. 元宇宙工业的运行图景

综合前文对元宇宙环境中工业元素变化的分析，可以描绘出元宇宙工业的简要运行图景，如图 5-4 所示。

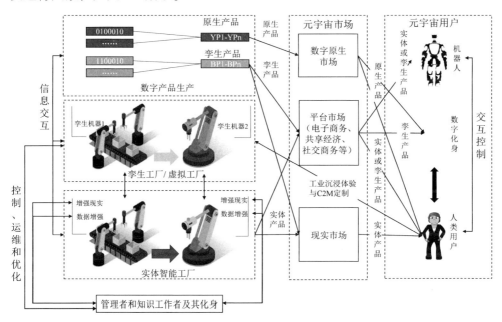

图 5-4　元宇宙工业的简要运行图景

元宇宙工业用户分为三类：人类用户、数字化身、机器人。数字化身和机器人被人类操控，产品需求与人类的需求紧密相关。元宇宙市场主要有四类：现实市场、C2M 市场、平台市场和数字原生市场。C2M 市场与平台市场不同，它只有一家供应商，但对应着无数的用户，市场运行过程也相对不够透明。孪生工厂提供了全景式、沉浸式的虚拟工厂图景，用户在获得具身体验的同时，可以直接向工厂定制产品或服务。C2M 市场有可能在元宇宙环境下加速发展。在云宇宙市场中，不同类型的用户可以获得不同的产品组合。人类用户不仅能够获得实体产品，还有可能获得孪生产品和数字原生产品，具体获得什么取决于生产商的商业模式。人类的数字化身可以在市场中获取必要的孪生产品，从而进行虚拟装备，当然费用需要从人类用户的账户中扣除。机器人可以看作人类市场行为的代理，按照人类定制的需求从市场中购买产品，除了具体的购买行为与人类不同，购买的产品类型与人类一致。在元宇宙工业的生产侧，既有生产实体产品的现实工厂，也有孪生工厂（也可以称为虚拟工厂），还有数字产品生产的无形工厂。每个工厂由多台智能机器连接在一起，管理者和知识工作者在现场能够获取智能机器的数据增强信息和增强现实信息，以用来控制生产、运维和优化生产工艺与流程。多台在不同位置分布的智能机器可以在虚拟空间组织在一起形成虚拟工厂，用户与虚拟工厂交互，而不是与实体工厂交互。与现实工厂一对一映射的虚拟工厂被称为孪生工厂，所有机器、原材料、工艺、环境的形态和参数都与现实工厂完全相同。孪生工厂为用户提供了沉浸式体验的环境，用户可以在虚拟空间向它们进行定制，也可以参与互动和创新。上述内容只是元宇宙工业运行的概要，具体如何组织工厂和生产还需要进一步分析。

📑 元宇宙工厂

2013 年，德国工业 4.0 战略描绘了智能工厂的图景，近十年来国内外大量企业在此指引下建设了智能工厂。智能工厂实现了生产过程的自治，能够按需完成生产任务。

元宇宙工厂是智能工厂的进一步发展。数字孪生工厂让存在于"数据黑箱"中的工厂变得立体起来、可视起来，让人们能够沉浸式融入工厂，也让人类的数字化身进入虚拟工厂，工厂的共享能力更加强大，用户和任何需要工厂生产能力的人都能够很便利地利用工厂资源进行属于自己的工业生产。把工厂从数据操作升级为可视化的 3D 界面操作，就如同把计算机从 DOS 升级为可视化的 Windows，资源调用更加便利，操作的技术门槛进一步降低，将使工厂资源成为更容易获取的共享操作资源。因为操作界面是 3D 可视化的，工厂的管理者和知识工作者可以进一步脱离工厂现场，远程开展工作，现场工作人员将会进一步减少。对于极度危险的工作场景，这一点非常重要。另外，在 3D 可视化操作环境中，只要工厂资源是开放共享的，跨越物理局限的虚拟工厂就十分容易组建，人们只需要在虚拟空间移动 3D 工厂模块并按照规则建立连接，就能够收获一个虚拟工厂，这为更多的人加入工业领域提供了可能。

元宇宙工厂的另外一个显著变化是人类化身进入虚拟工厂环境，代替人执行一些常规性工作，人的劳动时间可以进一步释放出来，从而专注于其他更需要人类创造力的工作。

元宇宙工厂还有可能完全脱离现实工厂，在虚拟现实空间构建出数字原生工厂，促进工业与游戏、教育等行业的融合，发展出全新的业态。

总体来看，元宇宙工厂是智能工厂、数字孪生工厂、数字原生工厂等的层次化叠加，是虚实融合连续体世界多样性工厂的集合，而不是指某一类型的实体工厂或虚拟工厂。实体工厂智能无处不在、数字孪生工厂与实体工厂共存共生、工厂资源共享开放、大量组建 3D 可视化虚拟工厂、人类化身进入虚拟工厂、数字原生工厂创造出新价值是元宇宙工厂的主要特征，如图 5-5 所示。

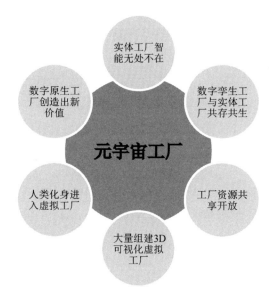

图 5-5　元宇宙工厂的主要特征

✧　**智能工厂**

智能工厂在工业 4.0 相关文献中有大量的论述，这里仅简要介绍它的核心思想。简单来说，智能工厂就是由完全智能化的智能机器构成的，能够支持智慧生产的工业基础设施，目的是生产出满足用户个性化需求的、智能化的、效用化的产品（能够把产品效用直接交付给用户的产品）。

一个智能工厂不局限于智能本身，总体上包括六个方面的特征。

全方位智能：（1）应用智能，智能机器普遍应用，工厂能够做到四知，即知道生产什么产品或部件，知道产品和材料从哪里来、到哪里去，知道设备该如何精确操作，员工知道如何优化改进；（2）智能技术充分利用，工厂在设备级、模块级、系统级三个层次上都具有信息感知、传输、分析决策与执行的全方位智能，尤其在覆盖整个工厂的系统级层面，对工厂具有全方位的信息感知、传输、分析决策和执行能力；（3）在纵向、横向、价值链三个维度上能够自治实现技术集成、事务集成、应用集成；（4）人机接口智能化，包括电子看板、移动终端、虚拟现实等，帮助知识型工作者理解和优化生产系统；（5）运维智能化，包括运行监测、故障预警、故障应急处理、现场及远程维护和支持等；（6）动态的智能配置，工厂的所有生产元素都应该支持根据不同产品生产需求所产生的动态的智能配置要求，并在生产完成后生产元素都能够被自动释放。

多层次互联：（1）在工厂内部构建工业互联网，能够把所有生产设备、知识型员工、原材料、输送装备连接在一个网络中；（2）通过网络来支持三大集成的实现，并能够与企业内部工业互联网连接和进行信息交互；（3）工厂能够通过虚拟化的方式把生产能力及资源在互联网环境下释放，并与社会化的智慧生产、智能产品、智慧物流、智慧建筑等系统网络连接，能够自主接受和完成生产任务。

分布式：（1）智能工厂应该进行单元化、模块化的改造；（2）一个工厂将只是智慧生产任务中的子任务单元，也对应着一组工艺组件和 IT 模块；（3）从完成一个生产需求的角度，将由分布式工厂（位于企业内的不同地理位置，或分布在不同企业）共同协同完成任务。

精益化管理：（1）精益思维将会渗透到智能工厂的所有单元、所有流程及所有活动中，成为智慧工厂设计必须遵循的原则；（2）在智慧工厂的系统级层面，应该保持生产过程中的最低成本和最高效率，并能够建立不断优化改进的机制；（3）所有 IT 模块和工艺组件，以及它们的任意组合应该符合精益管理的要求；（4）精益管理主要体现在智能工厂、智能机器的自治运行中。

模块化组织：（1）借助智能技术的支持，分布式的智能工厂模块及模块组合具有了可行性，模块化的分割是为了扩大个性化定制的空间，但最终是为了模块间的组合能满足用户的总体需要；（2）智能工厂模块的信息交互要如同在一个机器内部传输一样流畅，借助模块化，传统上串行的生产方式就可能变为串并行结合的方式，将会大大提高生产效率；（3）工厂级模块、机器级模块及工艺操作级模块都将与相应的 IT 模块相对应，从而通过 IT 模块的重新组合来实现个性化生产。

自治化运行：（1）智能工厂是一个高度智能化的系统，自治是其必备的条件。自治就是工厂能够模仿人类分析决策和执行过程自动完成任务；（2）数据驱动在智能工厂自治运行中发挥着重要作用，相关数据包括传感器及智能装备数据、原材料及生产过程数据、智能产品的全生命周期数据、工厂环境数据、用户直连工厂定制数据等。

智能工厂并不意味着一定规模庞大，基于 3D 打印的小型智能工厂也是未来工业的重要组成部分。一个微型的 3D 打印工厂可能只生产一个部件，但组合起来会形成庞大的生成能力。类似地，一台完全智能化的机床同样可以作为一个微型工厂存在。这些微型工厂通过工业互联网可以组织为庞大的虚拟工厂，能够完成以往大型工厂才能完成的生产任务。

物理意义上的智能工厂并不能实现其价值最大化，建立打破物理限制的虚拟工厂，实现工厂的 3D 可视化操作，实现现实工厂和虚拟工厂融合的虚实一体化工厂，才有可能真正发挥智能工厂的价值。智能工厂的价值是属于整个世界的，并不属于某个具体的企业。

◇　数字孪生工厂

数字孪生工厂与孪生机器类似，但更加复杂。数字孪生工厂不但需要建立智能机器的数字孪生模型，而且是包括厂房、环境、生产线、工艺和产品、组织和管理的数字孪生模型。理论上，数字孪生工厂和实体工厂之间实现一一映射，既包括静态的，也包括动态的。但实现完全保真的数字孪生工厂并不容易，以价值为导向，保持关键参数，是目前常用的做法。用人的孪生打个比方，如果仅仅保持形象、语音和动作的一致比较容易做到，但要做到健康数据的完全一致就非常难。一般的数字孪生工厂只能说是部分的孪生，主要模拟生产线本身的运行状态，人的行为（操作、组织和管理等行为）并不包括在其中。随着元宇宙中人类化身技术的发展，把人类化身引入数字孪生工厂已经没有任何障碍，未来管理者和知识工作者可以通过化身进入数字孪生工厂，实现远程虚拟操作和控制工厂。数字孪生工厂做到形似比较容易，部分神似有可能实现，但要想完全神似则要付出非常大的代价，关键取决于企业对价值和成本的权衡。

数字孪生工厂的价值是多方面的。在工厂设计阶段，数字孪生工厂一方面可以非常方便地让企业了解工厂建设的目标，另一方面能够预先进行模拟测试，优化和调整工厂的设计参数。在工厂建设阶段，数字孪生工厂能够提供建设指南和培训场景，加快工厂建设进程[115]。在生产运行阶段，数字孪生工厂能够可视化监测工厂的整体运行状态，对生产设备健康状态和工艺状态进行分析和预测，对设备进行预防性维护，优化工艺参数，提高生产效能。数字孪生工厂也可以释放给用户，增加用户对工业生产能力的了解，强化品牌宣传，甚至增加 C2M 订单数量。数字孪生工厂的模型也可以释放到虚拟现实空间，作为游戏和教育培训的场景，扩展新的业态。

通过数字孪生工厂建设，企业可以建立起实体工厂和虚拟工厂之间虚实相生、互相促进的闭环，通过实体工厂的运行检测来完善、改进和优化虚拟工厂，通过虚拟工厂的优化改进，并且与实体工厂同步，来提升实体工厂运行的价值。虚实融合的数字孪生工厂使元宇宙工业变得充实起来，人类可以通过化身在数字孪生工厂中操作来控制实体工厂，也可以在实体工厂中操作，从而映射到数字孪生工厂，无论哪种操作都构成元宇宙工业的现实。

✧ 共享工厂

过去的工厂通常属于特定的企业，是企业的固定资产。但这种情况下，受制于企业自身的经营情况和完全不受控的市场波动，工厂的价值不一定能够实现最大化。我们经常可以看到的情形是，一些企业面临产能不足，还有一些企业会面临产能过剩。在智能工厂和数字孪生工厂的支持下，共享工厂成为一种工业发展的前景。共享工厂不是一种技术，而是工厂资源利用的一种模式。理解共享工厂有以下三点需要注意。

工厂即资源：智能工厂及其在虚拟世界映射的数字孪生工厂实质上是一种生

产性资源,在虚实融合连续体世界表现为一个节点。这个节点能够连接用户需求,并转化为产能的输出。共享经济的发展给工业领域带来一个重要的启示,资源不在于拥有,而在于使用,资源共享时才能实现价值最大化。工业互联网作为工业资源整合和重新配置的技术,正在加速促进工厂资源的共享化。在工业互联网中,可以通过软件封装形成庞大的工厂资源池,然后以能力+服务的方式释放到社会中,让任何需要工厂资源的人都能够获得相应服务。

连接即生产:虚拟世界的数字孪生工厂就如同一个结构复杂的庞大智能机器,复杂性被隐藏在实体工厂中。在不同的生产任务中,数字孪生工厂的不同零部件能够快速重新组织在一起,实现按需生产。工厂资源在虚拟世界被注册到工业互联网资源池中,用户能够快速查询和使用。

工业即服务:共享工厂的一个前景就是实现工业即服务,人们只要在手机端打开一个 App,或者在 XR 交互设备中点击一个交互界面,就能够获得工业服务。基于工业互联网的工业服务平台不仅提供生产服务,还可以整合设计服务和售后服务等,用户可以直接带着设计方案来寻找生产服务,也可以在平台中找设计服务商提供设计后再生产,用户收到产品后,售后服务也会随之就绪。

简而言之,用共享经济的思维来组织工业,将会把工业生产转化为工业服务业。

✧　3D 可视化虚拟工厂

实体工厂不论物理分布在哪里,在虚拟世界中对用户来说并没有什么区别。用户关注的是工业能力,而不是工厂的物理分布。对用户来说,在数字孪生工厂的基础上,进一步构建 3D 可视化的虚拟工厂更有意义。在 3D 可视化视野中,只要遵守相应的规则,数字孪生的智能机器和数字孪生工厂就可以很方便地组织在一起,比如操作者只要移动一些智能机器模型或工厂模型,并将它们连接在一起,就可以构造出虚拟工厂,实现更复杂的生产。

工业互联网的发展使虚拟工厂的发展前景更加明朗。所有希望共享资源的数字孪生工厂都可以在工业互联网中注册,并与其他的注册工业资源组合,形成部署在互联网中的虚拟工厂。不管后台多么复杂,虚拟工厂对用户来说是完全透明的，用户可以沉浸式观察这个工厂，可以对虚拟工厂下订单，跟踪生产过程，获得实体产品、数字孪生产品和服务，就如同工厂就在自己身边。任何生产组织者都可以利用虚拟工厂来组织自己的生产，这将有利于任何试图利用工业资源进行创业的人。拥有实体工厂的企业，如果愿意分享空闲的工厂资源，只要把数字孪生工厂释放出来，注册为工业互联网的服务，就可以成为虚拟工厂的组成部分。

✧ 数字原生工厂

数字孪生工厂完全脱离现实工厂的数据关联，以数字原生的方式组织生产，就会在虚拟现实世界形成一个数字原生工厂。用户及其化身可以任意修改和调整数字原生工厂的参数，改变生产原材料和生产工艺，以游戏的方式探索工业生产的各种可能性。这不仅仅是游戏，还可以与创意生产力结合起来，创造出现实中完全不存在的工业体系，生产出完全不同的数字原生产品，打开工业生产的新空间。在游戏和工业的模糊地带，一些有益的创造也可以反过来改变现实工业，促进现实工业的进步。数字原生工厂也可以用在教学中，增强学生对工业的理解，提高操作和创新工业的能力。

数字原生工厂不能仅理解为对工厂的虚拟化模拟，还可以指与实体工业生产相匹配的数字原生产品的生产平台，其中包括软件工具，数字工件，生产流程，数字原生产品的存储、交易和交付等内容及活动。在元宇宙环境中，工业领域的全新创新正在开启，那就是把实体产品、孪生产品、数字原生产品相结合，给用户提供综合性的产品和服务，不仅满足用户的需求，还要满足用户化身的需求。这种复杂的产品交付，需要实体工厂、数字孪生工厂和数字原生工厂等多种工厂之间的协同生产。

把实体工厂改造成智能工厂，在智能工厂基础上构建出数字孪生工厂，数字孪生工厂提供远程操作实体工厂资源的平台，然后把数字孪生工厂共享出来变成共享工厂，借助工业互联网平台的资源配置，用户将会得到实际需要的虚拟工厂。如果还需要开发出数字原生产品，用户可以组合利用数字原生工厂的资源，形成更完备的生产能力。虽然看起来很复杂，但这就是工厂的未来。

📄 元宇宙生产

元宇宙工厂是一个多层次工厂，包括实体的智能工厂、数字孪生工厂、3D 可视化虚拟工厂、数字原生工厂等多个层次，目的是为生产出个性化、能满足虚实用户多层次需求的产品（产品既可能是实体产品，也可能是孪生的虚拟产品，或者与产品匹配的数字藏品）或服务提供基础设施。元宇宙生产即协同不同层次的元宇宙工业基础设施生产出满足用户需求的多层次产品或服务。元宇宙生产是智慧生产，即生产能够非常聪明地满足用户的个性化需求；元宇宙生产也是虚实融合的生产，在实体产品、虚拟产品和数字原生产品等多个维度满足用户的需求；元宇宙生产还是沉浸可视化生产，沉浸可视化为人类提供了全新的组织和控制生产的场景与工具，人们可以更容易地编排生产活动，实现更高效的生产。

◇ 智慧生产

智慧体现为聪明地解决问题的能力。我们说一个人有智慧，往往就是说这个人非常聪明地解决了大量难题。工业生产的难题是要实现低成本、高效率生产，也就是需要实现规模经济，而大规模生产难以解决个性化需求问题。个性化需求通常意味着高成本和低效率，工业企业不愿意做这样的事情。德国工业 4.0 战略为解决个性化生产和大规模生产的矛盾提供了方案，力图在成本合理和时间合理的情况下实现个性化产品的生产。尽管这里所说的个性化生产也不是绝对的，而是一定程度上的个性化，但做到这一点也是非常难的。德国工业 4.0 战略把解决个性化和大规模相统一问题的生产方式称为智慧生产。

智慧生产的设想是在智能工厂作为基础设施的前提下，以 IT 模块化和工艺组件化为基础，通过智能产品主导或半主导生产过程的方式，实现个性化的连续生产。智慧生产的实现有三个关键点：首先，当要生产的产品十分个性化的时候，人类就难以控制生产过程，让产品主导或半主导生产是智慧生产的关键；其次，要完成个性化生产，还需要智能机器操作工艺的配合，对应工艺组件的 IT 模块只要根据生产中的主导产品发出的指令进行部署，就能实现匹配；最后，按照主导产品发布的指令调配原材料，并输送到指定的位置。如果生产过程中仍然面临成本瓶颈的难题，一方面可以把 3D 打印技术作为补充性技术，另一方面可以对生产流程进行改造，以适应个性化生产（例如生产环节的一部分采用大规模生产，而另一部分实现个性化生产）。

智慧生产过程至少应包括智慧的生产规划、智慧的生产组织、智慧的生产过程、智慧的监测与生产优化等环节。

智慧的生产规划：识别用户需求，并把用户需求转化为产品生产需求，为特定的产品生产确定蓝图、工艺模块与组合、工艺路线图、材料明细表、生产周期、生产位置、连接的工厂等。这个规划的蓝图应在获得用户需求信息后，由系统自动计算和规划。与传统工程的生产计划不同，智慧的生产规划在极端的情况下针对的是连续不断的单件流，每个个性产品都需要一个有针对性的生产规划。因此，智慧的生产规划是一个动态的过程，必须依赖智能系统进行。

智慧的生产组织：过去的生产组织是由工厂里的管理人员来实现的，包括机器、材料和人员的安排。而在智慧生产方案中，生产组织是通过信息发布和反馈智能实现的。当一个产品生产任务被计算和规划之后，相关数据就会自动发送给相关生产设备和知识工作者，即使在生产过程中有些环节需求出现变动，也能有随时变更的解决方案，变更也是自动完成的。IT 模块化在生产组织中起到了关键媒介作用。通过 IT 结构的模块化，可以根据个性化需求定制一组 IT 结构化模块，按照不同的产品生产需要自动搭建出特定的结构（包括模型、数据、通信和算法等相关需求）。这种模块化提供了动态重新配置生产资源的可能性，从而使得生产流程的智能应变能力大大增强。IT 模块化的动态重新配置过程就是智慧生产的组织过程。

智慧的生产过程：当生产规划和组织都完成后，一个智能化产品开始进入生产过程。在这一过程中，除了智能机器的自动化运作，智能产品在生产过程中也起到了调度和管理作用。由智能产品确定它所处生产过程的位置、完成情况，所需要的操作和材料，并与智能生产装备进行信息互动，自主或者半自治完成生产。这里的智能产品与最终输出的智能产品不同，当强调产品只有一个部件的时候，它也具有智能。例如，通过附加二维码或者附加 RFID 的方式成为一个智能产品。在智慧生产过程中，产品是被特殊定义的。它是一个信息载体，熟知有关自己的一切；它也是一个信息代理，调度执行任务，主导生产过程；它还具有自监测功能，能够对自己的完成情况进行监测。智慧生产还需要知识工作者和智慧产品、智能生产装备形成全新的互动状态，以便随时让知识创新工作加入智慧生产过程中。

智慧的监测与生产优化：除了前文谈到的在生产过程中产品对自身的监测功能，生产全过程、生产装备及人机互动状态等数据应该能够有效地被工业大数据平台收集起来，并进行实时的分析和预测，以便进一步优化生产过程，同时能够支持用户对生产过程的参与。

智能机器和智能工厂采用并不会直接导致智慧生产，智慧生产必须依赖生产过程的智慧化，以及人机互动关系的智慧化。

✧　社会化生产

一个单一的企业，受制于工厂能力的边界，无论如何智慧，都难以满足任意的用户需求。此外，用户知道自身需求而缺乏专业的生产知识，生产商了解专业的生产知识而不了解用户需求，只有用户参与创新和生产，并与生产商深度互动，才有可能实现最优生产，因此让外部用户参与到生产环节中成为工业生产应该考虑的内容。基于以上原因，智慧生产必然会跨越单一工厂和单一企业的边界，将虚拟工厂作为基础设施来实现，虚拟工厂本质上是多个实体工厂孪生体的协同，生产方式因而会变得不同，本书将其称为社会化虚实融合生产。

现在的工业互联网还处于初级阶段，主要是把实体工厂资源连接在一起组织成虚拟工厂。随着数字孪生工厂和孪生机器的普遍化，工业互联网还会把不同的数字孪生工厂或者不同的孪生机器连接在一起组织成直观的、全真的虚拟工厂。生产者可以把物理上分布的实体工厂及其孪生体组织为具有特定能力的虚拟工厂，还可以把数字原生工厂组织进来，形成强大的元宇宙生产能力，以满足用户的多方面个性化生产需求。 在元宇宙环境下，用户的需求可能是一个虚拟产品、数字原生产品，或者是虚拟产品、数字原生产品和实体产品的任意组合，又或者是单独的实体产品，虚拟工厂应该能够满足各种不同的需求组合。在元宇宙生产的整个过程中，用户可以全程参与设计和生产。例如，用户可以利用生产商提供的数字工件，设计自己需要的虚拟产品，或与设计师协作完成设计，并通过虚拟工厂生产出来，自动发送到用户账户，用户可以用来装扮化身；如果用户还需要实体产品，只要做出选择，虚拟产品需求在虚拟工厂中会自动转化为实体生产任务模块，并且分布到不同实体工厂进行生产，最后交付给用户；如果用户需要实体产品、虚拟产品和数字原生产品的组合，虚拟工厂会首先将任务分解到其中的数字原生工厂、数字孪生工厂和分布式的实体工厂，确保产品同步进行生产，然后不同的层次化工厂自治化组织生产。例如，数字原生工厂生产产品对应的数字藏品，数字孪生工厂自治化生产虚拟产品，而实体工厂自治化生产实体产品，确保最终按时把产品交付给用户。在上述过程中，设计师、实体工厂、数字孪生工厂、生产组织者、用户都可以加入虚拟工厂的生产活动中，形成社会化生产的图景。

◇ 沉浸可视化生产

与以往不同，元宇宙空间的生产是全程沉浸可视化的。用户看到的是 3D 保真的虚拟工厂（由多个数字孪生工厂或孪生机器组成），用户就如同在工厂现场，能够看到产品生产的全过程，而且能够在工业生产中与各个元素（机器、产品、材料等）进行互动。此外，沉浸可视化使每个人能够快速成为工业生产组织者，能够远程组织和控制生产过程，改变工业的生产组织方式。如果用户或创业者愿意尝试自己创造工厂，那么可以在虚拟现实场景中利用数字孪生工厂组件和孪生机器组件自己组织与设计虚拟工厂，过程就如同玩积木游戏，从而不断模拟运行，不断优化设计方案。沉浸可视化生产打破了以往工业生产的神秘感，使工业生产成为如游戏一样轻松、快乐的人类活动。总体来看，沉浸可视化提高了工业透明度，降低了操作门槛，使用户能够更加全面地了解生产全过程，甚至自主组织生产，并且能够使工厂员工更便捷地操作和控制工业生产，也能够使工业创业者非常便利地利用虚拟工厂资源实现快速创业。沉浸可视化打开了工业生产的新空间，会释放出全新的生产力，带来全新的可能性。

🖹 产用融合与众创众造

元宇宙工业的可视化、低门槛增强了用户对工业的理解，而用户化身进入元宇宙工业场景，也将使生产者更加理解用户，用户和生产者之间的产用融合趋势也会更加明显，产用融合工业范式将是元宇宙工业的典型范式。

元宇宙工业与人类意识生产力的碰撞将会催生一波全新众创众造浪潮，创新和创造活动在元宇宙工业环境中将会无处不在，无论是作为工业组织者还是作为用户，或多或少都会参与到众创众造当中。

◇　产用融合

我在《未来制造：人工智能与工业互联网驱动的制造范式革命》（读者可以参考详细论证过程）一书中提出，产用融合是当前工业领域变革的共性，也是基本的变革逻辑，是新一代工业范式。产用融合即充分利用工业互联网的价值，在虚实融合时空中，重构生产者与用户之间的关系，实现生产者与用户之间全过程、全场景、全要素的融合。其目的是构造出一个正向有益的价值环流，需求链和价值链双向畅通，实现实时按需生产，在价值目标上满足用户深层次、非物质、个性化需求。

元宇宙工业进一步提升了产用融合范式的有效性，主要表现在三个方面：生产者化身和用户化身进入元宇宙工业平台，通过具身参与的方式增强供需信息交流的有效性；用户化身信息能够被充分分析，生产者能够更加准确地理解用户需求；用户能够与虚拟工厂进行 3D 可视化交互，用户参与创新、用户参与生产、用户主导生产的可能性进一步增加，个性化需求能够充分得到满足；虚拟工厂形成实体产品、孪生产品和数字原生产品的综合生产能力，满足用户多层次的需求。在元宇宙工业环境中，产用融合工业范式的整体逻辑如图 5-6 所示。

产用融合工业范式能够多层次满足用户的需求，尤其是深层次的非物质需求，如自我成就需求。个性化是手段，而不是目的，生产者和用户之间的充分交流沟通，让生产者更加理解用户，让用户更加理解工业生产才是关键。个性化在过程中实现，其不是既定的目标，产用融合实现边生产、边使用，使产品和服务不断逼近个性化的极致。

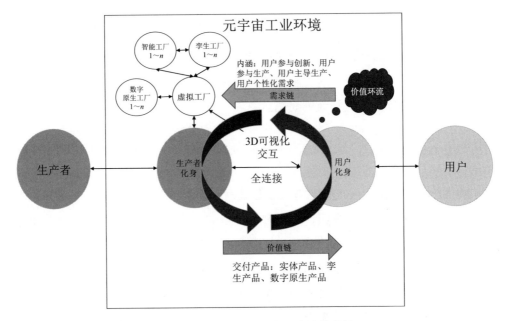

图 5-6　产用融合工业范式的整体逻辑

　　元宇宙工业的生产侧有生产者化身，有多层次可视化的实体工厂，也有孪生工厂，还有数字原生工厂，更重要的是这些工厂资源在虚拟空间会组建为统一视图的虚拟工厂，能够满足用户的各种需求。用户化身进入工业场景，丰富了全连接的内涵，使生产侧和需求侧整合为一个系统，更加具有可行性。在生产侧和需求侧之间会形成一个基于全连接的价值环流，用户的任何需求都能够通过需求链传导给生产者，生产者则能够把实体产品、孪生产品和数字原生产品通过价值链交付给用户。价值环流的不断流动让生产和需求的互动关系处于连续状态，生产能力得到极致化发挥，而需求也能够不断得到满足。在元宇宙工业环境中，生产者和用户的角色并不是绝对的，二者的边界可以随时切换，产销合一也是应有之意。同时，工业互联网、3D 可视化、虚拟工厂加速了产销合一和产用融合，将会构建出人人生产、人人用户、人人服务的全新工业蓝图。

　　◇　共创众造

　　元宇宙让化身进入工业生产领域，体力劳动进一步退出，意识生产力开始发挥主导作用。元宇宙工厂的 3D 可视化在智能工厂之后进一步降低了参与工业生产的门槛，每个人都能够很方便地基于 3D 图形组织虚拟工厂、管理和控制生产过程。智慧生产的自治化不需要人力参与就能实现生产，管理者和知识工作者通过化身就能远程控制生产过程，元宇宙让工业生产从神秘牢笼中释放出来，成为人人可操作的"游戏"。另外，数字原生产品、数字原生工厂和数字原生经济开辟了人类发挥想象力的新空间，人类可以创造一切自己想象的事物。人类的优势在于自身的意识，意识生产力是超越体力生产力的更强生产力。只要一个人愿意，就可以把自己的意识生产力贡献出来，参与到元宇宙工业中来。总体来看，元宇宙工业的全新特征与意识生产力碰撞将会造就新一波众创众造浪潮。

一些人凭借自身独特的美学素养，可能会成为虚拟产品的设计师，为用户提供数字孪生产品和数字原生产品设计服务。在虚拟现实空间，工业企业将会提供一个虚拟产品开发的平台，平台中包括各种产品的 3D 部件，这些 3D 部件会细分为各种各样的材质，部件和材质在沉浸视觉上都是直观的，进一步还可以通过智能手套等交互设备获得全真的触觉体验。设计师以自身独特的美学感受组合这些 3D 部件，创造出全新的虚拟产品，给用户提供足够多的选择。这些 3D 部件本质上都是同质化数字，因而非常容易组合创新。当然，用户自己也可以做到这些，但当用户没有时间来自主完成，或者美学素养难以支持自主设计时，选择设计师所提供的虚拟产品无疑是明智的。用户在获得虚拟产品后，如果觉得满意，还可以将设计方案转到实体工厂生产出来。

基于共享的智能工厂和数字孪生工厂资源，一些致力于元宇宙工业创业的人可以成为工业生产者，他们通过组织具有特色的虚拟工厂，为有需要的用户提供生产服务。每个实体工厂的性能是不同的，生产能力是不同的，生产状态也是不同的，数字孪生工厂的完备程度也会存在差异，一个虚拟工厂的建成需要专门的设计和组织，这些创业者可以利用自己的创意生产力来构建虚拟工厂，为用户提供生产服务。

基于工厂资源和共享资源，以及数字孪生工厂提供的便利操作能力，现有实体工厂内部的员工可能会转变为企业内部创业者，通过为用户提供个性化产品设计和生产服务来创造价值。现有工业企业的每个人都是潜在的内部创业者，他们既有专业知识，也有元宇宙工业提供的创新空间，再加上自身的创意生产力，创业成功的概率很高。内部创业相当于每个人都成为一个小微企业，成为为用户创造价值的人，工业组织结构也会随之改变。

即使一个人不愿意成为元宇宙工业创业者，他仍然是用户，在元宇宙工业场景中也具有广阔的价值共创空间。价值共创不仅是指用户直接参与到设计和生产中，还包括用户对虚拟产品或现实产品的浏览、转发、评价、购买等活动，生产者可以从数据分析中获取价值，用户从这些行为中也获取了价值。

4. 元宇宙工业的新型融合体

元宇宙工业把工业的复杂性封装在 3D 可视化图景之下，在让大众更容易参与到工业生产中的同时，也提供了工业与其他产业融合的可能性。现在，工业和游戏、工业和教育的边界正在被打破，形成新的产业融合体。

📄 玩工业：元宇宙工业+游戏

工业往往与冷冰冰的工厂、精细化的操作流程、严肃认真的商业往来等联系在一起，而游戏往往给人一种热闹非凡、自由发挥想象力、脱离现实等感觉。看起来完全没有交集的产业在元宇宙中结合起来，正在形成一个可以命名为"玩工业"的新型产业融合体。虽然目前"玩工业"还处于初级阶段，但人们已经能从已有的实践中看到"玩工业"可能的面貌。

2021 年 11 月，著名的运动品牌耐克在游戏平台 Roblox 上建立了一个元宇宙虚拟空间——Nikeland。在 Nikeland 中，有耐克主题的建筑、商店、运动场和各种小游戏，所有虚拟建筑都是仿照美国俄勒冈州比弗顿的耐克总部建造的。用户可以参加各种游戏，在竞争中获得各种奖励或彩蛋，享受 P2E 带来的快乐，也可以给化身购买各种服饰，还可以在游戏中试穿各种虚拟产品。除了参加游戏，Nikeland 还为用户提供自主创造游戏的工具包，工具包里有各种交互式体育材料，用户可以自主设计小游戏。在这个空间中，用户还可以建造属于自己的院子，并且可以在院子中展示自己的收藏品和个性装饰。耐克公司还会不定期邀请运动明星（如知名球星勒布朗·詹姆斯）到访 Nikeland，参与见面的用户还能够获得游戏奖励。截至 2022 年 9 月，在不到一年时间里，Nikeland 的访客数量达到 2100 万名，作为工业企业，这个访问数字是非常惊人的。

宝马公司也勇于探索元宇宙工业的未来。2021 年 9 月，宝马公司在线推出虚拟空间 JOYTOPIA。在这个虚拟空间，用户可以自主创造自己的化身，参加虚拟演唱会，认识宝马未来的电动概念车，全方位感受和探索宝马汽车品牌的理念。产品上线当天，英国乐队 Coldplay 在 JOYTOPIA 中举行了一场虚拟现场音乐会，用户通过化身参与其中，可以与演唱者一起跳舞，接近舞台，从各个角度观看乐队表演。非常有趣的是，一只狐狸承担着 NPC 角色，为用户提供导游服务，带领用户游逛整个虚拟空间。JOYTOPIA 以一种游戏化的方式营销宝马品牌，让冷冰冰的工业变得活跃而生动。

除了以上两个案例，还有很多类似案例能够表明，当前的"玩工业"还主要是元宇宙工业品牌和产品营销环节与游戏产业的融合探索。未来，工业生产的孪生态、原生态也会进入游戏场景，生产者在其中边游戏边组织工业生产，用户在其中边游戏边体验工业生产过程，并且可以随时下单获取产品和服务。一切皆有可能，这取决于每个人如何看待未来。

📄 学工业：元宇宙工业+教育

很多大学生在走进工业企业后，可能会有一段时间感到十分困惑，不知道学习的知识与工业实际如何关联，也很难找到自己发挥价值的位置。造成这一现象的根本原因是有些大学教育是偏理论的，教师只管照书本讲，而学生记满了笔记本，但对实际操作一无所知。尽管各个大学都在强调社会实践的重要性，鼓励学生到企业中实习，但往往难以深入，理论没有充分与实际联系，最后只知道一些皮毛。元宇宙工业让工业资源和工业生产透明起来，能够在虚拟世界以 3D 可视化的方式共享出来，这将为教育提供大量的实质性工业资源。若善用这些资源，则能够让教育质量得到较大的提升。工业企业并不需要专门付出，只要把孪生工厂的模型共享出来，构建出完全运行在虚拟空间的数字原生工厂，各个大学就可以把这些资源利用起来，引入教学中。基于沉浸式的可视化工业生产图景，大学生们会对先进的智能机器、智慧生产有直观的认识，从而能够使理论与实际结合得更加紧密。同时，年轻的大学生们往往具有旺盛的精力和一定的创新热情，在学习的同时，也能够针对工业生产提出具有建设性的创新想法，进而促进工业生产的持续创新。基于元宇宙工业，把工业生产、大学教育和创新结合起来看起来对各方都有利。同时，大学生也是未来潜在的用户，工业企业在提供虚拟工厂资源的同时，也有助于品牌宣传，并且可以获取额外的商业利益。当然还可以更进一步，把工业教育、创新和游戏结合起来，让学习过程更加轻松、有趣。

元宇宙工业与教育的融合不仅面向大学，还面向社会，提供社会化教育服务。其好处体现在两个方面：一方面，可以培养大量的潜在员工；另一方面，吸引更多的人参与到元宇宙工业生态中，成为其中的创业者和生产者，丰富元宇宙工业的产品和服务。

总之，元宇宙工业打开了工业生产的"黑箱"，让工业资源成为每个人都可以享有的财富，元宇宙工业与教育的融合将会让更多的人享有这些财富，也有助于元宇宙工业本身持续、健康发展。

5. 元宇宙工业的组织与管理

元宇宙工业组织与管理的核心特征是不同层次的自治，如图 5-7 所示。在与人相关的管理层面表现为分利协同自治，在生产组织层面表现为数据驱动自治，在执行层面表现为智能机器自治，三个层次是一个相互作用的统一体。首先，通过分利协同机制（DAO 或创客化组织）调动起人（包括企业内部创客、外部创业者和用户）的自主创新积极性，然后创新者在组织生产过程中把创新需求进一步传递给生产组织层（智慧生产），最后通过生产组织层的调度，创新需求被传递到执行层面的智能机器或智能工厂，实现创新产品的生产，而创新者的利益实现过程相反。上述过程不断循环，人的创新动力也在不断转化为经济价值，从而实现人的价值最大化。

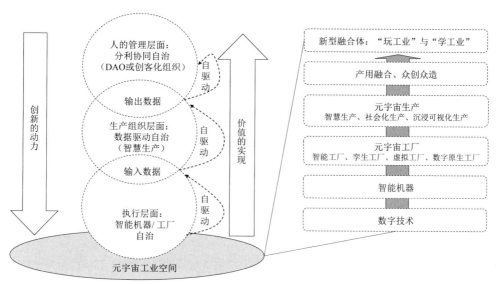

图 5-7 元宇宙工业的三层自治体系

📑 分利协同自治

我在《新工业思维（第二版）》一书中提出，随着体力劳动逐渐被智能机器替代，拥有知识资本的知识工作者成为智能工业领域的主导性力量。知识工作者专注于创新，创新也是企业主要的核心竞争力。工业企业要想让知识工作者发挥其创造力，就需要为他们提供能充分发挥创造力的空间，还需要采用合理的利益分配方法来激励他们。同时，创新往往需要多个人参与，协同必不可少。简单来说，充分发挥工业企业中知识工作者创造力的核心是要做到自治（自主安排个人行为）、协同和分利（合理利益分配）的统一。

同时，由于元宇宙工业降低了门槛，让工业创新和生产过程更加开放，任何想在工业领域创新创业的人都能更加容易地实现梦想，任何用户也能够非常方便地参与工业生产，如何对工业创新者生态、创业者生态和用户生态进行有效的组织和管理是一个新的挑战。同样，实现自治、协同和分利的统一也是实现生态有效组织和管理的关键。

去中心化组织（Decentralized Autonomous Organization，DAO）是一个讨论热点，它被描绘为元宇宙空间的经济组织方式。个人认为 DAO 这种组织方式过于机械化，存在很多缺点，如缺少人类的温情、不包容不同的社会习惯、灵活性不足、需要规模庞大的参与者。尽管存在缺点，但 DAO 对实现自治、协同和分利的统一，还是一个非常有效的方案。DAO 很好地解决了协同和分利的问题：如果所有参与者对预先确定的组织管理和运营规则达成共识，就以此共识在区块链上构建一份智能合约，所有参与者基于智能合约自动协同工作，并自动基于智能合作获取激励。与传统组织相比，DAO 是存在于虚拟空间中的组织形态，理论上不受任何国家和企业的控制，每个参与者严格按照创造价值的多少获取报酬。由于决策是按照参与者集体投票的方式做出的，因此存在多数人偏差问题。如果一个人或少数人对激励不满意，或者有不同的意见，是无法改变整个组织的，只能自己退出组织。总体上，DAO 适合作为元宇宙工业生态层面的组织方式，例如作为社会化生产生态、用户生态、创新生态的组织方式。

在实体企业内部，知识工作者的人数一般不会很多，以 DAO 作为组织方式是没有实际意义的，因为只需要很低的门槛，少数人就可能更改智能合约的内容。我在《新工业思维（第二版）》一书中提出创客化组织的概念，即在工业企业内部建立一个分利机制，通过商业协议的方式明确内部创业者（创客）的自治、协同和分利相关的权利与责任，以自治代替命令，以协同代替管理，以分利机制代替绩效考核，最终目的是激发内部创业者的创造力。当创客化组织建立后，每个创客的经营会超出企业边界，最终必然会加入各种不同的生态，因而最终企业内部创客也可能成为多个 DAO 的成员。

数据驱动自治

在元宇宙工业的生产组织层面，无论是否基于 3D 可视化界面，智慧生产的逻辑都是相同的，即数据驱动、自治运行。智慧生产需要协调大量不同的生产机器完成连续性单件或小批量生产，无法通过人力来组织生产过程，数据驱动成为必然选择。生产中的半成品作为信息代理（或者称为生产调度）不断发出生产状态数据，不同位置的智能机器按照半成品发布的数据，调用对应工艺组件的 IT 模块执行相应操作，各个环节的原材料也是依靠数据驱动输送到相应的生产位置的。

📑 智能机器自治

元宇宙工业的底层执行仍然会落实到智能机器，智能机器本身是一个自治系统。自治系统即一个系统能够自动采集环境数据及生产任务数据、分析数据、自主决策数据、自动运行和维护数据，不用人介入就能完成标准化的工作任务（如执行一个工艺操作），也能够实现自主健康监测和常规运维。正是由于智能机器具有自治运行能力，多台智能机器连接组成的智能工厂就能做到自主运行，实现无人工厂。基于工业互联网连接大量智能机器的超级生产机器，或者称为虚拟工厂，同样是自治系统，能够自主驱动执行生产任务。此外，基于工业互联网实现的超级生产机器，是把各地的智能机器虚拟连接在一起，不可能靠人力来组织运行和维护，自治是必要的属性。

第六章

风险、责任与治理

1. 元宇宙的潜在危险

元宇宙是随着 3D 图形引擎（包括游戏引擎）、5G/6G、虚拟数字人、数字孪生、Web3.0、人机交互等新兴技术的发展而引发的人类社会、经济与文明的重构和跃迁，一个全新的虚实融合连续体世界将会代替虚实二元分体的世界，虚实混合的新人口结构将会代替旧人口结构，意识生产力的崛起促进生产关系的再变革，新的运行规则将会代替传统规则，新的运行机制将会代替原来的运行机制。在这一系列巨变当中，不确定性远远超过确定性，新的风险已经清晰可见，"灰犀牛式"的潜在灾难也在所难免。人们应该为识别和控制这些风险做好准备，预防重大灾难发生，促进有效的元宇宙创新，谋求所有人共同幸福。处于社会不同阶层的人都应该负起责任，积极协同治理，让元宇宙成为美好的元宇宙。

在元宇宙带来的所有潜在风险当中，一些风险是数字技术本身所固有的，其危害在近 10 年来已经充分显现出来，而元宇宙可能会进一步放大风险，如技术性失业、工作环境监控、数字剥削等；还有一些风险是元宇宙自身特性带来的，如成瘾依赖、财产损失、价值观诱导等。通过对已有研究文献中提及的相关内容进行归纳，元宇宙的潜在风险可以归结为个人生活、工作保障、技术创新、数字市场、社会治理五个类别，不同类别又有各自不同的细分风险，具体如图 6-1 所示。

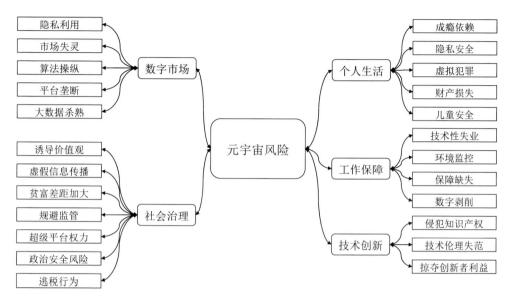

图 6-1　元宇宙的潜在风险

📑 个人生活

　　"人"的概念在元宇宙中被改写，肉身人类与数字人化身、机器人、NPC 虚拟数字人同行于元宇宙当中，元宇宙的社会关系错综复杂。3D 沉浸式体验深度刺激人的感官和神经系统，人的官能被截除，成为人肉机器。元宇宙瞄准"Z 世代"及更年轻的人群，伴随元宇宙兴起而成长的元宇宙儿童将会面临严酷的安全挑战。个人生活将会受到元宇宙的猛烈冲击，新的生活方式将会逐渐形成，并且风险无处不在。

✧ 成瘾依赖

　　XR 设备广泛使用，在给人们带来感官刺激的同时，人类世界的真实也被虚实融合颠覆了。但真实越被颠覆，前所未有的新鲜感越是不断冲击人类的感官和情感。一些研究者已经明确指出，元宇宙将会给人们带来严重的成瘾依赖和心理健康问题。人们可能还没有享受到意识生产力带来的生产率提升快感，自身已经沉迷其中不能自拔。心流体验理论指出，在完全沉浸的环境中，人们很容易就能获得一种完全忘我的心流体验。其好处是让人们更加专注，对事物了解的更加深入，交流效能大幅度提升；其不好的地方也是显而易见的，就是让人难以控制自己的行为，如冲动消费、逃避现实等，导致年轻人处于病态的网络成瘾状态，人性中不好的部分被不断放大，最终滑向堕落的陡坡[95]。虚拟世界虚假的美好会给人一种错觉，导致人们对现实世界的理解错位，消极对待现实生活[116]。尼尔·波兹曼曾经严厉地批判电视这种媒介，认为看电视的习惯损害了人们的理性话语能力和阅读能力[65]。现在，沉浸式 3D 视觉体验会在一定程度上损害人们的思维能力，尼尔·波兹曼口中的娱乐至死正在转化为看起来更高级的沉浸至死。

✧ 隐私安全

元宇宙从直观上塑造了一个新现实，有新的多层空间，有新的人，有新的社会、经济和文明系统，但从本质上来看，这些看起来千姿百态的数字事物都是由 0 和 1 组成的数据。基于这些数据，人们操纵了世界，还有我们自己。从这个意义上来说，元宇宙是人和世界的新的操作系统。人和世界万物的数据都存储在这个操作系统中，最终分布在若干具体应用平台当中。这个操作系统要想发挥作用，人们必须贡献自己全部的数据，如感官数据、健康数据、喜好数据、3D 形象数据、声音数据、行动数据、情绪数据、环境数据、社交数据、商业数据，还有其他大量数据都会进入这个操作系统中[48]。现在，元宇宙的好处必须贡献我们的数据才能获取，而数据本身关系到我们每个人的切身利益，因此我们得付出不小的代价。

正因为数据对每个人都很重要性，元宇宙如何保护好个人的数据隐私成为一个关键问题。既然大众贡献了自己的数据，以图元宇宙回报自己更好的价值体验，那么元宇宙服务者要严格保护隐私数据安全，采用一切可能的工具和技术履行自己的责任。但是，数字资本主义理论指出，元宇宙平台的管理者会充分利用这些大众数据，构建自己的数据资本，流通和变现数据，以实现自身利益最大化，联邦学习、数据联邦、隐私计算等技术正在伪装出合理利用数据的假象。之所以说伪装，关键问题是数据的最初来源往往没有获得用户的真正同意，而是通过诱导获得的。元宇宙平台获取的数据更加全面，数据泄露对人的伤害远大于以往，因此需要更好的赋权机制让用户掌握数据权力和价值[110]。同时，还需要设计更好的技术措施，防止数据被窃取、违规使用或售卖。另外，为防止数字资本家为巨大的无本暴利铤而走险，单单依靠平台服务商进行隐私数据保护是不够的，还需要强有力的外部监管政策和措施。

✧　虚拟犯罪

Web2.0 时代就出现了网络暴力，每年都有一定数量的人受到伤害。但相对于元宇宙，这些网络不良行为可能还是非常初级的，因为人与人之间的攻击行为还停留在语言层面。元宇宙是人们具身参与的社会系统，语言的攻击可能转化为对"身体"的攻击，人们受到的伤害可能会更加直接，参与者面临巨大的风险[40]。虚拟游戏中可能会出现抢劫、偷盗、谋杀、骚扰、身体攻击、歧视等行为，游戏参与者可能会误认为这些只是虚假的。在游戏边界清晰的时候，可能还比较容易判定，但这些行为在虚实融合元宇宙环境中要想分辨是游戏还是真实的可能非常困难，而且人们通过交互系统会真实感受到被攻击。进一步，虚拟世界的犯罪行为或其他不良行为很可能会延伸到现实生活，导致一些人在现实生活中采取偏激的行为策略[117]。参考现实世界在虚拟融合世界部署虚拟警察系统是不是一个解决办法？或者把现实的警察化身到虚拟世界能不能解决问题？看起来不能。因为这样一方面会导致更多的虚拟世界隐私数据被监控和调查，另一方面虚拟世界不仅缺乏执法的依据，还缺乏支持警察执法的一系列机构，如检察院等。一些学者指出，虚拟世界在复制现实世界、超越现实世界的同时，缺乏现实世界的一些制衡手段，因此可能会导致一系列问题[118]。

✧　财产损失

在元宇宙环境下，物理财产数字化变为流质的分布式存在，NFT、数字货币等数字资产成为重要的财产形式。人们不再需要密码，也不需要纸质的凭证，财产证明数据被加密并分布在区块链中。理论上，数字资产能够可信安全地保存，并能够在网络中安全交易和传输。但安全并不是绝对的，区块链技术本身并不成熟，存在一定的安全风险。区块链安全依赖数据加密和节点之间的共识机制，即使数据是加密保存的，但如果节点数量不够多或共识机制不合理，就会面临巨大的安全威胁。区块链应用往往由私人搭建，如果区块链操控者刻意破坏，损失就会没有办法防控，也无法追溯。据相关统计，2021 年区块链相关安全事件发生了几百起，其中一半以上是由区块链应用控制者跑路或欺骗造成的，另外还有大量的由于软件漏洞导致的损失[119]。大众存储在区块链上的数字资产，虽然不存在密码破解问题，但管理资产还需要密钥和助记词，这些关键数据一旦丢失，损失基本上是不可挽回的[21]。

✧ 儿童安全

元宇宙瞄准"Z 世代"及更年轻的人群，儿童可能会被重点影响。儿童的身体和心智都没有发育成熟，很容易被新生事物吸引，受到的伤害也会更严重。一些研究者已经开始关注元宇宙带来的儿童安全问题，认为 XR 交互设备可能会给儿童的身体带来伤害，损害儿童的视力、影响儿童的心智发育、产生人生的虚假记忆[120]。一个戴着 VR 眼镜在火星上漫游过的儿童会不会在长大后认为自己真的去过火星？这是一个值得深思的问题。斯坦福大学虚拟人类交互实验室的杰里米·拜伦森（Jeremy Bailenson）指出，当前关于沉浸技术对儿童安全的影响仍然存在严重的知识缺口。人们如果对一件危险的事所知甚少，就很难采取有效的应对措施，这是非常可怕的。

📑 工作保障

在元宇宙环境下，人们工作的种类、环境、性质都将发生巨大的变化，工作者的社会保障也会面临严峻的考验，预见性地应对这些问题对保障元宇宙健康发展非常重要。

✧ 技术性失业

每次重大的技术革命都会带来工作形态的变化，原来的工作岗位不断消失，而新的工作岗位不断产生[121]。比如，现在工厂的工人减少了，而送快递和外卖的员工增多了。但问题在于，新产生的岗位不会与原来的工作岗位数量相同，而且往往会少一些。随着社会整体生产率的提升，社会必要劳动时间的减少，本来人们普遍需要减少工作时间，但如果一些人还是像以往一样长时间工作，就必然导致另外一些人找不到工作。不仅是一线工人，大量白领的工作也面临被数字技术取代的风险，而艺术工作者也可能被 AI 技术取代，研究者认为工作机会不平等会导致社会秩序崩溃[122]。

✧　环境监控

工作环境监控现在已经是一个比较突出的问题，各种数字技术（包括物联网、数字监控、人工智能等）被广泛应用，领导者可以以先进的方式实现对工作的监控。前文讨论过，对工作进行监控和精确计量分析，实质上是数字泰勒主义的做法，不仅会侵害员工的基本权力，还会抑制员工创造力的发挥[123]。在元宇宙的 3D 沉浸环境中，人们具身参与，一切都将可视化，更多的个体数据将会被采集和监控，数字泰勒主义对工作的压榨可能会更加突出。

✧　保障缺失

在数字零工经济场景下，社会保障问题是十分突出的。零工工作者认为是平台企业雇用了他，社会保障责任应该由平台承担。而平台管理者认为零工工作者是承担外包工作的企业主，应该自己承担社会保障责任。从保护弱者的角度，零工工作者的要求应该被支持，因为他们中的大多数人自身并没有能力来承担社会保障责任。学者们普遍认为，雇用零工的平台不应该逃避为零工工作者提供培训、福利、加班费、社会保险、带薪假期等的责任，因为其是零工劳动的最大受益者[124]。

✧　数字剥削

伴随虚拟空间成长的是海量的用户数据劳动。在前文讨论过，虚拟空间存在大量剥夺用户数字劳动价值的问题。平台共享或流通交易的数据，通常是由用户自己的免费劳动力生产出来的，但最终数据产生的大部分收益都归于平台[125]，这是非常不合理的。元宇宙意味着更多样、更大量的数据采集和流转，数字剥削可能会更加严重。

技术创新

元宇宙提供了全新的技术创新沃土，增强现实、数字孪生、虚拟现实提供了创造力释放的空间，虚拟数字人、AI 艺术、用户生成内容（User Generated Content，UGC）、数字原生经济、数字文明系统等则提供了创造力释放的指向，会有大量的人参与其中。元宇宙创新同样有风险，要实现创新价值最大化，就应该对风险进行预先规制和防范。

✧ 侵犯知识产权

德勤在其发布的《元宇宙纵观——愿景、技术与应对》白皮书中指出，"虚实紧密融合的情况下，虚实世界的物品、知识产权归属和分配规则问题，以及虚拟物品的被盗用问题，都会给元宇宙的知识产权管理带来隐患"。尽管元宇宙平台服务商一直强调其基于区块链技术实现了对知识产权安全、可信、透明的管理，但事实上，平台服务商有大量的理由来排除自身的责任，而把知识产权的安全管理责任推脱到用户公司或个人身上。此外，数字知识产权的盗用往往是隐藏的，比如盗用创意而不是物品本身，这就提升了追溯责任的难度。一个典型的例子是对 AI 艺术作品的盗用，只需要盗用创意，就可以用同样的软件完成类似的艺术作品。

✧ 技术伦理失范

虚拟数字人、无人驾驶、机器人、人脸识别和语音识别等人工智能语音已经广泛应用于人类生活的现实世界，引发了大量的技术伦理争议，技术创新理论失范问题引起广泛关注[126]。相关法律法规已经陆续出台，力图弥补已有技术伦理规范存在的不足。2021 年 9 月 25 日，国家新一代人工智能治理专业委员会发布了《新一代人工智能伦理规范》，提出了增进人类福祉、促进公平公正、保护隐私安全、确保可控可信、强化责任担当、提升伦理素养 6 项基本伦理要求，并提出人工智能管理、研发、供应、使用等特定活动的 18 项具体伦理要求，力图把伦理道德融入人工智能全生命周期的研发和使用之中。元宇宙不仅涉及人工智能技术的应用，还有其他技术，如边缘计算、图形引擎、XR 交互技术、脑机接口等，不同技术之间在不断融合迭代出更新的技术，技术创新伦理失范问题将会长期伴随元宇宙的发展。

✧　掠夺创新者利益

元宇宙平台往往强调自身独特的数字原生经济系统，宣称能够帮助创新者实现数字资产权力确认和保护、可信交易和流转。但事实上，平台所有者控制一切，价值实现过程和分配过程被其发明的技术所控制，创造内容和市场的用户往往难以确保自身能够获得公平的货币价值回报[101]。每个平台都会有少数创新者被平台所有者认可为价值互补的伙伴，并被打造成"成功者"，但其实更多创新者的创新价值可能会被掠夺，这一现象可以从目前火热的直播平台观察到。

📑 数字市场

数字市场通常是指基于数字平台的双边或多边市场，平台服务商、互补产品提供商和用户在其中交易产品或服务。数字市场的规模扩大往往源于网络效应，而不是直接的市场交易。与现实世界的市场不同，数字市场本身是虚拟的，交易的产品和服务也是虚拟的，价值获取过程也是虚拟的。此外，数字市场中的价值创造、价值获取与价值交易可能并没有一一对应关系，正如人们所说的"羊毛出在狗身上，猪来买单"。数字市场的特殊性让它蕴藏着巨大的风险。

✧　隐私利用

在数字市场中，交易有价值，但数据的价值更高。平台服务商可能不需要通过交易过程来获取价值，而是通过获取交易双方的数据，并将这些数据转化为价值巨大的数据资本，再转化为广告价值或数据交易价值。正是由于数据资本拥有的潜在获利机制，很多平台提供商不惜铤而走险，非法无序采集平台用户的隐私数据，并在价值实现中不注意保护数据安全，导致数据泄露，造成严重的后果。

❖ 市场失灵

市场失灵是指由于市场机制不能充分发挥作用而导致的资源配置缺乏效率或资源配置不当的情况。与现实物质不同，尽管数字产物也具有物质性，但数字产物具有公共品、耐用品和体验商品等特征，其中任何一个特征都足以把数字产品的价格推至不可持续的水平，并造成市场失灵[127]。元宇宙中的基于 NFT 技术的数字藏品、数字地产等数字产物通过技术方法来强行赋予稀缺性，并借助购买者的共识形成十分虚假的市场价值，供需关系被人为塑造，面临市场失灵风险。在一级市场失灵的情况下，一些平台试图通过开通转赠藏品的二级市场获利，引发严重的市场炒作和场外交易。如果二级市场也不行了，那么资本驱动的平台服务商又将把用户引向何处呢？这是一个问题，也是一个巨大的潜在风险。

❖ 算法操纵

元宇宙从表面看是可视化、3D 沉浸式的虚实融合世界，但其运行的核心基础除了数据，就是无处不在的算法。算法操纵风险在元宇宙环境中将会变得更加严峻，算法歧视、算法偏见、算法共谋与算法垄断等风险，将会给社会大众带来巨大的福利损失[128]。算法歧视尤其常见，如银行根据算法结果来确定信贷利率和贷款金额，很可能把特别需要资金扶持的人排除在外。算法偏见则可能导致性别偏见、肤色偏见、种族偏见等，尽管算法设计者可能是完全无意识的。算法共谋与算法垄断就是运用算法技术对市场进行跟踪分析、自动响应，达到传统垄断共谋的效果，并规避政府部门的监管。

❖ 平台垄断

平台垄断是一种由数字技术自身属性导致的自然垄断，具体表现为少数垄断平台为了保持长期的赢者通吃地位，对良性市场竞争和用户福利造成损害[129]。元宇宙建设需要大量资源投入，数字资本的规模更加庞大，一些研究者认为它具有内在的垄断基因[52]。如何避免元宇宙平台出现极端垄断情况，可能是一个亟须解决的问题[130]。

✧ 大数据杀熟

在定制化和按需服务的口号之下，一些平台隐藏着大数据杀熟的图谋，即利用大数据技术对忠诚用户进行不当利益宰割，使大数据技术成为追求超额利润的有力工具[131]。用户往往很难掌握证据，即便有证据也难以区分不当操作与按需服务的区别，这将导致大数据杀熟顽固存在。元宇宙环境中的大数据更加丰富多样，算法技术也会更加先进，大数据杀熟问题可能会隐藏得更深，而不是消失。

🗐 社会治理

元宇宙正在成为人与社会、自然之间的操作系统，人类将通过元宇宙来操控社会各个元素，实现社会的有效治理。作为社会存在的环境与现实，同时作为社会治理的工具，元宇宙带来社会治理的进步，也给社会治理带来了全新的挑战。

✧ 诱导价值观

我们必须认识到，元宇宙的任何元素都是人为的结果。大量的程序构成了空间、虚拟数字人、NPC、经济系统和文明系统等，人们基于这些程序，在其中生产和运用数据。既然是人造物，人的价值观必然渗透其中。元宇宙平台所有者、平台应用开发者和互补产品开发者对平台价值观有着决定性的影响，他们每个人自身的价值观可能会潜移默化地进入元宇宙中。进入元宇宙平台的每个用户会在不知不觉中受到开发者价值观的影响，而且沉浸式的环境强化了这种影响，价值观和世界观可能会逐渐改变，并最终在现实世界中反映出来[132]。例如，强者至上价值观会诱导出更多的暴力人员，以自我为中心的价值观则可能诱导出一群自私自利的人。

✧ 虚假信息传播

在 Web2.0 时代，每个人都有传播自身话语的权力，在带来进步的同时，也引发了新的问题，如谣言传播得更快了，人们对信息真伪往往难以分辨。人们经常期待真相走在谣言前面，但事实上很难做到，而且由于数字世界的时间无序性和不灭性，谣言和真相往往难以区分。即便人们已经知道真相，也难以去除虚假信息在大脑中的印痕。在一些特殊情境下，虚假信息甚至被刻意利用，从世界上面临的诸多冲突中都能看到虚假信息的影子。在元宇宙环境下，虚拟数字人登场，这让虚假信息传播的链条更加复杂了。虚拟数字人本身的意识、形象、声音和行为可以被任意组合，打造出不同的传播者，让信息更加真假难辨，引发的后果更难以预料。比如，一个数字化打造的、高度仿真的国家总统向另外一个国家宣战，很有可能会引发真正的战争。

✧ 贫富差距加大

按照数字劳动和数字资本主义理论，数字技术已经被驯化为资本家赚取利润的工具，数字资本家及其共同利益者获取了巨大的收益，而另外的人群被压榨得更为贫困，最终可能会沦为自身体力和数据的出卖者。由于元宇宙具有重数据化特征，数据资本的价值会更大，而普通人会离数据资本更远，价值分配会更加不平均，贫富差距会进一步加大。

✧ 规避监管

从某种意义上来说，监管缺失造就了数字市场的繁荣。数字平台企业从监管缺失中能够获取暴利，当然就会想尽办法逃避监管。逃避监管的方法有很多种，比如共享汽车平台往往宣称自身是科技公司，以此逃避承担交通事故责任；有一些数字平台自认为规模很大，关系到大量人口的就业，因此以造成大量人口失业为理由规避监管；可能还有数字平台认为自身是创新的先锋，以支持创新为借口规避监管。数字平台失去监管的后果非常严重，可能会导致数字市场秩序混乱、抑制良性竞争和创新、导致社会不公平等。在元宇宙环境下，数字资产会快速扩张，但同时会变得更加隐秘，比如分布性、匿名性和流动性更强，逃避监管的手段更多，实施监管的难度会更大。

✧　超级平台权力

元宇宙服务商往往会强调去中心化，但这种强调的实质并不是给用户带来去中心化的好处，而是强调与老牌平台服务商的差异。其核心是要掀翻已有垄断平台的"餐桌"，实现新旧平台服务商的更替，以新中心代替旧中心，而不是真的要去中心化。例如一份研究表明，在一贯宣称去中心的比特币网络中，约占 0.1%的矿工事实上控制了比特币 50%的网络算力，也就是说，只要这些矿工合谋，就有可能控制整个网络的交易，对其他用户也会产生绝对的权力[18]。区块链是一种新型平台的组织方式，改变了用户之间的组织方式和关系，但只要设计巧妙，平台仍然具有超级平台权力。换句话说，如果一个平台完全无利可图，那么这个平台大概率不会存在，即使靠着早期投资勉强维持运营，也难以长久生存。

✧　政治安全风险

一些研究者提出，元宇宙发展可能会给主权国家带来政治性风险。比如，在其中传播极权思想或者其他的意识形态，对主权国家的意识形态造成颠覆性影响；元宇宙发达国家采取数字殖民的方式，实施元宇宙霸权，通过间接的方式操纵一个主权国家的所有权力[117]。

✧　逃税行为

元宇宙绝对不会是一个免税空间，也不允许跨国元宇宙平台利用税法体系漏洞来逃避缴税义务[133]。现行税法体系主要面向线下的实体企业，如何适应元宇宙环境还需要深度探索和研究。另外，元宇宙环境更加个人化，资产和交易也都比较隐秘，如何确定税收征缴办法并实现征缴，可能是一个难题。未来会有元宇宙税务局吗？我相信一定会有，而且不会太遥远。

2. 负责任的元宇宙

针对元宇宙存在的大量风险，政府采取强有力的监管措施是十分有必要的。政府监管面临三个方面的挑战：监管逻辑以问题为导向，当发现问题时，损失可能已经造成而且难以挽回；元宇宙的创新演化速度超出认知转变和制度适应的速度，制度可能还在酝酿中，而监管目标已经发生了根本性变化；元宇宙中大量的行为和经济活动运行在"黑箱化"的复杂系统和算法逻辑中，依靠传统手段难以对其进行有效监管。元宇宙还在孕育发展的早期，未来发展存在大量的不确定性，政府监管用力太大可能会抑制创新，而用力太小可能没有什么作用。因此，要想控制元宇宙风险，单靠政府监管是不够的，还需要将责任主体的负责任行为和措施作为有力的辅助。

负责任的逻辑

负责任的思想来源于负责任创新、负责任领导、社会责任等理论的发展，发现这些理论中的共性和差异，找到它们与元宇宙的衔接点，是构建负责任元宇宙框架的逻辑基础。元宇宙是技术创新，也是社会、经济和文明的根本性变革，负责任元宇宙是创新责任、领导责任、社会责任等多方面责任履行的统一。负责任创新、负责任领导、社会责任等方面的理论发展为负责任元宇宙理论构建提供了基本依据，下面简要介绍它们的基本逻辑。

负责任创新是针对创新行动者的概念，强调通过预测、反思、包容和响应等措施对当前进行的科学研究和创新进行创新者与公众的集体管理，消除创新对未来的潜在危害，确保社会效益的实现[134]。一些研究者认为，负责任创新是一种在创新早期阶段就把利益相关者和公众包括进来的创新管理尝试，目的是预测和辨别创新结果有益于社会或者对社会产生消极结果的可能性[135]。对任何创新来说，总有一些难以预见的结果，负责任创新强调尽可能消除潜在危害，而不是完全消除。

负责任领导是针对任何组织领导者的概念，强调领导者与组织内外的利益相关者建立一种符合伦理道德的关系，通过平等对话和民主协商的方式来化解各个利益相关者的利益冲突，主动采取行善避害等负责任行为，意图包括实现利益相关者在共享目标驱动下共同创造价值，高质量实现组织绩效与员工满意统一。从关系视角来看，负责任领导强调领导者与不同利益相关者建立可持续的信任关系；从伦理角度，负责任领导强调领导者与不同利益相关者的关系要符合伦理道德，目的是促使不同的利益相关方以共享目标为驱动力形成高水平的动机与承诺，最终创造出可持续的价值；从过程来看，负责任领导强调通过平等对话与民主协商的方式来化解各利益相关者的利益冲突、主动采取行善避害的措施[136]。

企业社会责任的概念较为宽泛，主要针对企业机构，强调企业通过透明和合乎道德的行为，对其决策与活动对社会和环境的影响所承担的责任，关注焦点包括企业对经济活动的管理、社会和环境影响、与利益相关者的关系，企业通常通过参与环境保护和慈善事业、遵守法律法规、保障产品质量等行为来体现社会责任担当[137]。很多企业一谈到社会责任，认为就是做慈善。企业必须认识到履行社会责任并不局限于慈善事业，还包括遵守法律法规、保障产品质量、解决人权和工作环境问题，以及商业运作透明且正直、采取可持续的商业战略[138]。

负责任相关概念的逻辑脉络如表 6-1 所示。

表 6-1　负责任相关概念的逻辑脉络

相关概念	经典定义	关注点	负责任主体	负责任措施
负责任创新	负责任创新意味着通过对当前科学和创新的集体管理来关注未来	集体管理、创新对未来的潜在危害和社会效益	创新行动者	预测、反思、包容和响应等构成实施框架

相关概念	经典定义	关注点	负责任主体	负责任措施
负责任领导	领导者与组织内外的利益相关者建立一种符合伦理道德的关系；通过平等对话与民主协商的方式来化解各利益相关者的利益冲突；有意采取行善和避害等负责任行为	利益相关者在共享目标的驱动下共同创造价值，实现组织绩效，让员工满意	任何组织的领导者	建立关系、平等对话和民主协商、承担社会责任
企业社会责任	企业通过透明和合乎道德的行为，对其决策与活动对社会和环境的影响所承担的责任	企业管理其经济、社会和环境影响，以及与利益相关者的关系	企业机构	参与环境保护和慈善事业、遵守法律法规、保障产品质量、商业运作透明且正直、采取可持续的商业战略等

从相同点来看，负责任相关概念有着相近的责任范围。例如，都应承担社会效益责任、利益相关者责任等；都强调履行责任的规范性意义，既包括事前对好结果的追求和防止消极结果的产生，也包括事后追责。对不同的责任主体来说，发展自我调节和主动履行责任的能力比仅仅强调法律合规更加重要[139]。从不同点来看，负责任创新强调对未来创新风险和潜在危害的事前治理；负责任领导强调领导者对被领导者和利益相关者的责任；企业社会责任强调对外部的社会环境、自然环境和利益相关者的责任。不同概念的负责任主体和负责任措施不同。

定义负责任的元宇宙

元宇宙在个人生活、工作保障、技术创新、数字市场、社会治理等方面存在大量的潜在风险，要防范这些风险实际发生并避免产生严重的后果，将其可能损失降到最低，除了准备好必要的法律制裁措施，更重要的是让所有参与者和行动者主动履行主体责任，使所有风险及其潜在后果在萌芽阶段就得到有效控制，促进社会健康良性发展，最终让每个人获得自己期望的美好生活，这就是倡议发展负责任的元宇宙的目的。

负责任元宇宙即发展具有多维度负责任内涵的元宇宙，核心思路是把负责任的理念和逻辑融入元宇宙虚实连续体世界的每个细分空间、每个系统（社会、经济和文明）的细分环节，以及每个"人"当中，从源头遏制元宇宙的潜在风险，发挥元宇宙各类型参与主体的主动性和能动性，促进元宇宙负责任发展，把后果监管转变为主动履责，目的是从根本上消除元宇宙的消极作用，实现元宇宙可持续发展。

负责任元宇宙概念有三个要点：① 元宇宙的各个参与者在追求经济效益时必须兼顾社会效益，不能损害公共利益，在经济责任基础上承担起领导责任、创新责任、社会责任、道德伦理责任、利益相关者责任等；② 责任认知要落实到元宇宙虚实连续体世界每个空间的制度设计、技术设计和行为规范当中；③ 负责任元宇宙并不是把治理元宇宙风险的责任全部寄托于参与者的自律，而是要实现参与者自律、政府监管和市场机制的有机协调。政府监管不是压制创新和控制市场，而是通过对负责任过程的监管，激发市场机制的自我净化功能，让负责任的参与者获得市场的积极反馈，以及加速淘汰不负责任的参与者[140]。

📋 负责任元宇宙的责任要点

✧ 参与者的共同责任

元宇宙中每个人都是连接者和参与者，治理元宇宙风险的责任不是个别组织和个人的责任，而是所有参与者的共同责任。具体行为中不同参与者的责任大小可能有差异，但"责任从来不是个人的，而是嵌入网络或生态系统中的"[141]。如果把元宇宙参与者构成的网络称为元宇宙共同体，那么元宇宙的负责任首先应该是元宇宙共同体的责任，然后才是细分个体的责任。

✧ 难以分割的完全责任

元宇宙是虚实连续体世界、新型社会、新型经济和新型文明的综合体，其中技术创新、空间构建、社会运行、经济运作和文明发展等方面的相关活动基于网络交织在一起，参与者往往会参与多种活动，导致难以区分创新责任、领导责任和社会责任等责任的差异，一个具体行为可能涉及多方面责任内容。因此，负责任元宇宙的责任是一种难以分割的完全责任，是负责任创新、负责任领导、社会责任等概念中的责任综合。

◇ **能够识别和追究的责任**

要从根本上避免元宇宙的风险和消极后果，负责任数字经济的责任应该明确为一种规范性责任，即受制度约束和能够被追究的责任，无论是对当前的还是未来的消极后果。例如，针对元宇宙创新活动，需要制定预测、反思、包容和响应等过程性制度规范，明确消极后果的责任，并利用技术工具对创新的全过程进行跟踪和记录，确保能够识别责任和追究责任。

📑 负责任元宇宙的框架与构建维度

元宇宙不仅包括一个虚实融合连续体世界，还包括以数字技术为支撑的新技术经济系统、新技术社会系统和新技术文明系统，是一个巨型复杂系统。元宇宙就像一个理想空间，是全人类面向未来的共建蓝图，而不是一个已经就绪的事物。这个理想空间并不是一开始就是一个整体，而是由一小块一小块的局部空间（包括虚实连续体世界的局部，以及相应的社会、经济和文明系统）建设的，这就是我们目前看到的景象。就目前来看，元宇宙的参与者可以分为三类角色：元宇宙空间管理者（简称空间管理者），负责一个特定元宇宙空间的搭建与运营；元宇宙空间互补者（简称互补者），在一个特定元宇宙空间补充提供空间管理者没有能力提供的产品或服务，可以是现实中的组织或者个人；元宇宙用户（简称用户），元宇宙空间产品或服务的购买者或使用者，可以是现实的人类、人类化身或者 NPC。这些不同角色构成了负责任元宇宙的责任主体。

负责任元宇宙的整体框架与机制如图 6-2 所示，其中涵盖以风险控制为目标的责任落实过程和机制。第一，针对任何一个具体的元宇宙局部空间，一定能够识别它的所有业务活动和整体战略，也能够基于业务活动和整体战略识别所有风险。第二，针对不同的风险控制目标，结合负责任逻辑，明确对应的责任类型。第三，除监管责任外，把责任类型与元宇宙参与者角色关联起来，并结合负责任创新、负责任领导和社会责任等方面的最佳实践，在元宇宙环境中通过制度设计或技术设计的方法落实责任者、责任内容和负责任措施。第四，在元宇宙空间责任逻辑失效的情况下，从外部出发的政府监管责任将会发挥作用，监督和促使元宇宙空间的负责任机制得到实施。下面从不同的责任类型简要分析相关责任者、责任内容和负责任措施设计。

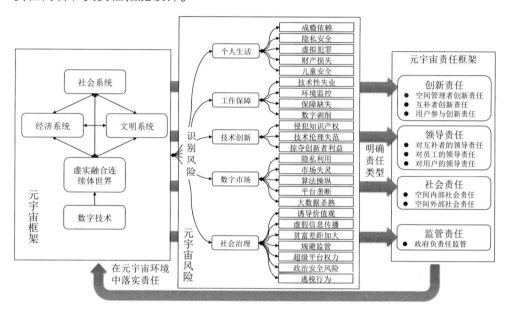

图 6-2　负责任元宇宙的整体框架与机制

✧　创新责任

数字创新是元宇宙与生俱来的内在品质，并因此使元宇宙具有持续演化的特征。元宇宙现在和未来的桥梁就是数字创新，每个数字创新的积极影响和消极影响都会或多或少影响元宇宙空间的演化趋势。在一个特定的元宇宙空间，涉及的数字创新主要包括三种类型：空间管理者在底层技术架构和边界资源（空间管理者释放给互补者的操作资源）创新；互补者对元宇宙空间产品和服务的补充；用户参与空间管理者或互补者的创新，实现价值共创。针对这三种数字创新活动，可以明确创新责任者分别为空间管理者、互补者、三方共同体。从创新责任内容来看，空间管理者需要对底层技术架构和边界资源创新的潜在危害与社会效益负责，互补者对互补产品和服务的潜在危害和社会效益负责，三方共同体对用户参与创新的潜在危害和社会效益负责。参照负责任创新的理论与实践，元宇宙创新的不同责任主体都可以采用预测、反思、包容和响应四维度框架制定具体的负责任制度，并落实对应的技术措施。对于数字化身参与的创新活动，相关责任应由操作它的现实人类负责，对于 NPC 在创新活动中的参与，相关责任由程序开发者和空间管理者共同承担。

✧ 领导责任

在元宇宙环境中，空间管理者能够监控、协调不同群体的利益关系，也能够通过调节边界资源来实现自身利益，对元宇宙空间的整体具有领导作用。空间管理者可以采用负责任领导的逻辑脉络，即空间管理者要与互补者、用户建立符合伦理道德的关系，用平等对话和民主协商的方法来解决利益冲突，在技术层面要设计利益更加对等的智能合约；空间管理者要承担对相关全职员工或零工经济工作者的领导责任，确保员工满意与高质量服务的统一；空间管理者要主动采取对各方都有利的行为，明确数字知识产权、数字网络安全、数据共享开放、数据流通交易等方面的领导责任，并把这些理念落实到具体的制度设计和元宇宙技术架构中。

✧ 社会责任

元宇宙空间内外部都应承担社会责任。在元宇宙空间内部，空间管理者对互补者、用户等其他相关方负有社会责任，例如不能逃避互补者的社会福利责任、不能侵犯用户隐私、不能剥夺数据权益等。由于元宇宙空间内部普遍存在产消融合、价值共创、产用融合活动，互补者、用户作为行为主体同样需要承担一定的社会责任，例如直播内容的发布者应当对所发布的或转发的内容承担社会责任。元宇宙空间的外部社会责任与传统概念的社会责任有相似之处，但也存在一些区别。元宇宙空间的外部社会责任是一种元宇宙共同体责任，即空间管理者、互补者和用户的共同责任，要求不同的责任主体和行动者都要有责任意识，都要积极履行社会责任。在元宇宙共同体责任中，由于空间管理者具有特殊能力，应明确为主要责任者。社会责任的履行不应仅强调观念因素，而是应落实到元宇宙技术平台的设计规范当中，不能允许利用元宇宙损害社会利益，或者把责任推给元宇宙。

✧　监管责任

如果元宇宙参与者都能够自查自纠，并承担起主体责任，就能够对元宇宙的风险从根源上进行有效的控制。挑战在于，达到这一理想状态往往依赖参与者的主观能动性。如果参与者的主观能动性不足，政府监管就必须从外部发挥作用。政府不仅可以采取事后监管措施，还可以对负责任本身进行监管，即监督各个元宇宙空间相关的制度制定、技术架构设计等负责任元宇宙实践过程，落实事前监管，促进负责任元宇宙的发展。负责任元宇宙是一个全新的观念，需要政府机构担负起立法和监管两个方面的责任。

3. 元宇宙的治理

治理（Governance）源于拉丁文和古希腊语，原意是控制、引导和操纵，经常与统治交叉使用。自20世纪90年代以来，政治学家和社会学家对它进行了重新界定，以强调它与政府统治的区别。全球治理理论的创始人詹姆斯·罗西瑙指出，"治理是通行于规制空隙之间的那些制度安排，或许更重要的是当两个或更多规制出现重叠、冲突时，或者在相互竞争的利益之间需要调解时才发挥作用的原则、规范、规则和决策程序"[142]。全球治理委员会在《我们的全球之家》报告中，对治理做出了比较权威的定义，"治理是或公或私的个人和机构经营管理相同事务的诸多方式的总和。它是使相互冲突或不同的利益得以调和并且采取联合行动的持续的过程。它包括有权迫使人们服从的正式机构和规章制度，以及种种非正式安排。而凡此种种均由人民和机构或者同意，或者认为符合他们的利益而授予其权力"[143]。简单来说，治理是以公共利益最大化为目标的一系列管理活动，既包括正式的政府机制，也包括非正式、非政府的机制，强调多方协调、上下互动而不是权威控制。

治理也与其他词汇一起组合使用，以表述专业领域的专门化治理，如公司治理、IT 治理、平台生态治理、数字治理、数据治理等。公司治理是指通过一系列正式、非正式、内部或外部的制度性安排，协调公司所有利益相关者（政府、股东、管理人员、普通员工、供应商、用户等）的关系，确保公司的决策和行为安排更加合理[144]。类似地，IT 治理是指在 IT 项目设计和实施过程中，实现各方利益最大化的制度安排。平台生态治理、数字治理、数据治理等概念是公司治理、IT 治理等概念在数字化、智能化转型时期的演化和发展。

元宇宙治理则是上述治理理论的继续演化和发展，通过对元宇宙进行整体性的制度安排，以应对元宇宙环境中存在的风险，确保元宇宙环境中利益相关者实现利益最大化，促进元宇宙可持续发展。元宇宙治理涉及的相关者不仅包括元宇宙空间投资股东、元宇宙空间管理者、互补者和用户，还包括代表大众利益的政府、元宇宙空间的竞争者，以及其他可能相关的社会大众。元宇宙治理是一个全新的复杂命题，本书仅进行一些初步讨论。

📃 治理的逻辑

在过去 20 年中，数字经济迅猛发展，数字化转型持续加速，平台经济逐渐成为一种非常普遍的经济活动组织形式和经济形态，数据的重要性被重新发现，数据上升为一种重要的资产和生产要素。针对新兴数字技术应用在经济领域引发的新变化，协调新生事物中各方利益的关系成为焦点，也因此发展出网络社会治理、数字治理、平台生态治理、数据治理等不同视角的治理理论。

◇ 网络社会治理

随着数字技术和互联网技术的快速发展和应用普及，形成了一个巨大的网络空间，大量人口成为网民，人们的生活方式、娱乐方式和工作方式与网络空间深入融合，形成了全新的社会形态。学者们把这种社会形态称为网络社会，或者被网络化的人类社会。网络社会不是指单纯的虚拟社会，而是指虚拟社会与物理性现实社会紧密相连、不可分割、有机统一的社会[145]。网络社会发展在给人们带来好处的同时，也产生了大量问题，如虚假信息传播、人肉搜索、人身攻击、网络犯罪等[146]。在此背景下，对网络社会进行系统化治理的重要性就显现出来。

简单来说，网络社会治理就是治理理念在网络社会的运用。具体来说，就是通过控制引导、协商对话、立法监管、协同自治等一系列正式、非正式、内部或外部的制度性安排，并融合和善用技术手段，发挥网络社会中各个行为主体的治理作用，实现网络社会整体利益最大化，即不仅要促进网络社会发展，还要对各种网络社会行为进行规范和制约。何哲把网络社会治理原则概括为遵循网络审核的基本特点和规律、协同共治、全民治理、虚实结合、依法治网五个方面[147]。

从前沿来看，学者们认为要做好网络社会治理，不仅要不断完善治理体系，还要形成治理共同体。要使网络社会治理体系建构完善，既涉及结构完善，也涉及功能整合[148]。杜骏飞提出网络社会治理共同体的概念，将其定义为一种多主体协同参与的网络社会治理模式，包括党委领导、政府负责、民主协商、社会协同、公众参与、法治保障、科技支撑等各个方面构成的社会治理体系，以及国家、社会、公众广泛参与的治理生态[149]。

◇　**数字治理**

数字治理是一个宽泛的概念，涉及国际、国家、社会、机构和个人多个层次，主要涵盖两个方面的内容：数字化社会治理和对数字技术及其产物的治理[150]。

数字化社会治理主要强调依托数字技术和数据进行社会治理，加强政府、企业和公众之间的互动协作，促进社会经济高质量发展，防范和化解数字化转型过程中隐藏的法律法规缺失和伦理道德风险[151]。数字化社会治理的主体是政府机构，治理的对象是政府提供的各种服务。其具体内容包括：数字化政府公共服务，治理的目的是提升公共服务绩效；运用数字技术促进政府部门之间的协调合作，打破科层制壁垒，提升协调治理效能；运用数字技术加强公众与政府的互动，提升社会治理公众参与度，提升社会治理绩效[152]。

数字技术及其产物的治理，目的是促进数字技术产业与数字经济健康发展，打造开放、公平、公正和非歧视的数字发展环境[153]。其主要内容包括数字技术治理、数字技术产物治理、平台生态治理、数据治理等。

✧ 平台生态治理

如今，数字平台已经无处不在，我们的生活方式（如打车、购物、点餐、娱乐）、工作方式都已经平台化了。从技术角度看，数字平台是由层次化、模块化技术架构实现的基础设施，但在市场层面通过网络效应把供给方和需求方统一在一个虚拟空间里，就形成了平台生态系统。数字平台的核心是共同创造价值，即每个角色都既是价值创造者，也是价值获益者。数字平台生态一般被划分为三类角色：平台领导者，提供基础的平台技术架构和边界资源（如软件开发工具包），整合分析数据，提高服务质量，并开发新市场；平台互补者，利用平台领导者提供的边界资源，开发平台领导者没有提供的产品和服务，客观上为平台领导者提供互补资源；平台用户，获取平台领导者与平台互补者提供的产品和服务，并支付费用或共享数据[154]。

平台生态治理就是通过一系列的规则、制度、标准和技术安排，协调平台领导者、平台互补者和平台用户之间的关系，实现平台生态整体利益最大化，而不是仅平台领导者利益最大化。如果仅强调平台领导者利益最大化，就可能导致平台互补者和平台用户流失，最终平台生态不可持续。同时，平台生态治理还涉及成本问题，需要协调价值创造和治理成本之间的关系。研究表明，平台生态治理实践在平台生命周期中是一个动态过程。在平台生态发展的早期，平台所有者一般会严格遵守规则来使治理成本最小化，但同时限制了价值共同创造；随着时间的推移，一些平台互补者逐渐强大起来，获取了大量的重要用户，证明了他们具有巨大的共同创造潜力，平台领导者会为了更高层次的价值创造，破坏生态系统的已有规则，但同时治理成本也会大幅度增加[155]。

✧ **数据治理**

关于什么是数据治理，大量学者给出了不同的见解，这里主要引用一些较新的观点。Benfeldt 认为，数据治理指的是规则和责任的组织与实现，这些规则和责任强制执行与组织的数据资产相关的决策和责任[156]。Abraham 等人认为，数据治理指定了一个跨职能的框架，用于将数据作为企业战略资产进行管理，为组织对其数据的决策指定决策权和责任[157]。Janssen 等人则提出，数据治理是指组织及其人员定义、应用、监控规则和权限的模式，以指导组织内部与跨组织的数据和算法的整个生命周期的正常运行，并确保对其负责[158]。总体上，数据治理的对象是数据，核心内容是明确数据生产、数据确权、数据存储、隐私保护、数据流转、数据跨境等数据生命周期活动中的决策权和责任，目的是在保证数据资产的完整性、准确性、可访问性和可利用性的基础上[159]，为企业、组织、政府、平台或跨平台机构、用户提供公平、可靠、安全、可信的数据相关服务[160]，降低数据违规和安全风险，实现数据价值最大化。

数据治理涵盖四个层面：国家层面，主要关注国家间数据治理，治理目标包括国家数据安全、数据贸易利益保护和维护数据主权；行业层面，关注全行业共性数据治理问题，治理目标包括促进数据规范、数据合规、数据标准，以及防止数据垄断；跨平台层面，关注平台间数据治理，治理目标包括数据访问安全、数据有效共享和交易、促进数据流转；平台内层面，主要是指企业或平台内部针对数据资产的治理，治理目标包括分享激励与控制、隐私保护、数据利用和价值最大化。

数据治理的决策域一般包括数据原则、数据质量、元数据、数据访问和数据生命周期五个方面[161]。只有明确了数据治理的决策域，才能分配正确的责任和义务。数据治理机制强调制度性方法和技术方法的融合，通过人机协同实现数据治理。其中，制度性方法可以分为管理规则和激励措施，而技术方法包括边界资源控制、机器学习、联邦智能、安全技术等。

数据治理总体框架如图 6-3 所示。

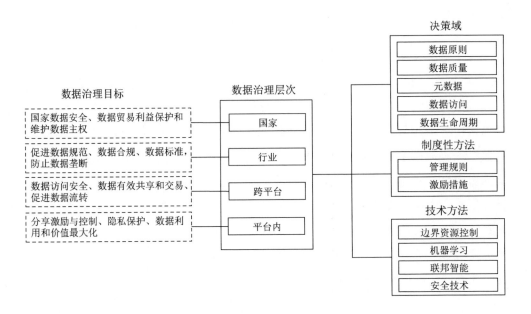

图 6-3　数据治理总体框架

📑 治理目的

元宇宙是一个充满想象力的新生事物，一方面处处有机遇，另一方面处处蕴藏着风险。对元宇宙来说，不确定性是它的最大确定性。对元宇宙进行系统治理，就是要努力控制它的不确定性及潜在风险，让它造福人类社会，而不是给人类社会带来危机。元宇宙治理的目的可以归结为四个方面：控制元宇宙风险、相关者利益最大化、促进创新创业、实现可持续发展。

✧　控制元宇宙风险

如前文所述，元宇宙在个人生活、工作保障、技术创新、数字市场、社会治理等方面都有巨大的风险，这些风险既有数字技术应用的惯性导致的，也有元宇宙自身特性（如 3D 沉浸体验、虚拟数字人普遍存在、数字原生经济系统等）导致的。元宇宙是人们未来生存的空间，控制元宇宙风险发生的概率和后果，有助于发挥元宇宙的正向积极作用，促进元宇宙的健康发展，为人类美好生活创造条件。

✧ 相关者利益最大化

元宇宙涉及元宇宙空间建设者和管理者、互补者、用户、政府、投资者等各种出发点不同的利益相关者，应通过合理的治理机制设计、制度性安排和技术方法，实现所有利益相关者共赢，而不是仅一部分参与者获益。元宇宙空间的管理者、互补者和用户之间的利益均衡是元宇宙价值实现的核心。元宇宙空间的管理者关注空间的整体利益和长期发展，互补者关注创新产品和服务的价值流转与变现，用户关注自我成就、隐私保护和自身安全。其中，元宇宙空间管理者的独特权力是实现利益均衡的核心。

✧ 促进创新创业

元宇宙是迄今为止数字技术发展和应用的集大成者，数字技术内在创新属性在元宇宙空间得到了极大化发挥。同时，元宇宙空间聚集了大量的人类参与者，创新生成性是元宇宙空间的固有属性。元宇宙平台提供了大量的创新工具，以及经济变现的途径，使大量创新者转化为创业者成为可能。要想使大规模创新创业发生，需要科学的治理机制，消除抑制、阻碍创新创业的因素，并对创新创业活动进行有效的激励。

✧ 实现可持续发展

可持续发展的基本含义是"既能满足当代人的需要，又不对后代人满足其需要的能力构成危害的发展"。元宇宙的可持续发展可以理解为一种长期生存能力，能够持续动态地满足用户的需求。现在宣称开发元宇宙空间的企业很多，但是否能够长期持续发展则是不确定的。要想让元宇宙可持续发展，就需要采取具有针对性的治理措施，使元宇宙能够具有持续发展的内在能力，比如持续给相关者创造价值、具有积极正向的空间文化、注重保护用户隐私、持续创新保持活力、具有动态适应环境的能力等。

✧ **法律法规遵从**

合规性是元宇宙治理一个非常基本的目标，即要求元宇宙空间的经营活动必须与法律、规则和准则相一致。看起来这是非常简单的目标，但由于元宇宙及现在所说的数字化转型、数字经济等都是新事物，针对性的法律法规比较欠缺，而去遵从其他不合适的法律法规就会面临一些挑战。近年来，陆续有适应新环境的法律法规颁布，如《中华人民共和国数据安全法》《中华人民共和国个人信息保护法》《国务院反垄断委员会关于平台经济领域的反垄断指南》等，为元宇宙治理提供了非常基础的法律法规工具。俗话说"法无禁止即可为"，但有些"为"可能会导致严重的负面后果，损害相关方利益或公众利益。法律法规是非常重要的底线，未来政府监管部门会陆续出台更多的法律法规，以规范元宇宙空间的发展。元宇宙治理需要法律法规的支持，同时也可以为法律法规的制定积累实践经验。

📑 治理的难点

元宇宙治理面临三个难点：虚拟数字人治理、数字原生经济治理、数据治理。

✧ **虚拟数字人治理**

虚拟数字人是新事物，以化身、NPC 等形式在元宇宙空间首次与人类同行，如何界定相关关系缺乏可参照的实践或法定依据。因此，在其治理中会面临很多具有挑战的问题：虚拟数字人本身是独立个体还是被人奴役的非独立个体？自主学习的虚拟数字人具不具有独立性？它们的行为后果由谁负责（比如化身在元宇宙签的协议由谁来履行，如果不履行怎么办）？化身和 NPC 的关系如何界定？虚拟数字人是手段还是目的？如何利用虚拟数字人提升人类福利？现在，虚拟数字人已经在各个元宇宙空间泛滥，如果不对其进行有效的治理，可能会损害大众的利益。如果想要治理，就会面临非常多的难题。

◇ **数字原生经济治理**

数字原生经济是与传统经济活动完全不同的经济类型，商品、市场、交易过程、货币，甚至价值本身都是虚拟的，而且更加隐秘，仅靠制度性方法难以对其进行有效的治理。如果采用技术性方法进行监控和治理，那么谁应该被赋予这个权限？如果有超级权限，那么区块链去中心的意义又体现在哪里？虚拟获益到底是虚拟的还是真实的，如何判定价值？数字原生经济对现实经济产生的冲击由谁来负责（比如数字藏品炒作冲击现实中的金融秩序）？数字原生经济是否免税？这些问题短期内都是无解的，因此数字原生经济治理是一个难题。

◇ **数据治理**

元宇宙的空间、事物和虚拟数字人的本质都是数据。除了静态的数据，借助化身，人类活动的一切数据、自身生命数据、感官数据全都会进入元宇宙空间，在数据成为生产要素、数字资本、数据资产的当下，有效的数据治理对元宇宙控制风险、实现相关方利益最大化，以及可持续发展有着至关重要的价值。而数据来源和数据内容的复杂性使数据治理成为一个难题。

📑 可用的法律法规工具

遵从法律法规是元宇宙治理的底线。目前的主要问题不是法律法规太多，而是新生事物发展太快，法律法规的研究、制定和颁布往往滞后于实践。下面简要介绍与元宇宙治理直接相关的法律法规。

◇ **《数据安全法》**

2021 年 6 月 10 日，第十三届全国人民代表大会常务委员会第二十九次会议通过《中华人民共和国数据安全法》（以下简称《数据安全法》），该法于 2021 年 9 月 1 日生效。《数据安全法》是中国数据安全领域第一部基础性法律，从数据安全与发展、数据安全制度、数据安全保护义务、政务数据安全与开放四个方面提出了数据安全的具体要求，并明确了违反本法的法律责任。《数据安全法》强调，"国家保护个人、组织与数据有关的权益，鼓励数据依法合理有效利用，保障数据依法有序自由流动，促进以数据为关键要素的数字经济发展"；"开展数据处理活动，应当遵守法律、法规，尊重社会公德和伦理，遵守商业道德和职业道德，诚实守信，履行数据安全保护义务，承担社会责任，不得危害国家安全、公共利益，不得损害个人、组织的合法权益"。《数据安全法》一方面对数据利用、数据流动、数据要素化表示支持和鼓励，另一方面针对数据处理活动提出了多方面要求，系统地反映了总体国家安全观，例如指出"任何组织、个人收集数据，应当采取合法、正当的方式，不得窃取或者以其他非法方式获取数据"。《数据安全法》对国家数据安全制度和主体数据安全保护义务进行了全面规定，是建立健全数据安全治理体系的重要内容，有利于全方位提高我国数据安全保障能力，对政府机构、各类企业组织的数据处理活动具有重要的影响。

《数据安全法》明确了违法行为应承担的法律责任，具有非常强的操作性。其中，对违反国家核心数据管理制度，危害国家主权、安全和发展利益的法律责任做了明确规定，"由有关主管部门处二百万元以上一千万元以下罚款，并根据情况责令暂停相关业务、停业整顿、吊销相关业务许可证或者吊销营业执照；构成犯罪的，依法追究刑事责任"。其对跨境数据的法律责任也做了明确规定，"向境外提供重要数据的，由有关主管部门责令改正，给予警告，可以并处十万元以上一百万元以下罚款，对直接负责的主管人员和其他直接责任人员可以处一万元以上十万元以下罚款；情节严重的，处一百万元以上一千万元以下罚款，并可以责令暂停相关业务、停业整顿、吊销相关业务许可证或者吊销营业执照，对直接负责的主管人员和其他直接责任人员处十万元以上一百万元以下罚款"[162]。

✧ 《个人信息保护法》

2021 年 8 月 20 日，第十三届全国人民代表大会常务委员会第三十次会议通过《中华人民共和国个人信息保护法》(以下简称《个人信息保护法》)，该法从 2021 年 11 月 1 日开始实施。该法是我国第一部针对个人信息保护的专门性立法，核心目的是实现保护个人信息权益、规范个人信息处理活动、促进个人信息合理利用三方面的统一。该法明确指出，"自然人的个人信息受法律保护，任何组织、个人不得侵害自然人的个人信息权益"。此外，"任何组织、个人不得非法收集、使用、加工、传输他人个人信息，不得非法买卖、提供或者公开他人个人信息；不得从事危害国家安全、公共利益的个人信息处理活动"。其中，个人信息定义为"以电子或者其他方式记录的与已识别或者可识别的自然人有关的各种信息，不包括匿名化处理后的信息"；个人信息的处理定义为"个人信息的收集、存储、使用、加工、传输、提供、公开、删除等"。

《个人信息保护法》的核心内容包括个人信息处理规则、个人信息跨境提供的规则、人在个人信息处理活动中的权利、个人信息处理者的义务、履行个人信息保护职责的部门等。其中，个人信息处理规则又做了进一步细化，分为一般规定、敏感个人信息的处理规则、国家机关处理个人信息的特别规定三个方面。与《数据安全法》类似，《个人信息保护法》同样明确了违反该法应承担的法律责任，使其具有很强的操作性。其中，对于具有情节严重违法行为的组织，要承担非常严重的法律责任，"由省级以上履行个人信息保护职责的部门责令改正，没收违法所得，并处五千万元以下或者上一年度营业额百分之五以下罚款，并可以责令暂停相关业务或者停业整顿、通报有关主管部门吊销相关业务许可或者吊销营业执照"[163]。

✧ 《关于平台经济领域的反垄断指南》

2021 年 2 月 7 日，国务院反垄断委员会印发《国务院反垄断委员会关于平台经济领域的反垄断指南》(以下简称《关于平台经济领域的反垄断指南》)，第一条就指出制定指南是"为了预防和制止平台经济领域垄断行为，保护市场公平竞争，促进平台经济规范有序创新健康发展，维护消费者利益和社会公共利益"。

《关于平台经济领域的反垄断指南》在总则中对平台、平台经营者、平台内经营者等概念进行了定义，界定了相关商品市场和相关地域市场。在《关于平台经济领域的反垄断指南》中，对平台经济领域的垄断协议、滥用市场支配地位、经营者集中、滥用行政权力排除或限制竞争等垄断行为存在与否的考虑因素、具体表现等进行了说明，对于平台经济领域反垄断具有重要意义。

✧ 《关于推动平台经济规范健康持续发展的若干意见》

2021 年 12 月，中华人民共和国国家发展和改革委员会联合市场监管总局、中共中央网络安全和信息化委员会办公室、中华人民共和国工业和信息化部等部门联合发布《关于推动平台经济规范健康持续发展的若干意见》，从健全完善规则制度、提升监管能力和水平、优化发展环境、增强创新发展能力、赋能经济转型发展、保障措施等 9 个方面提出了 19 条意见，出发点是进一步推动平台经济规范健康持续发展。

📑 多方协同共治的治理体系

元宇宙是虚实融合连续体世界、经济系统、文明系统和社会系统等要素融合建构的全新人类社会蓝图，其治理将极其复杂。本书构想的元宇宙治理框架如图 6-4 所示。其中，元宇宙治理的主体包括用户、平台、行业和国家；元宇宙治理的核心维度包括数据治理、平台与空间治理和网络社会治理，三者之间通过决策机制、平衡机制和动力机制联系在一起；不论是元宇宙治理的哪个维度，治理方法都可以归结为法治、机治和自治的融合统一；数据治理、平台与空间治理、网络社会治理可以从已有理论中获得借鉴，并结合元宇宙的特征和规律进行转化和扩展。下面对各部分内容进行详细分析。

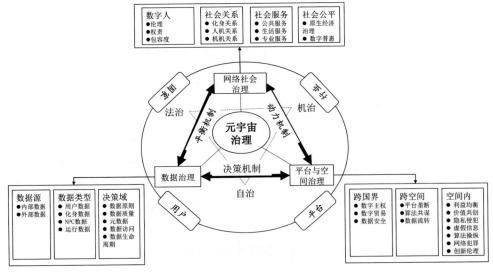

图 6-4　元宇宙治理框架

◇ 多层次多元治理主体

在数字相关领域的最新治理理念中，多主体协同治理已经成为共识，元宇宙也不例外。元宇宙涉及的主体包括用户、平台、行业和国家，不同主体在数据治理、平台和空间治理、网络社会治理等方面有着各自的治理目标，但这并不意味着它们之间不需要协同共治。国家层次治理关注的焦点是国家安全与国家利益；行业层次的元宇宙治理主要关注行业内共享协同、行业标准规范；平台层次的元宇宙治理主要关注平台整体利益最大化、控制平台生态风险和可持续发展；用户层次包括肉身人类、化身、NPC、机器人等，主要关注个性需求满足和自我成就的实现，元宇宙要满足各种不同类型"人"的需求。

多层次协同治理就是确保各个层级主体在元宇宙治理中都发挥作用，而不是政府单方面监管。国家、行业、平台和用户根据各自层级，基于元宇宙整体治理原则，通过沟通协商、上下互动的方式发挥自身在元宇宙治理中的作用。由于元宇宙十分复杂，单个人、单个机构、单个平台都难以完成对它的治理，协同共治已经成为其治理的基本原则。

◇ 三维立体化综合治理

元宇宙治理从基础治理到高层次治理可以分为数据治理、平台与空间治理、网络社会治理三个层次，三个层次通过决策机制、平衡机制和动力机制紧密关联在一起。

数据治理是元宇宙的基础治理。元宇宙的一切都可以看作数据构建的幻象与现实世界的融合，但数据更加复杂、多样和系统。与以往相比，元宇宙环境中数据要素化、数据资产化、数据资本化的特征更加明显。数据对元宇宙存在与否至关重要，对它的有效治理是元宇宙健康运行的前提。参照数据治理的一般模型，数据治理的关键内容细分为数据源、数据类型、决策域、治理方法等方面。不同的数据源、不同的数据类型应结合决策域规划不同的数据治理责任与义务，并针对性设计不同的治理方法。需要特别强调，元宇宙空间的数据类型比较复杂，不仅有真实人类用户的数据、人类化身的数据，还有元宇宙空间的运行数据，不同的数据类型需求应对应不同的治理要求和方法。

平台与空间治理是元宇宙治理的中间层次。与以往不同，虚实融合连续体世界不仅涉及图文、语言和视频的交流，还有 3D 场景、虚拟数字人、虚实融合交互，以及存在于其中的经济、文明和社会，空间的意义远大于平台的意义。以往所说的平台是二维平面的，用户在其中交换二维的社交信息和商品信息。尽管大众通常把元宇宙服务也称为平台（双边或多边市场），但元宇宙空间是三维的，有与现实空间类似的空间纵深，其中还有人类化身生活的场景和行为，仅仅看作平台是不够的。因此，从治理角度，以往所称的平台治理将会被平台与空间治理代替。平台与空间治理包括跨国界、跨空间和空间内几个细分层次。其中，跨国界主要从数字主权、数字贸易、跨境数据安全等方面进行治理；跨空间治理主要针对平台垄断、算法共谋、数据流转等问题；空间内治理则针对参与方利益均衡、用户参与价值共创、隐私侵犯、虚假信息传播、算法操纵、网络犯罪、创新伦理等问题。平台与空间治理以保护国家安全和利益为前提，最终目的是促进商业生态平衡、用户价值实现与价值共创参与、实现可持续性发展和控制元宇宙风险。

网络社会治理是元宇宙治理的高级层次。以往的网络社会通常是指一个存在于人类认知和想象中的、超越单一数字平台的综合体，对它的治理是较为宽泛的。元宇宙不同，它的网络社会是内生存在的，是每个平台和空间的内部构成。此外，元宇宙中的网络社会不再单纯与肉身人类相关，还与承担人类化身的虚拟数字人、承担 NPC 的虚拟数字人、机器人有关，其中的社会关系是肉身人类、人类化身、NPC、机器人之间关系的综合。在元宇宙环境中，网络社会治理的对象指的是元宇宙空间中的小社会，而不是指全人类社会。早前的研究认为平台生态领导者具有类政府的能力[11]，元宇宙空间管理者的类政府能力将会进一步增强，现实中的社会服务、实现社会公平等政府功能在元宇宙中得以呈现。借鉴网络社会治理理论和数字治理理论，并结合元宇宙的特点，元宇宙环境的网络社会治理包括数字人治理、社会关系治理、社会服务治理、社会公平治理等几个细分维度。数字人治理的核心包括伦理、权责和包容度。伦理治理的重点是明确虚拟数字人的道德规范与关系准则；权责是明确人类化身、NPC、机器人不同类型"人"的权利和责任；虚拟数字人和机器人毕竟不是人，它们的行为偏差需要一个包容度控制，或者称为差错率控制。社会关系治理的内容包括元宇宙空间的人与化身关系、人机关系和机机关系等方面的治理。在元宇宙空间中，社会服务将会代替以往政府的部分线下服务职能，空间管理者表现为类政府，社会服务治理的内容将会包括公共服务、生活服务和专业服务等。社会公平治理的重点主要包括数字原生经济治理和数字普惠，一方面控制数字原生经济的潜在风险，促进其健康发展，另一方面通过制度和技术手段促进数字普惠经济的发展，让各阶层的用户都能便利参与。网络社会治理以良好的数据治理、平台与空间治理为基础，反之良好的网络社会状态也有助于提高数据治理、平台与空间治理的水平。

决策机制、平衡机制和动力机制将元宇宙的三层次治理紧密联系在一起。平台和数据之间存在着决策机制，即平台决定数据如何采集、如何流转和如何使用。因此，平台和空间治理与数据治理之间受到决策机制的影响而相互关联[160]。网络社会治理与数据治理之间存在着平衡机制，网络社会治理得越好，就越需要依赖大量的用户数据、化身数据和运行数据，而大量使用这些数据，将有可能降低数据治理水平，因此需要在二者之间进行平衡。平台生态治理与网络社会治理之间存在着动力机制，平台生态治理得越好，其上形成的网络社会就越繁荣，网络社会治理动力也就越强。

◇ 法治、自治与机治的融合

网络社会治理、数字治理、平台生态治理、数据治理等治理理论通常都会强调法治与自治方法的融合，这一点本质上源自治理概念本身的内涵，即强调正式、非正式制度性安排的结合。法治通常是正式的，而自治并不是没有制度约束的结果，而是非正式制度约束的结果。在元宇宙环境中，人们的信息更加隐秘，系统结构也更加复杂，创新也会更加快速，单靠法律法规，以及外部法律监管，难以从源头控制元宇宙风险，实现共同获益，责任者的源头自治是十分必要的。需要特别指出，元宇宙的自治不是指个人的自治，而是负责任共同体的协同自治。从法治来看，与元宇宙治理相关的法律法规包括《数据安全法》《个人信息保护法》《关于平台经济领域的反垄断指南》《关于推动平台经济规范健康持续发展的若干意见》等，这些法律法规还需要结合元宇宙的特点和规律进一步完善。法治方面存在的主要问题是元宇宙的专门立法还比较缺乏，很多方面的新探索并没有法律法规的支持，如虚拟数字人、人类化身、数字原生经济等。法治和自治结合的治理方法对元宇宙的数据治理、平台与空间治理、网络社会治理同样有效。

随着智能技术的成熟，以算法为基础的机器治理（机治）方法也趋向成熟。

机器治理（机治）即利用机器智能和人工智能技术进行网络社会、数据、平台和空间治理。在数据治理领域，基于人工智能技术的联邦学习方法正在克服既要保护隐私，又要利用数据的矛盾。在平台和空间治理方面，人工智能算法跟踪分析与识别元宇宙空间的内容生产和传播、网络犯罪活动等，对信息内容自动审核，对网络犯罪行为及时制止和惩戒。机治的快速、高效能够补充人类能力的不足，完成人类不能完成的任务。不过，由于目前人工智能技术仍然处于发展中，智能技术并不完美，人机协同治理将会是十分常见的做法。同时，算法技术也可以与法律法规、负责任的理念相结合，把法规遵从和责任逻辑嵌入应用当中，确保治理底线持续存在。

要对复杂性空前的元宇宙进行有效治理，法治、自治和机治融合将是未来的发展方向。其中，法治保证了元宇宙治理的底线，违法便要受到惩罚；自治保证了元宇宙治理的高度，治理水平有多高关键还是要看自治能力有多强；机治保证了元宇宙治理的效率，人机协同是高质量和高效率治理的关键。

第七章

元宇宙的尽头是什么

1. 元宇宙还可以干什么

元宇宙除了改变媒介、社会和工业，还可以干什么？在有关现实世界变革的严肃讨论之后，这一节做一些畅想式的探讨。

"人类从哪里来，到哪里去"是从古到今的哲学家、科学家一直在苦苦探索的问题。关于人类从哪里来，古籍、进化论、考古学、遗传学和分子生物学已经能够描绘它的大概轮廓，但还有很多细节有待进一步解释，很多方面还停留在猜想层面，只能用大脑想象来填补空白，比如人们如何打猎和采摘果实、农耕如何开始、如何使用工具、家庭如何组织、部落如何决策等。人们生活的地球也面临重重危机，如空气污染严重、自然灾害频繁、随时可能面临的核战争、小行星在不确定的时间撞击地球，人类能不能在危险来到之前找到新的安身之所？元宇宙开辟了虚实融合的新世界，让人们开始重新审视自己，重新审视我们生存的地球，除了改变人类日常生活面对的一切，那么它能不能对"人类从哪里来，到哪里去"这一问题做出一些有益的探索呢？

人类发明的所有技术都有双面性：一方面是人类试图征服自然的向外身体延伸，增强力量探索和征服新世界，这一点麦克卢汉做了大量非常有趣的分析，如服装是皮肤的延伸、住宅是人体温度控制机制的延伸[66]；另一方面是人们潜意识里的回归，回到最早出发之地，恢复旧日里的生活方式、交流方式和一切所见之物，因为这样是愉悦的，莱文森用人性化趋势这一精辟论断对此进行了归纳[41]。技术的两面性拉扯着人类，既要离出发地越来越远，也在不断试图离出发地越来越近。元宇宙超越了时空、超越了实体的束缚，让这两个看起来非常矛盾的两面得到了一定程度的统一。人类既可以在元宇宙中探索来时的路，回归到人类的出发点——非洲大草原、回归到部落、村落和人类曾经生活过的小院子，也可以在元宇宙中探索地球以外的浩渺空间，体验火星居住之趣，尝试登陆最近的类地星球。从这一点来说，元宇宙解释为人类探索宇宙的新开端也是非常恰当的，既包括时间上的古往今来，也包括空间上的四方上下、宇宙万物。如果元宇宙是指对宇宙探索的新开端，那么"人类从哪里来，到哪里去"这一问题只不过是探索宇宙过程中的附带之问。

回到非洲大草原

2022 年 10 月 3 日，诺贝尔委员会宣布 2022 年诺贝尔生理学或医学奖颁发给瑞典古遗传学开拓者斯万特·帕博，以表彰他在已灭绝古人类基因组和人类进化方面的发现。斯万特·帕博为什么能够获得诺贝尔奖？他开创了古基因组学研究，其中最伟大的成就是首次对尼安德特人（因在德国的尼安德特山谷中一个山洞中发现头盖骨和其他骨骼而命名，是一种已灭绝的现代人类近亲）的基因组测序，还发现了此前未知的古人类人种丹尼索瓦人（尼安德特人的表亲，但混有更早人类的基因，因在西伯利亚南部的丹尼索瓦洞穴中发现了一块指骨碎片而命名，是另外一种已灭绝的现代人类近亲）。尼安德特人主要生活在欧亚大陆西部，而丹尼索瓦人居住在该欧亚大陆的东部地区，即目前主要属于中国的区域。帕博的研究证实在具有欧洲或亚洲血统的现代人类中，1%～4%的基因组来自尼安德特人，而在美拉尼西亚和东南亚其他地区的人群中携带高达 6%的丹尼索瓦人 DNA。这些研究表明，现代智人曾经和尼安德特人、丹尼索瓦人共同生存在同一个地方，还有过异血缘交配。

大约 5 万年前（也有文献说是 7 万年前），现代智人从非洲东部的大草原出发，先迁移到中东，再迁移到世界其他地方。在这个迁移过程中，现代智人和尼安德特人（在大约 3 万年前灭绝）和丹尼索瓦人（在大约 4 万年前灭绝）必然相遇过，但为什么会有基因交流，是因为婚姻、战争，还是别的事情？这些问题都是斯万特·帕博等科学家也回答不了的，需要人们的想象力。

那么，元宇宙能不能帮助到科学家，重建现代人类从非洲走出的轨迹和场景，模拟、验证各种可能性，分析各种事件发生的概率，为人类从哪里来的问题给出更好的、更可视化的答案？在元宇宙的虚拟空间，人们现在可以构建出完全拟真的自然环境，包括动物、植物，以及人类的生活状态，虚拟数字人可以在拟真环境中像人类在现实世界中那样生活。当然，人们也可以构建出现代智人和尼安德特人、丹尼索瓦人相遇的场景，用数字技术模拟出形似和神似的各类人种，估算各种人种的数量，并模拟战争、婚姻等各种可能性，最后得出各种可能性的概率。这样做的目有两个：一是让科学家的发现更加逼真、可见，二是把科学家没有发现的画面补足，给科学家的未来研究提供可视化的参照。

在元宇宙空间中，人们不仅可以探索现代智人与其他人类的相遇，还可以想象和复现一切人类社会发展早期的生存生活状态，如外出集体狩猎、农业种植、家庭生活、部落会议等场景。元宇宙能够让人类的进化历史生动活泼起来，并用模拟仿真方法分析各种可能性，让人类进化的历程更加真实。

莱文森指出，一切媒介的性能将越来越人性化。换言之，媒介促进传播，使传播越来越像人"自然"加工信息的方式，不断恢复人在自然的交流环境中丧失的人性要素[67]。人性化趋势让人类回到自己自然传播的故乡，尽管人类在不断延伸自身的过程中早已经超越了这个故乡。现在，元宇宙模拟出来人类的早期生活场景，使人类全感官得到延伸，让人类感受到已经离开许久的自然故乡，人类化身可以与古人生活在一起，与他们一起谈天说地，感受他们的喜怒哀乐，人类心灵可以在其中静静地安放。

利用元宇宙探索人类的起点，看起来是一个非常有趣的方向，目前有待更多的想象力加入进来。

📋 探索太空移民

元宇宙不仅可以助力探索人类从哪里来，还可以用来探索人类到哪里去。

地球上有核武器的国家很多，全世界存储的核武器足够让地球上的人类毁灭多次。今天是欧洲局部的冲突，明天可能是别的事件，很多事件都有可能导致核战争爆发。除了核战争，还有由环境污染引发的地震、火山爆发等灾难，在太空中找到人类新的居住地很显然是一个现实问题，而不止是科幻。

人类的太空运载工具还比较落后，人类在地球之外也仅登陆过月球，而且只是短暂停留。一旦地球毁灭，月球也未必是一个好去处。在太阳系类地行星中，水星和金星距离太阳太近，不适合人类生存，火星是一个各种状态十分接近地球的行星，或许可能成为备选之地。20世纪60年代，科学家们已经开始研究火星，到目前已经有大量火星车登陆过火星。2020年7月，中国的火星探测器天问一号发射，中国的火星车祝融号从2021年5月开始巡视探测火星表面。人类对火星的研究还处于早期的探测研究，人类是不是有可能在火星上生存，或者说如何生存，科学家现在也难以回答得特别清楚。除了火星，科学家一直在太空中寻找类似地球的宜居星球，距离地球最近的宜居星球被命名为比邻星 b，距离地球 4.2 光年，以现在人造太空运输工具的飞行速度，基本上是无法到达的。

人类到达火星代价高昂，去比邻星 b 几乎不可能，那么如何才能对太空移民遇到的问题多一些了解呢？元宇宙为此提供了一个解决方案，人类可以虚拟出火星或者邻星 b 的环境，制造一个完全孪生的星球，在孪生星球上可以建造出房屋、道路、农田和交通工具，以及其他人类可以想象到的东西。更重要的是，人类化身可以移民到孪生星球上，感受星球拓荒的过程，体验太空移民的生活。人工智能技术也可以在其中发挥作用，针对各种可能的挑战，结合人类化身的应对方案，训练模型，找到最优的太空移民方案。除了定居生活的模拟，针对比邻星 b 距离较远的情况，还可以在元宇宙的虚拟空间中模拟出路途中可能遇到的行星、恒星，设计各种人类化身和太空飞船，测试不同的行进路径及路途中受到的引力影响，以帮助人类应对可能遇到的复杂情况。总之，在元宇宙中，也能够轻松探索太空移民。

当然，对回归非洲大草原和太空移民的探索不会依赖个人投入来进行，而是可以把科学探索与游戏、科普、教育等产业结合起来，打造全新的商业模式，实现长期的可持续发展。例如，设计一个火星移民的元宇宙空间，把现实与游戏结合起来，参与者可以通过在火星建设过程中购买数字建筑材料来支持科研项目，参与者数字化身的生活材料也需要以游戏道具的方式购买，同时参与者的任何创新可以通过获得奖励，参与者的数字资产也可以通过元宇宙经济系统确权和变现，这些措施可以让空间运行充满活力，并能够持续。

2. 人机混合、量子计算机、基因改良——交叉融合的创新洪流

新的技术在不断涌现和发展，会给元宇宙填充上更多的物料，也把元宇宙导向新的方向。有哪些技术可能会影响元宇宙的去向呢？是人机混合物种，或者是量子计算机，还是基因改良？或者它们的交叉融合？相信未来 10～20 年，新技术将会不断爆发，元宇宙将会不断充实，新的发展方向最终也会涌现出来。

📑 人机混合物种

人体植入芯片的技术在快速发展，芯片体积不断变小，功能不断增强，应用领域不断拓展。埃隆·马斯克是一个神奇的创业家，除了人所共知的特斯拉汽车，2016 年他还创立了一家脑机接口公司 Neuralink。这家公司宣称研发脑机接口技术，通过把电极植入人脑，下载人类的想法并传输给计算机，或者把计算机的创意上传给人脑，从而增强人类的认知功能。2021 年，Neuralink 开发的"人脑芯片"在猴子身上做了大量测试。2022 年 12 月，埃隆·马斯克宣称预计在 6 个月后进行大脑芯片的人体试验。Neuralink 的"人脑芯片"首要目标是治愈一些特殊的疾

病，如脊髓损伤、四肢瘫患、中风、精神疾病、帕金森等。但 Neuralink 开发的"人脑芯片"是不是能够被允许植入人体，还有待医学管理部门的检验。除了疯狂的埃隆·马斯克，其他的创业者也瞄准了脑机接口领域。2022 年，据新闻报道，一家美国纽约的初创公司 Synchron，开发出比 Neuralink 更先进的技术，在不用开颅的情况下，能够将芯片植入严重瘫痪的患者脑部，最终成功帮助病人仅用意念就实现了对手机的操控。整个过程在美国食品药品监督管理局（FDA）的监督下完成，证实这一创新确实是真实的。显然，人体植入"大脑芯片"绝不是仅用来治病，还有可能用在军事上。例如，植入芯片的军人无须发出声音或移动肢体，就能够靠脑神经信号来进行通信。如果这种通信的目标是一家带有炸弹的无人机，就有可能在敌对方完全没有察觉的情况下发动攻击。

除了人脑芯片，还有其他功能的芯片正在进入人体，如支付芯片。最新的植入支付芯片质量不到一克，比一粒米大一点，由一个微型芯片和一个天线圈组成，组件被包裹在天然生物聚合物中，而且不需要任何充电装置[167]。支付芯片可以植入人的手背皮肤中，在需要支付时，只要伸出手背就可以完成。那么，这种不可见的支付手段会不会被他人当作欺诈？或许有可能。

除了植入芯片，人体外骨骼技术也发展很快。人体外骨骼技术又被称为"外骨骼装甲"或"外骨骼机甲"，其结构类似昆虫的外骨骼，能穿在人身上，给人提供保护、额外的动力或能力，增强人体机能。它的用途很多，可以帮助残疾人运动，让士兵举起重物或健步如飞，但不会疲劳和受伤。据新闻报道，目前最先进的人体外骨骼装备是由一家叫修订军事（Revision Military）的美国公司生产的，装备的名称为动力操控套装（Kinetic Operations Suit，KOS）。士兵穿上 KOS，能够获得相当于普通军服三倍的保护，但只会增加一点负担。报道引用了一名士兵的话：这套装备能够让士兵全副武装奔跑在崎岖的路上，而不会觉得累。当然，人体外骨骼技术处于发展初期，还面临很多方面的挑战，比如控制灵活性、能源装备功率、无线传感器技术等。

从人脑芯片到人体外骨骼，人机混合物种正在这个世界大量诞生。也许未来我们会在街上遇到很多这样的人，但从外观看，人类是无法分辨的。

📑 量子计算机的全球竞赛

近年来，全球量子计算机研究取得了突飞猛进的发展，量子计算距离商业普及化越来越近。简单来说，量子计算就是一种依照量子力学理论进行的新型计算，它利用量子的状态重叠和相互纠缠来产生巨大的计算能力，而承载量子计算的机器就是量子计算机。科学家认为量子计算的基础和原理，以及重要的量子算法，为它在计算速度上超越传统的计算机模型提供了可能。量子计算机的计算速度到底有多快？以 IBM 的超级计算机 Blue Gene 为例，它破解某些普通的加密数据可能需要上百万年，而量子计算机可能只需要几秒钟。由于量子计算对未来具有战略性意义，现在世界上一些国家都宣布进军量子计算领域，如美国、加拿大、英国、荷兰、欧盟和中国都有大量的量子研究项目。

2020 年 9 月，谷歌发布量子处理"悬铃木"，它包含 53 个量子比特的芯片，能够只用 200 秒就完成对一个量子线路取样一百万次，而同一时期世界排名第一的超级计算机完成同样的任务需要一万年。

2021 年 10 月，中国科学院量子信息与量子科技创新研究院科研团队宣布在超导量子和光量子两种系统的量子计算方面取得重要进展，先后研发出九章二号和祖冲之二号，在两种物理体系均达到"量子计算优越性"。其中，超导量子计算研究团队构建了 66 比特可编程超导量子计算原型机"祖冲之二号"，比目前最快的超级计算机快一千万倍，计算复杂度比谷歌的超导量子计算原型机"悬铃木"高一百万倍；光量子计算研究团队构建了 113 个光子 144 模式的量子计算原型机"九章二号"，其处理特定问题的速度比超级计算机快得多。

2021 年 11 月，IBM 公司发布超导量子处理器 Eagle，宣称达到 127 个量子比特的规模。Eagle 理论上比"祖冲之二号"更加先进，但面临大量质疑的声音。

量子计算机在实验室不断推进的同时，商用也开始进入日程。2022 年 4 月，一家日本公司采用 IBM 的量子计算机技术，宣布其第一台商用量子计算机投入使用。2022 年 8 月，百度发布超导量了计算机"乾始"和全球首个全平台量子软硬一体解决方案"量羲"，提供包括移动端、PC 端、云端等在内的全平台使用方式。

在量子计算机逐渐商用普及后，其强大的算力将会对各个行业产生重大影响，尤其在金融、生物医疗、人工智能等领域发挥重要作用。在人工智能领域，目前面临难以从弱人工智能向通用人工智能（或者称为强人工智能）跃迁的问题，量子计算强大的计算能力，将会使机器学习能力得到根本性提升，更快更精确，进而有可能助推人工智能技术发生本质性裂变，从而产生强人工智能。强人工智能即机器达到类人的智能，能够像人一样解决现实问题。此外，机器本身就有很多超越人的能力，比如大量的精准存储信息、快速查找信息、信息精确输出和运用等。如果强人工智能实现，人类生活的世界将会彻底改观。例如，街上会行走大量的机器人；元宇宙世界的人类化身不再是人的奴役对象，而是一个合作伙伴。

📃 人的基因改良——超人运动

现在人的基因测试已经很普遍，人们只要花很少的费用就能够得到自己的基因测试报告，从基因测试报告中人们能够看到哪些先天基因问题可能会导致自己生某种病，从而能够进行有效的预防。但换一个角度，既然人们知道哪些基因能够导致生病，那么用健康的基因片段替换这些基因是不是就可以让人不生病了呢？或者，如果人不想衰老死去，是不是也可以用基因改变的方式实现呢？类似的问题还有很多，比如一个人觉得自己不够聪明，是不是也可以进行基因改变呢？一个人想变得漂亮是不是也可以呢？如果允许基因改良，那么后果也是已知的，也许会导致世界上每个人都一样聪明、漂亮、健康、长寿。

基因改良的工作面临极大的伦理争议，很多人不赞同，但一些人认为在医学治疗领域开展这样的工作是可以理解的。一些科学家已经进行了人类基因改良的尝试，看起来确实解决了一些问题。据新闻报道，2009 年美国新泽西州圣巴纳巴斯医学中心生殖医学科学研究所的科学家，利用一项新技术对不孕不育妇女进行治疗时，对遗传给下一代的人类基因进行了修改，制造了世界上第一批转基因婴儿。经过三年的研究，2012 年，参与相关研究的科学家们宣布了研究结果，证实世界上有 30 个健康的转基因孩子诞生。2021 年，美国航空航天局（NASA）被爆出正在进行人类基因改良的项目，以使人类适合长期在太空飞行。据新闻报道，一位前 NASA 研究员计划把一种几乎无法被杀死的缓步动物 DNA，用来创造一种"超人细胞"，然后把它永久整合到人类基因组和一个新细胞系中，据称新细胞在面临强辐射时能够将损伤降低 80%。总体来看，人类确实已经掌握了改造人类基因的技术，阻碍并不来自技术本身，而是伦理挑战。制造出一模一样的超人，是人类想要的未来吗？我相信大多数人还是希望保持人类的多样性，而不是期待超人拯救人类。如果一些疯狂科学家和富裕的冒险家偷偷制造出很多超级婴儿怎么办？这些超级婴儿长大了要结婚吗？他们的后代又该如何对待？这些问题估计已经没有人能回答了。潘多拉魔盒已经打开了，人类能再次合上吗？

人机混合物、量子计算机、强人工智能、人的基因改良等前沿的研究会把人类导向何处？它们的交叉融合又会给人类世界带来什么样的风暴？我认为，10 年以后现在的前沿研究将会变成成熟的技术，人类社会将会再次面临巨变。

3. 你认为元宇宙的尽头是什么

每个人心中都有一个自己的元宇宙，元宇宙的每个元素都是一个元宇宙。现实世界在很多个虫洞式的元宇宙中得到延展，但它的尽头是毁灭还是新生？是肉体的自然进化，还是人与机器的混合？或者人工基因的改良？超级智能的机器人会出现吗？人为什么要造一个机器主人？技术不断发展，人心里的恐惧能消除吗？新技术的洪流不断交叉融合，把人类世界引向不确定的新方向，元宇宙会不会因此而改变？元宇宙走到尽头会遇到什么？这些问题是我下一步的研究方向，也留给读者思考，或许有一天我们都会找到答案。

参考文献

[1] YOO Y，HENFRIDSSON O，LYYTINEN K. Research Commentary - The New Organizing Logic of Digital Innovation: An Agenda for Information Systems Research[J]. Information Systems Research，2010，21（4）: 724-735.

[2] HUWS C F，FINNIS J C. On Computable Numbers with an Application to the AlanTuringproblem[J]. Artificial Intelligence and Law，2017，25（2）: 181-203.

[3] 王丽. 自我指涉研究[D]. 汕头: 汕头大学，2011.

[4] 刘光毅，方敏，关皓，等. 5G 移动通信: 面向全连接的世界[M]. 北京: 人民邮电出版社，2019.

[5] COYLE D. Precarious and Productive Work in the Digital Economy[J]. National Institute Economic Review，2017，240（1）: 5-14.

[6] TEECE D J. Profiting from innovation in the digital economy: Enabling technologies，standards，and licensing models in the wireless world[J]. Research policy，2018，47（8）: 1367-1387.

[7] INOUE Y. Winner-Takes-All or Co-Evolution among Platform Ecosystems: A Look at the Competitive and Symbiotic Actions of Complementors[J]. Sustainability （Basel，Switzerland），2019，11（3）: 726.

[8] THOMAS L D W，AUTIO E，GANN D M. Architectural Leverage: Putting Platforms in Context[J]. IEEE Engineering Management Review，2014，42（4）: 18-40.

[9] 钟琦，杨雪帆，吴志樵. 平台生态系统价值共创的研究述评[J]. 系统工程理

论与实践，2020，41（2）：421-430．

[10] TIWANA A. Evolutionary Competition in Platform Ecosystems[J]. Information systems research，2015，26（2）：266-281．

[11] KRETSCHMER T，LEIPONEN A，SCHILLING M，et al. Platform ecosystems as meta-organizations：Implications for platform strategies[J]. Strategic management journal，2022，43（3）：405-424．

[12] WAREHAM J，FOX P B，CANO GINER J L. Technology Ecosystem Governance[J]. Organization science，2014，25（4）：1195-1215．

[13] 米晋宏，王乙成．数字货币及其经济影响研究新进展[J]．经济学动态，2022（5）：127-142．

[14] 俞懿春，邹松，郑彬，等．全球央行数字货币发展提速[N]．人民日报，2022-07-29（017）．

[15] 中国信息通信研究院．区块链白皮书[EB/OL]．（2018-09-05）［2022-08-01］．http://www.caict.ac.cn/kxyj/qwfb/bps/201809/t20180905_184515.htm.

[16] 马化腾．大洗牌即将开始，全真互联网到来[J]．中关村，2021（1）：58-59．

[17] 刘建明．"元宇宙"臆造的新式乌托邦——展望下一代互联网的终极形态[J]．新闻爱好者，2022（2）：4-9．

[18] 陈永伟．Web 3.0：变革与应对[J]．东北财经大学学报，2022（6）：27-39．

[19] 李昆昆，李正豪．Web3.0革命：机构跑步进场 价值互联网将立[N]．中国经营报，2022-05-23（C01）．

[20] 郭全中，冷一鸣．Web3.0与下一代互联网发展[J]．新闻爱好者，2022（8）：42-46．

[21] 吴桐，商健光．Web3.0：元宇宙的底层网络结构[J]．东北财经大学学报，2022：1-13．

[22] IBM率先造出首款2nm芯片，但台积电有量产优势[J]．福建轻纺，2021（5）：4-5．

[23] 沈丛 . 三星率先量产 3nm 芯片 代工"双雄"争夺先进制程话语权[N] . 中国电子报，2022-07-05（008）.

[24] 全球首款，阿里达摩院成功研发基于 DRAM 的 3D 键合堆叠存算一体芯片[J] . 世界电子元器件，2021（12）：5-7 .

[25] 陈平 ."硬核"技术是开源时代唯一驱动力——专访 Pivotal 公司副总裁兼大中华区总裁于志伟[J] . 中国商界，2020（Z1）：116-119 .

[26] 李佳师 . 英伟达用软件"捕获"元宇宙[N] . 中国电子报，2021-11-19（006）.

[27] 张健铭，张晶 . 虚幻引擎 5 在影视制作方面的优势[J] . 科技资讯，2022，20（11）：10-12 .

[28] 布莱恩·克里斯汀，汤姆·格里菲斯 . 算法之美[M] . 万慧，胡小锐，译 . 北京：中信出版社 . 2018 .

[29] 杨青峰 . 新工业思维[M] . 2 版 . 北京：电子工业出版社，2019 .

[30] 陈龙强，张丽锦 . 虚拟数字人 3.0：人"人"共生的元宇宙大时代[M] . 北京：中译出版社，2020 .

[31] 魏林，姚瑶 . 虚拟现实技术在室内设计中的应用现状与发展趋势[J] . 电脑知识与技术，2022，18（24）：133-135 .

[32] 仲小慧，刘义明，高培轶 . VR/AR/MR 技术在飞机装配制造领域的应用与发展[J] . 科学技术创新，2020（19）：186-187 .

[33] MILGRAM P，TAKEMURAH H，UTSUMI A，et al. Augmented reality：a class of displays on the reality-virtuality continuum[J] . SPIE，1994，2351（34）：282-292 .

[34] 中国信息通信研究院 . 虚拟（增强）现实白皮书[EB/OL] .（2021-3-30）[2022-08-01］. http://www.caict.ac.cn/kxyj/qwfb/bps/202103/t20210330_372624.htm.

[35] ZHAO Y，JIANG J，CHEN Y，et al. Metaverse：Perspectives from graphics，interactions and visualization[J]. Visual Informatics，2022，6（1）：56-67 .

[36] 布莱恩·阿瑟 . 技术的本质[M] . 曹东溟，王健，译 . 杭州：浙江人民出版社，2016 .

[37] 布莱恩·阿瑟. 复杂经济学[M]. 贾拥民，译. 杭州：浙江人民出版社，2018.

[38] 理查德·德威特. 世界观：现代人必须要懂的科学哲学和科学史[M]. 孙天，译. 北京：机械工业出版社，2020.

[39] 托马斯·科洛波洛斯，丹·克尔德森. 圈层效应[M]. 闫晓珊，译. 北京：中信出版社，2019.

[40] PARK S，KIM Y. A Metaverse：Taxonomy，Components，Applications，and Open Challenges[J]. IEEE access，2022，10：4209-4251.

[41] 保罗·莱文森. 莱文森精粹[M]. 何道宽，译. 北京：中国人民大学出版社，2007.

[42] 中国信息通信研究院. 全球数字经济白皮书——疫情冲击下的复苏新曙光[EB/OL].（2021-8-2）［2022-08-01］. http://www.caict.ac.cn/kxyj/qwfb/bps/202108/t20210802_381484.htm.

[43] 中国信息通信研究院. 中国数字经济发展报告[EB/OL].（2022-07-08）［2022-08-01］. http://www.caict.ac.cn/kxyj/qwfb/bps/202207/t20220708_405627.htm.

[44] 杨青峰，李晓华. 数字经济的技术经济范式结构、制约因素及发展策略[J]. 湖北大学学报（哲学社会科学版），2021，48（1）：126-136.

[45] 沈载宇. 虚拟生态：2025 的元宇宙[M]. 熊紫月，译. 北京：中译出版社，2022.

[46] 马修·鲍尔. 元宇宙改变一切[M]. 岑格蓝，赵奥博，王小桐，译. 杭州：浙江教育出版社，2022.

[47] 董召阳. 解码元宇宙[J]. 张江科技评论，2022（2）：6-7.

[48] HOLLENSEN S，KOTLER P，OPRESNIK M O. Metaverse – the new marketing universe[J]. The Journal of business strategy，2022.

[49] BOLGER R K. Finding Wholes in the Metaverse：Posthuman Mystics as Agents of Evolutionary Contextualization[J]. Religions，2021，12（9）：768.

[50] MYSTAKIDIS S. Metaverse[J]. Encyclopedia，2022，2（1）：486-497.

[51] 清华大学新闻与传播学院新媒体研究中心. 元宇宙报告发展研究报告 2.0 版 [EB/OL]. (2022-02-14)[2022-08-01]. https://mp.weixin.qq.com/s/Dfl-uHkR2-HhpPwDojAnRg.

[52] 唐玮婕. 加速创新，要先理解元宇宙底层驱动力[N]. 文汇报，2022-09-01 (006).

[54] 郭婧一，喻国明. 元宇宙新 "入口"：智能网联汽车作为未来媒体的新样态[J]. 传媒观察，2022（6）：17-21.

[55] 何哲. 虚拟化与元宇宙：人类文明演化的奇点与治理[J]. 电子政务，2022(1)：41-53.

[56] 贾雷德·戴蒙德. 第三种黑猩猩[M]. 金阳，译. 上海：上海译文出版社，2012.

[57] 塔米姆·安萨利. 人类文明史：什么撬动了世界的沙盘[M]. 蒋林，译. 北京：中国人民大学出版社，2021.

[58] 刘易斯·芒福德. 技术与文明[M]. 陈允明，王克仁，李华山，译. 北京：中国建筑工业出版社，2009.

[59] 威尔伯·施拉姆. 威廉·波特. 传播学概论[M]. 陈亮，等译. 北京：新华出版社，1984.

[60] 隋岩，魏明. 论传播批判理论的研究谱系[J]. 湖北社会科学，2019（4）：176-183.

[61] 李琨. 传播的政治经济学研究及其现实意义[J]. 国际政治研究，1998（4）：101-105.

[62] 李明伟. 知媒者生存：媒介环境学纵论[M]. 北京：北京大学出版社，2010.

[63] 林文刚. 媒介环境学：思维变革与多维视野[M]. 2 版. 北京：中国大百科全书出版社，2019.

[64] 埃姆·格里芬. 初识传播学：在信息社会里正确认识自我、他人及世界[M]. 展江，译. 北京：北京联合出版公司，2016.

[65] 胡易容. 传媒符号学：后麦克卢汉的理论转向[M]. 苏州：苏州大学出版社，2012.

[66]　马歇尔·麦克卢汉．理解媒介：论人的延伸[M]．何道宽，译．江苏：译林出版社，2021．

[67]　保罗·莱文森．软利器[M]．何道宽，译．上海：复旦大学出版社，2011．

[68]　李沁．沉浸传播：第三媒介时代的传播范式[M]．北京：清华大学出版社，2013．

[69]　罗伯特·K. 洛根．理解新媒介——延伸麦克卢汉[M]．何道宽，译．上海：复旦大学出版社，2012．

[70]　罗杰·菲德勒．媒介形态变化：认识新媒介[M]．明安香，译．北京：华夏出版社，2000．

[71]　尤瓦尔·赫拉利．未来简史[M]．林俊宏，译．北京：中信出版社，2017．

[72]　刘笑盈．中外新闻传播史[M]．3 版．北京：中国传媒大学出版社，2017．

[73]　戴维·克劳利，保罗·海尔．传播的历史：技术、文化与社会[M]．6 版．董璐，何道宽，译．北京：北京大学出版社，2018．

[74]　尼尔·波兹曼．娱乐至死[M]．章艳，译．北京：中信出版社，2015．

[75]　约书亚·梅罗维茨．消失的地域：电子媒介对社会行为的影响[M]．肖志军，译．北京：清华大学出版社，2002．

[76]　罗伯特·K. 洛根．被误读的麦克卢汉——如何矫正[M]．何道宽，译．上海：复旦大学出版社，2011．

[77]　保罗·莱文森．数字麦克卢汉[M]．何道宽，译．北京：社会科学文献出版社，2001．

[78]　喻国明，耿晓梦．何以"元宇宙"：媒介化社会的未来生态图景[J]．新疆师范大学学报（哲学社会科学版），2022（3）：1-8．

[79]　IHDE D．Bodies in technology[M]．Minneapolis：University of Minnesota Press，2002．

[80]　胡泳，刘纯懿．具身元宇宙：新媒介技术与多元身体观[J]．现代出版，2022（2）：31-40．

[81] 张洪忠,斗维红,任吴炯.元宇宙:具身传播的场景想象[J].新闻界,2022(1):76-84.

[82] 克劳斯·布鲁恩·延森.媒介融合·网络传播、大众传播和人际传播的三重维度[M].刘君,译.上海:复旦大学出版社,2020.

[83] 邓建国.元元媒介与数字孪生:元宇宙的媒介理论透视[J].新闻大学,2022(6):35-48.

[84] 马克思,恩格斯.德意志意识形态(节选本)[M].中共中央马克思恩格斯列宁斯大林著作编译局,译.北京:人民出版社,2018.

[85] 马克思.1844年经济学哲学手稿[M].中共中央马克思恩格斯列宁斯大林著作编译局,译.北京:人民出版社,2018.

[86] 马克思,恩格斯.共产党宣言(纪念马克思诞辰200周年多语种珍藏版)[M].中共中央马克思恩格斯列宁斯大林著作编译局,译.北京:中央编译出版社,2018.

[87] 谢新水.虚拟数字人的进化历程及成长困境——以"双重宇宙"为场域的分析[J].南京社会科学,2022(6):77-87.

[88] 丹尼尔·丹尼特.意识的解释[M].苏德超,李涤非,陈虎平,译.北京:中信出版集团,2022.

[89] YOO Y,TEMPLE U. The Tables Have Turned: How Can the Information Systems Field Contribute to Technology and Innovation Management Research? [J]. Journal of the Association for Information Systems,2013,14(5):227-236.

[90] 谢芳芳,燕连福."数字劳动"内涵探析——基于与受众劳动、非物质劳动、物质劳动的关系[J].教学与研究,2017(12):84-92.

[91] 陈希.C.福克斯从数字劳动异化视角对批判理论的反思与重构[J].学习与探索,2021(11):18-25.

[92] 孟飞,程榕.如何理解数字劳动、数字剥削、数字资本?——当代数字资本主义的马克思主义政治经济学批判[J].教学与研究,2021(1):67-80.

[93] YU H. Beyond E-Commerce: The Social Case of China's Digital Economy[J].

China Perspectives，2017（4）：3-8．

[94] JOHNSTON H. Uberworked and Underpaid：How Workers Are Disrupting the Digital Economy[J]. Journal of Labor and Society，2017，20（4）：552-555．

[95] 简圣宇．娱乐数字化：元宇宙创构的动力、风险及前景[J]．深圳大学学报（人文社会科学版），2022，39（3）：33-43．

[96] CHEN B，LIU T，GUO L，et al. The disembedded digital economy：Social protection for new economy employment in China[J]. Social Policy & Administration，2020，54（7）：1246-1260．

[97] HAIQING Y，GERARD G，KAREN F，et al. Introduction：disability participation in the digital economy[J]. Information，Communication & Society，2019，22（4）：467-473．

[98] 王俊，苏立君．元宇宙与资本结合的剩余价值生产方式[J]．财经科学，2022(7)：62-75．

[99] 丹·席勒．数字化衰退：信息技术与经济危机[M]．吴畅畅，译．北京：中国传媒大学出版社，2017．

[100] 王淼，向东旭．数字资本逻辑批判的四重维度[J]．经济学家，2022（1）：36-44．

[101] PAZAITIS A，KOSTAKIS V，BAUWENS M. Digital economy and the rise of open cooperativism：the case of the Enspiral Network[J]. Transfer-European Review of Labour and Research，2017，23（2）：177-192．

[102] 刘皓琰，柯东丽．推动数字社会主义发展的战略意义与建构方案[J]．当代经济研究，2022（8）：38-46．

[103] 陈晴．汇聚前沿科技 数字化成果亮眼[N]．中国商报，2022-09-07（005）．

[105] HWANG G，CHIEN S. Definition，roles，and potential research issues of the metaverse in education：An artificial intelligence perspective[J]. Computers and education. Artificial intelligence，2022，3：100082．

[106] YANG D，ZHOU J，CHEN R，et al. Expert consensus on the metaverse in medicine[J]. Clinical eHealth，2022，5：1-9．

[107] THOMASON J. Metaverse，Token Economies，and Chronic Diseases[J]. Global Health Journal，2022，6（3）：164-167．

[108] YANG D，ZHOU J，CHEN R，et al. Expert consensus on the metaverse in medicine[J]. Clinical eHealth，2022，5：1-9．

[109] ZENG Y，ZENG L，ZHANG C，et al. The metaverse in cancer care：Applications and challenges[J]. Asia-Pacific Journal of Oncology Nursing，2022，9（12）：100111．

[110] SUN M，XIE L，LIU Y，et al. The metaverse in current digital medicine[J]. Clinical eHealth，2022，5：52-57．

[111] 朱文一．赛博之地——21世纪微型国家利伯兰设计全球竞赛方案，利伯兰[J]．城市设计，2021（4）：106-112．

[112] 杨青峰．未来制造：人工智能与工业互联网驱动的制造范式革命[M]．北京：电子工业出版社，2017．

[113] YOO Y. The Tables Have Turned：How Can the Information Systems Field Contribute to Technology and Innovation Management Research?[J]. Journal of the Association for Information Systems，2013，14（5）：227-236．

[114] 保罗·萨缪尔森，威廉·诺德豪斯．经济学（第19版）[M]．萧琛，译．北京：商务印书馆，2013．

[115] 黄培，许之颖，张荷芳．智能制造实践[M]．北京：清华大学出版社，2021．

[116] 蒲清平，向往．元宇宙及其对人类社会的影响与变革[J]．重庆大学学报（社会科学版），2022：1-12．

[117] 任兵，陈志霞，胡小梅．时空再造与价值重构：面向未来数智治理的元宇宙[J]．电子政务，2022（7）：2-15．

[118] WYLD D C. A Second Life for organizations?：managing in the new，virtual world[J]. Management research review，2010，33（6）：529-562．

[119] 郭洪平．打着高科技旗号的"区块链"骗局[J]．方圆，2021（07）：24-29．

[120] KAIMARA P，OIKONOMOU A，DELIYANNIS I. Could virtual reality

applications pose real risks to children and adolescents? A systematic review of ethical issues and concerns[J]. Virtual reality：the journal of the Virtual Reality Society，2021，26（2）：697-735．

[121] 许怡. 从工业革命史看技术变迁如何影响工人命运——《技术陷阱：自动化时代的资本、劳动力和权力》评介[J]. 科学与社会，2022，12（2）：157-170．

[122] FROLOV D P，LAVRENTYEVA A V. Regulatory Policy for Digital Economy-Holistic Institutional Framework[J]. Montenegrin Journal of Economics，2019，15（4）：33-34．

[123] HOLFORD W D. The future of human creative knowledge work within the digital economy[J]. Futures，2019，105：143-154．

[124] SHIBATA S. Gig Work and the Discourse of Autonomy：Fictitious Freedom in Japan's Digital Economy[J]. New Political Economy，2020，25（4）：535-551．

[125] FOURCADE M，KLUTTZ D N. A Maussian bargain：Accumulation by gift in the digital economy[J]. Big Data & Society，2020，7（1）：1-16．

[126] 李娜，陈君. 负责任创新框架下的人工智能伦理问题研究[J]. 科技管理研究，2020，40（6）：258-264．

[127] RAYNA T. Understanding the Challenges of the Digital Economy：The Nature of Digital Goods[J]. Communications & Strategies，2008，1（71）：13-36．

[128] 阳镇，陈劲. 数智化时代下企业社会责任的创新与治理[J]. 上海财经大学学报，2020，22（6）：33-51．

[129] 熊鸿儒. 我国数字经济发展中的平台垄断及其治理策略[J]. 改革，2019（7）：52-61．

[130] 魏开宏，苏媛. 国外元宇宙研究述论：热点、堵点与愿景[J]. 新疆师范大学学报（哲学社会科学版），2022（5）：1-18．

[131] 李飞翔. "大数据杀熟"背后的伦理审思、治理与启示[J]. 东北大学学报（社会科学版），2020，22（1）：7-15．

[132] 屠毅力，张蕾，翟振明，等. 认识元宇宙：文化、社会与人类的未来[J]. 探

索与争鸣，2022（4）：65-94.

[133] 高运根. BEPS 行动计划 1、成果 1 数字经济面临的税收挑战[J]. 国际税收，2014（10）：15-17.

[134] STILGOE J，OWEN R，Macnaghten P. Developing a framework for responsible innovation[J]. Research Policy，2013，42（9）：1568-1580.

[135] LUBBERINK R，BLOK V，VAN OPHEM J，et al. Lessons for Responsible Innovation in the Business Context：A Systematic Literature Review of Responsible，Social and Sustainable Innovation Practices[J]. Sustainability（Basel，Switzerland），2017，9（5）：721.

[136] 彭坚，杨红玲. 责任型领导：概念变迁、理论视角及本土启示[J]. 心理科学，2018，41（6）：1464-1469.

[137] DREYER M，LUC C，ANNE G，et al. Responsible Innovation：A Complementary View from Industry with Proposals for Bridging Different Perspectives[J]. Sustainability，2017，9（10）：1719.

[138] DREYER M，CHEFNEUX L，GOLDBERG A，et al. Responsible Innovation：A Complementary View from Industry with Proposals for Bridging Different Perspectives[J]. Sustainability（Basel，Switzerland），2017，9（10）：1719.

[139] VOEGTLIN C，SCHERER A G. Responsible Innovation and the Innovation of Responsibility：Governing Sustainable Development in a Globalized World[J]. Journal of business ethics，2015，143（2）：227-243.

[140] 杨青峰，任锦鸾. 发展负责任的数字经济[J]. 中国科学院院刊，2021，36（7）：823-834.

[141] ANDRÉ M，VINCENT B，Alexander B，et al. Responsible Research and Innovation in Industry—Challenges，Insights and Perspectives[J]. Sustainability，2018，10（3）：702.

[142] 俞可平. 论国家治理现代化[M]. 北京：社会科学文献出版社，2015.

[143] 英瓦尔·卡尔松，什里达特·兰法尔. 天涯成比例——全球治理委员会的报

告[M]．赵仲强，李正凌，译．北京：中国对外翻译出版公司，1995．

[144] 夏宁．公司治理[M]．北京：化学工业出版社，2021．

[145] 龚振黔，龚婷．哲学视域下的网络社会治理探析[J]．思想战线，2020，46（2）：101-108．

[146] 熊光清．网络社会治理能力建设研究（专题讨论）[J]．哈尔滨工业大学学报（社会科学版），2017，19（6）：29．

[147] 何哲．网络社会治理的若干关键理论问题及治理策略[J]．理论与改革，2013（3）：108-111．

[148] 李一，郅玉玲．网络社会治理体系建构完善的内涵、原则和目标要求[J]．治理研究，2022，38（2）：98-105．

[149] 杜骏飞．网络社会治理共同体：概念、理论与策略[J]．华中农业大学学报（社会科学版），2020（6）：1-8．

[150] 王磊．数字治理的科学内涵、基本特征与运行逻辑[J]．经济界，2022（4）：63-68．

[151] 李文军，王媛媛．数字治理研究现状、热点与未来发展趋势——基于Citespace知识图谱的可视化分析[J]．行政与法，2022（8）：44-55．

[152] 廖福崇．数字治理体系建设：要素、特征与生成机制[J]．行政管理改革，2022（7）：84-92．

[153] 蒋国银．平台经济数字治理：框架、要素与路径[J]．人民论坛·学术前沿，2021（Z1）：32-39．

[154] HEIN A, SCHREIECK M, RIASANOW T, et al. Digital platform ecosystems[J]. Electronic markets，2020，30（1）：87-98．

[155] HUBER T L，KUDE T，DIBBERN J. Governance Practices in Platform Ecosystems：Navigating Tensions Between Co-Created Value and Governance Costs[J]. Information Systems Research，2017，28（3）：563-584．

[156] BENFELDT NIELSEN O. A comprehensive review of data governance literature[J]. IRIS: Selected Papers of the Information Systems Research Seminar

in Scandinavia，2017，8：120-133．

[157] ABRAHAM R，SCHNEIDER J，BROCKE J V. Data governance：A conceptual framework，structured review，and research agenda[J]. International Journal of Information Management，2019，49（12）：424-438．

[158] JANSSEN M，BROUS P，ESTEVEZ E，et al. Data governance：Organizing data for trustworthy Artificial Intelligence[J]. Government Information Quarterly，2020，37（3）：101493．

[159] 沙勇忠,陆莉.公共安全数据管理:新领域与新方向[J].图书与情报,2019(4)：1-12．

[160] 韦苇,任锦鸾,杨青峰.短视频平台数据治理框架和机制研究[J].电子政务,2022（4）：64-72．

[161] ALHASSAN I，SAMMON D，DALY M. Data governance activities：an analysis of the literature[J]. Journal of Decision Systems，2016，25（1）：64-75．

[162] 新华社.中华人民共和国数据安全法[EB/OL].（2021-06-11）[2022-08-01].http://www.gov.cn/xinwen/2021-06/11/content_5616919.htm.

[163] 新华社.中华人民共和国个人信息保护法[EB/OL].（2021-08-20）[2022-08-01].http://www.gov.cn/xinwen/2021-08/20/content_5632486.htm.